国家社会科学基金项目资助

2023年度国家社会科学基金西部项目《法治视野下铸牢中华民族共同体意识的规范基础及其构建路径研究》（23XMZ059）

2021年度国家社会科学基金一般项目《法治社会视域下村规民约的司法适用研究》（21BFX027）

思想政治教育研究文库

——

铸牢中华民族共同体意识的
法治保障研究

李华霖　著

光明日报出版社

图书在版编目（CIP）数据

铸牢中华民族共同体意识的法治保障研究 / 李华霖著 . -- 北京：光明日报出版社，2023.9

ISBN 978 - 7 - 5194 - 7541 - 3

Ⅰ.①铸… Ⅱ.①李… Ⅲ.①中华民族—民族意识—法治—研究 Ⅳ.①D921.04

中国国家版本馆 CIP 数据核字（2023）第 188709 号

铸牢中华民族共同体意识的法治保障研究
ZHULAO ZHONGHUA MINZU GONGTONGTI YISHI DE FAZHI BAOZHANG YANJIU

著　者：李华霖

责任编辑：郭思齐　　　　　　　　责任校对：史　宁　李海慧

封面设计：中联华文　　　　　　　责任印制：曹　净

出版发行：光明日报出版社

地　　址：北京市西城区永安路 106 号，100050

电　　话：010 - 63169890（咨询），010 - 63131930（邮购）

传　　真：010 - 63131930

网　　址：http：// book. gmw. cn

E - mail：gmrbcbs@ gmw. cn

法律顾问：北京市兰台律师事务所龚柳方律师

印　　刷：三河市华东印刷有限公司

装　　订：三河市华东印刷有限公司

本书如有破损、缺页、装订错误，请与本社联系调换，电话：010-63131930

开　　本：170mm×240mm

字　　数：305 千字　　　　　　　印　　张：17.5

版　　次：2024 年 3 月第 1 版　　印　　次：2024 年 3 月第 1 次印刷

书　　号：ISBN 978 - 7 - 5194 - 7541 - 3

定　　价：95.00 元

前　言

　　"铸牢中华民族共同体意识"的提出，是习近平总书记关于民族工作重要论述的核心要义，也是新时代民族工作的根本主线。理论界和实务界对这一议题展开了深入研究，并取得了丰硕的成果。在经历了从"什么是中华民族共同体意识"与"为何要铸牢中华民族共同体意识"的研究阶段之后，既有研究逐渐深入探讨"如何铸牢中华民族共同体意识"。然而，中华民族共同体意识应当如何铸牢，既是一个需要进行理论研讨的学术议题，也是一个需要在实践层面不断摸索的历史命题，因此，厘清这一重要议题在实践层面应当遵循何种原则与理念，采取何种切实可行的方式就十分必要。

　　"法治"是铸牢中华民族共同体意识的关键路径。中国共产党第十八届中央委员会第四次全体会议通过的《中共中央关于全面推进依法治国若干重大问题的决定》，为"依法治理民族事务"树立了重要导向，习近平总书记则在历次与民族工作有关的重要会议上提出了"用法律来保障民族团结""健全民族工作法律法规体系"等重要论断。在2021年召开的中央民族工作会议上，习近平总书记再次强调"必须坚持依法治理民族事务"。2022年修正的《中华人民共和国地方各级人民代表大会和地方各级人民政府组织法》更是将"铸牢中华民族共同体意识"确立为县级以上的地方各级人民代表大会与人民政府以及乡、民族乡、镇的人民代表大会与人民政府的行使职权之一。应当指出，"法治"不仅是治国理政的基本方式，而且是中华民族共同体意识得以铸牢的有力保障。因此，本书着眼于"民族法治"的视域，对"铸牢中华民族共同体意识的法治保障"进行深入研究。同时，以法治的方式铸牢中华民族共同体意识，必须明确其遵循的原则规定和受众载体，这就必须回归到铸牢中华民族共同体意识的最高法理依据——宪法，作为我国民族法治体系的核心，宪法关于民族法治的核心要义，构成了法治保障的原则遵循。当然，明确铸牢中华民族共同体意识所必须遵循的原则指引，更多的是从理论上为法治保障提供了一个规范，要将这些原则指引落到实处，则必须聚焦于铸牢中华民族共同体意识的最终载体与研究基础——现实存在的"人"。

为此，本书以"人"为铸牢中华民族共同体意识法治保障的研究基点，将"民族"作为铸牢中华民族共同体意识法治保障的实践内容，将"中华民族"作为最终实践目标，从而建立起一个"个体—群体—整体"的分析框架。当然，立足于"三位一体"的分析框架，只是为铸牢中华民族共同体意识的法治保障提供了一种可能性，而要将这种可能性升华为必要性，则必须将视野聚焦于当代民族法治体系的制度建设之中，一方面肯定其伟大成就，另一方面分析其完善空间，进而在宪法关于民族法治的原则规定之下，提出切实可行的对策建构。

第一，铸牢中华民族共同体意识的法治保障，需要坚持正确的价值取向。以法治的方式铸牢中华民族共同体意识，是维护民族团结的根本前提、促进民族认同的具体方式、实现民族复兴的重要保障。立足于"个体—群体—整体"的分析框架，应当从公民个体的权利正义、各个民族的凝聚力、中华民族伟大复兴三个维度来把握中华民族共同体法治建设的价值取向。通过梳理中国共产党铸牢中华民族共同体意识的百年光辉历程，可以看出，党巩固公民的民族认同与国家认同、促进各民族交往交流交融的深化、推进中华民族的整体性建设，是其价值彰显的生动写照。然而，价值的彰显必须通过功能的定位予以具体体现，同时，也必须看到，倘若在民族法治的价值取向层面出现了偏差，则影响到法治建设功能的清晰定位。例如，基于"少数人权利保护"的价值取向与"各民族一律平等"的价值原则之间应当如何平衡，公民个体的权利与义务应当如何实现更加公正等。应当明确指出，在新时代以铸牢中华民族共同体意识为主线的民族工作中，"增进共同性"既是原则指引，又是价值方向，因此，中华民族共同体法治建设的功能定位和制度建设，应当紧紧围绕"共同性"来践行。

第二，铸牢中华民族共同体意识的法治保障，需要把握准确的功能定位。有利于实现法律价值，法律才具有功能。中华民族共同体意识法治建设的价值取向与价值彰显，必须通过其功能的准确定位予以充分实现。为此，需要从保障民族法治的价值实现和领会民族工作的时代脉络两个维度来分析中华民族共同体法治建设的功能如何定位。通过总结党在百年伟大历史中铸牢中华民族共同体意识的成功经验，可以发现，在个体层面，中华民族共同体法治建设的功能在于确认各族公民权利与义务、指引各族公民树立民族认同、维护公民的合法权益；在群体层面，体现为确认新时代民族关系、教育引导各民族继承和发扬爱国主义传统、维护各民族团结；在整体层面，则凸显了中华民族宪法地位的确认、评价中华民族整体性建设的价值追求以及维护国家统一。需要特别指出的是，在中华民族共同体法治建设的确认、规范、维护之功能定位下，非正式制度的重要表征"民族习惯"亦需要紧紧围绕铸牢中华民族共同体意识的时代主线,将其功能定位于约束个体行为的和谐之治、引导群体发展的规则之治、生成整体公序良俗的文明之治。当然,在厘清中华民族共同体法治建设的功能定位后,其功能能否得以有效发挥,则必须立足于当下民族法治实践的现实情况,在民族法治体系这一"动态"的制度建设中进行考量。

第三,铸牢中华民族共同体意识的法治保障,需要充分发挥制度实效。中华民族共同体法治建设的价值能否得以全面彰显、功能是否得以准确定位,必须在具体的制度实践中予以检验。在中国共产党的领导下,我国的民族法治体系建设取得了卓越的成效,各族公民权利得以有效保障、各民族共享发展成果、中华民族的整体性建设不断加强。同时,现行的民族法治体系建设在法律规范、法治实施、法治监督、法治保障等维度均存在一些亟待解决的问题,这些问题又存在一个"共性",即宪法关于民族法治的原则规定没有很好地被落实到位。根据宪法关于民族法治的原则,这些问题可以归纳为公民身份认知不明、帮助机制实施不细、自治权限定位不准、族际交往准则不清,探析这些制约因素产生的根源,则需要回归到民族法治体系本身的维度,即法律规范体系不够完备、法治实施体系有待改进、法治监督体系亟待健全、法治保障体系需要完善。因此,为使中华民族共同体法治建设的价值取向与功能发挥落到实处,需要在宪法关于民族法治的基本原则指引下,以现实存在的"人"为研究基点,立足于"个体—群体—整体"的分析框架,按照"增进共同性"的方向推进民族法治的制度建设:从培育公民意识和改善优惠措施两个维度来塑造个体的公民身份;通过合理辨析以国家制定法为代表的正式制度与以"民族习惯""习惯法"为代表的非正式制度之间的关系,以及加强通用语言文字的学习与使用来维系各民族群体的法律认同;通过有效落实宪法关于民族法治的基本原则——凸显民族平等的实质性、促进"国家帮助"的有效性、体现区域自治的时代性以及维护多元化保护的整体性从而不断巩固中华民族的宪制基础。

目　录
CONTENTS

导　论

一、选题的依据及研究意义

（一）选题依据

"中华民族共同体"是一个具有包容性的中国特色社会主义概念，它强调整个中华民族共同的历史记忆、精神文化、责任使命、前途命运等"共性"底蕴，是一个"休戚与共、荣辱与共、生死与共、命运与共"的共同体。"铸牢中华民族共同体意识"则是通过科学的方法和具体的路径将"中华民族共同体"这一客观事实在各族公民头脑中不断塑造，最终达到全体国民对于"中华民族"伟大认同的重要目标，从而奠定中华民族伟大复兴的思想理论根基。

在2014年召开的中央民族工作会议暨国务院第六次全国民族团结进步表彰大会上，习近平总书记强调"建设各民族共有精神家园，积极培养中华民族共同体意识"；在2017年10月召开的中国共产党第十九次全国代表大会上，习近平总书记立足于民族复兴的时代高度，提出"深化民族团结进步教育，铸牢中华民族共同体意识，加强各民族交往交流交融，促进各民族像石榴籽一样紧紧抱在一起，共同团结奋斗、共同繁荣发展"；在2019年9月召开的全国民族团结进步表彰大会上，习近平总书记指出"实现中华民族伟大复兴的中国梦，就要以铸牢中华民族共同体意识为主线，把民族团结进步事业作为基础性事业抓紧抓好"；在2021年8月召开的中央民族工作会议上，习近平总书记则强调铸牢中华民族共同体意识是新时代党的民族工作的"纲"，所有工作要向此聚焦。

从"积极培养中华民族共同体意识"到"铸牢中华民族共同体意识"，再到"不断铸牢中华民族共同体意识"的提出与升华，充分说明铸牢中华民族共同体意识已成为我国当前民族理论和民族工作的主旋律与主基调，而"以铸牢中华民族共同体意识为主线，推动新时代党的民族工作高质量发展"，则点明了新时代我国民族工作必须坚持的指导思想和总方针，这也是解决民族问题的中国智慧和中国方案。与此同时，理论界和实务界对于这一重要议题展开了深入研究，并取得了丰硕的成果。从研究内容上看，逐渐经历了从中华民族共同体意识的"内涵"到"价值"，再到"铸牢路径"的演绎，着眼于"铸牢中华民族共同体意识的路径"这个范畴，近年来较有影响力的研究或以一个具体的局部地区为研究对象，论述特定区域铸牢中华民族共同体意识的路径；或以不同类型的受众对象为研究主体，分析中华民族共同体意识在分属不同类型的人群中如何予以铸牢；或聚焦于宏观视角，从政治、经济、文化等维度提出具体措施，这一系列研究不仅具有较强的理论价值，也体现了"讲好中国故事"的实践意义。

　　然而，采取何种方式铸牢中华民族共同体意识，既是一个需要进行理论研讨的学术议题，也是一个需要在实践层面不断摸索的时代命题。因此，认真分析这一议题在实践层面应当遵循何种原则与理念，采用何种切实可行的方式就十分必要。在 2021 年 3 月 12 日公布并施行的《中华人民共和国国民经济和社会发展第十四个五年规划和 2035 年远景目标纲要》中，"法治"一词共出现了 36 次，其中，"全面依法治国"是"十四五"时期经济社会发展的重要指导思想，"法治国家、法治政府、法治社会"的基本建成又是 2035 年的重要目标，这亦是铸牢中华民族共同体意识的重要思路。2022 年修正的《中华人民共和国地方各级人民代表大会和地方各级人民政府组织法》更是将"铸牢中华民族共同体意识"确立为县级以上的地方各级人民代表大会与人民政府以及乡、民族乡、镇的人民代表大会与人民政府的行使职权之一。① 党的十八大以来，习近平总书记十分重视民族工作法治化的进程，在历次关于民族工作的重要会议上相继提出了"用法律来保障民族团结""增强各族群众法律意识""坚持各民族在法律面前一律平等""必须坚持依法治理民族事务，推进民族事务治理体系和治理能力现代化"等重要论断。应当指出，"法治"不仅是现代国家治国理政的基本方式，同时也是调适民族关系、处理民族问题、维护国家统一的根本手段。党的十八届四中全会通过的《中共中央关于全面推进依法治国若干重大问题的决定》，为中华民族共同体的法治建设指明了方向，而以法治的方式铸牢中华民族共同体意识，将法治的思维贯彻到民族工作之中，则是全面依法治国的必然要求。从这个意义上讲，在铸牢中华民族共同体意识的过程之中，"法治"是最有力的手段，亦是最为根本的保障。

---

① 　参见《中华人民共和国地方各级人民代表大会和地方各级人民政府组织法》（2022 年修正）第十一条第十四款、第十二条第十三款、第七十三条第九款、第七十六条第五款。

因此，如何充分领会习近平总书记关于依法治理民族事务的重要讲话精神，以"法治"这一具体的方式铸牢中华民族共同体意识，从而不断推进民族事务治理体系和治理能力现代化，是必须认真研究的重要议题。

（二）研究意义

铸牢中华民族共同体意识，是新时代民族工作的根本主线，也是中华民族共同体法治建设的必然要求。理论界和实务界对于这一重要概念的思想渊源、理论内涵、现实价值、铸牢路径等进行了深入研究，而以"法治"为视角，具体诠释"法治保障"对于铸牢中华民族共同体意识的价值彰显、功能定位、制度实践以及实践路径，则有很大的深化空间。

1. 理论意义

中华民族共同体，不仅是历史、文化、经济、政治共同体，在民族事务法治化和治理能力现代化的背景下，也应当是一个面向全体国民的法治共同体。本书着眼于民族法学的视域，通过梳理铸牢中华民族共同体意识所必须遵循的宪法原则，厘清铸牢中华民族共同体意识法治保障的价值取向、功能定位和制度实践，按照"增加共同性"的方向在学理上进一步论证中华民族的"共性因素"，一方面有利于民族法学的理论建设向着"共同性"的方向推进，另一方面也有利于丰富中华民族共同体法治建构的内容，具有一定的理论价值。

2. 现实意义

铸牢中华民族共同体意识的法治保障，既面临着伟大的历史机遇，又必须充分认识到其可能或已经存在的阻滞因素。本书通过解析铸牢中华民族共同体意识在法治层面存在的制约因素，结合其价值取向与功能定位，立足于民族法治的体系建设分析根源，进而提出切实可行的对策建构，有利于实现习近平总书记提出的"推进民族事务治理体系和治理能力现代化"之目标。同时，通过对铸牢中华民族共同体意识的法治保障进行研究，可以有力地促进在"百年未有之大变局"中党的民族理论与政策的发展与完善，对于全面推进依法治国、建设中国特色社会主义法治体系具有现实意义。

二、研究现状

（一）国外研究现状与亟待解决的问题

"铸牢中华民族共同体意识"是马克思主义民族理论中国化的重大成果，域外学界对于该议题的"直接论述"较为缺乏。然而，作为"民族主义"研究的发源地，欧美等地的众多学者在关于民族认同、民族主义等方面的研究有着很深的造诣。结合本书"个体—群体—整体"的分析框架，着眼于研究对象，立足于"法治保障"的范畴，拟从个体的民族认同、族际关系法治化的推进、民族国家的法治建构三个方面进行归纳总结。

第一，作为个体的"人"是民族认同这一过程实现的主体。因此，如何以"法治"这一具体的方式促进和保障个体的民族认同，是域外学者重点关注的问题。尤尔根·哈贝马斯在著作《包容他者》中认为，在一定的政治环境下，公民的道德与政治自我理解只有通过彼此交往获得法律制度化以后才能形成一种动态结构，并指出这即是欧洲民族认同形成的循环进程①；在著作《后民族结构》中，他认为现代欧洲范围内的政治公共领域之所以得以建立，公民社会行为者（每一位公民）的积极配合以及共同的政治文化融入功不可没，而"现代欧洲提出了一整套处理思想冲突、社会冲突和政治冲突的程序和机制"，则是共同的政治文化得以维持的重要因素②。安东尼·史密斯在《民族认同》一书中指出标准的西方民族模式应该包括共同的历史领土、法律-政治共同体、（每一个）社会成员在能充分享有平等的权益、公共文化以及意识形态等方面，并在著作《民族主义：理论、意识形态、历史》中认为"历史记忆""祖先与文化""名称符号"等为族群所共享，这便保证了其至少在"精英"层面凝聚成一种认同。本尼迪克特·安德森在成名作《想象的共同体——民族主义的起源和散布》中，认为基于血亲和自然的概念在规范（如法律制度）每一个公民对民族国家的态度和行为中有着重要作用，并从分析民族主义政治语言中得出结论："民族就是基于血亲和自然地对个人具有强大约束力和感召力的有机性共同体，它对于个人身份和认同的定性是无法改变的。"此外，亨廷顿的《我们是谁？——美国国家认同面临挑战》、查尔斯·泰勒的《自我的根源——现代认同的形成》、安彼得·卡赞斯坦的《国家安全的文化：世界政治中的规范认同》、厄内斯特·盖尔纳的《民族与民族主义》等经典著作，也不一而足地从不同角度对民族认同进行了诠释，并充分意识到法律制度作为一种具有历史意义的社会规范对每一位公民个体的民族认同所起到的重要作用，其中亨廷顿的"文化冲突论"具有广泛的影响力。

第二，隶属不同"民族"身份的个体在交往中遵循具有共同性的准则规范，

① ［德］尤尔根·哈贝马斯.包容他者［M］.曹卫东，译.上海：上海人民出版社，2018：216.

② ［德］尤尔根·哈贝马斯.后民族结构［M］.曹卫东，译.上海：上海人民出版社，2019：163.

是共同体得以建构且不断巩固的重要前提。针对基于族际关系法治化的研究，美国法学家罗斯科·庞德认为法律作为一种典型的制度表征，对于一个理想关系世界的建立具有重要作用，在著作《法的新路径》中，他认为义务可以由法律这种"责任体系"进行设定、修复与执行，从而塑造人与人之间的环境，最终达到群体的和谐①。以色列学者耶尔·塔米尔在著作《自由主义的民族主义》中将"民族同胞"的概念象征理解为一种集体命运、一种共同文化、一种对于公共文化的信念的自然结果，强调民族是"关怀的共同体"，同时，他认为"未来的公民必须能够并愿意成为这个特殊的历史群体，其过去、未来、生活方式与制度的成员"②。英国社会学家齐格蒙特·鲍曼在《共同体》一书中认为"确定性和自由、共同体与个体之间的冲突，永远也不可能解决"，并指出"要厘清个体自由与共同体是否相悖的关系问题，需要统合伦理与政治（制度）力量，进而诉诸收入的确定性，以实现个体与群体的双重自由"③。斐迪南·滕尼斯在传世巨著《共同体与社会》一书中认为具有共性的记忆、习惯的制约以及个体本能的选择是"共同体"得以建构的重要基础，同时对其以家庭共同体、宗族共同体、村庄联合体、思想联合体等进行分类，在诠释"社会"这一重要概念时，滕尼斯沿着霍布斯、苏格兰启蒙思想家与马克思指引的理论方向，从制度、财产到人格，对"社会"概念做了逐步推进④。迈克尔·桑德尔在著作《公正：该如何做是好》中认为一个政府在决定要制定什么样的制度和法律时，它应当做任何能够使群体的（民族）共同体幸福最大化的事情，并引用了功利主义学说的创始人——英国道德哲学家和法律改革者边沁关于共同体的定义："它是一个想象的集体，由组成它的个体总数所构成。"⑤ 在《自由主义与正义的局限》一书中，桑德尔还着重阐释了共同体的交互性主体的自我观与共和制度的建构。此外，舒尔茨、霍奇逊、阿尔弗雷德和弗里兰德、青木昌彦、诺斯等人分别从行为规范的视角、组织的视角、行为模式的视角、系统的视角、约束的视角来定

① ［美］罗斯科·庞德．法的新路径［M］．李立丰，译．北京：北京大学出版社，2016：40.
② ［以］耶尔·塔米尔．自由主义的民族主义［M］．陶东风，译．上海：上海译文出版社，2005：56.
③ ［英］齐格蒙特·鲍曼．共同体［M］．欧阳景根，译．南京：江苏人民出版社，2007：179.
④ ［德］斐迪南·滕尼斯．共同体与社会［M］．林荣远，译．北京：北京大学出版社，2010：2.
⑤ ［美］迈克尔·桑德尔．公正：该如何做是好［M］．朱慧玲，译．北京：中信出版社，2012：38.

义"制度"的作用,观点虽各异,但有一点可以达成共识,即制度为一个共同体所共有,通常是共同知识,并总是依靠某种强制而得以贯彻,从而抑制着一个共同体范围内人际交往中可能出现的任意行为和机会主义行为,将主体行为导入可预期的轨道,"法治"则是这种"强制"的主要形式。

第三,个体层面的公民组成了具有不同民族身份的群体,这一切都指向了具有国家形式的共同体——民族国家,民族国家的建设与巩固,离不开"法治"这一具体的治理模式。尼可罗·马基雅维利在传世名作《君王论》中指出,一切国家,无论新兴的、旧的抑或是混合型国家,其最主要的根基乃是拥有健全的制度、完善的法律和优良的军队①。马克斯·韦伯在《经济与社会(下卷)》一书中,指出国家是一个拥有自主性的独立组织,并认为"在理性的法律和专业的官员制度基础上,理性国家才得以建立"②。美国著名历史学家迈克尔·曼在鸿篇巨制《社会权力的来源(第二卷)》一书中将欧洲民族国家的创建进程分为四个主要阶段,同时注意到民族国家的创建是一个历史性的进程,并开始反思国家和民族是否应该中央集权化,进而开始关注"代表制度"与民族事务③。安德烈亚斯·威默在《国家建构:聚合与崩溃》一书中指出国家建构必须完成民族/国家认同的实现,即公民超越他们对某个族群、部落、村庄共同体(village community)或宗教的依恋,开始将自己视为民族/国家共同体(national community)的成员并对他们同民族的人怀有忠诚感,并且为这种建构指明了方向:建立公民与国家之间的政治联系,这种政治联系跨越族群分界线(ethnic divides),并将多数民族和少数民族整合进一种包容性的制度安排之中,如果公民通过权威和拥护的关系与政府相互连接,那么就会出现一个包容性的"国家共同体",国家建构由此可被认为取得了成功④。威尔·金利卡在《多元文化的公民身份》一书中试图站在多元文化主义政治的角度来诠释国家建构:"(构建)一个统一国家可以是多民族的和多族类的。前者源于殖民、征服或各民族共同体的联盟,后者源于个人和家庭移民";在《少数的权利:民族主义、多元文化主义和公民》中,金利卡认为全球化没有削弱民族国家组成独立的命运共

---

① [意]尼可罗·马基雅维利.君王论[M].何丛丛,译.北京:西苑出版社,2009:81.
② [德]马克斯·韦伯.经济与社会:下卷[M].林荣远,译.北京:商务印书馆,1997:730.
③ [英]迈克尔·曼.社会权力的来源:第二卷[M].陈海宏,等,译.上海:上海人民出版社,2007:236—270.
④ [瑞]安德烈亚斯·威默.国家建构:聚合与崩溃[M].叶江,译.上海:上海人民出版社,2019:2.

同体这一观念，并指出"如果人们对彼此的命运具有某种责任感，因此希望一起商讨如何集体应对共同体所面临的挑战，那么他们就属于同一命运共同体"①。作为国家建构理论两大流派之一"内源型国家建构理论"的提出者，查尔斯·蒂利在 1975 年第一次提出了"国家建构"的概念，并用其来叙述西欧国家初创的历史进程，而且刻意强调国家制度对于社会的权力强化进程②。与之对应，另一流派"外源型国家建构理论"的代表人物弗朗西斯·福山则尤为重视"制度"对于国家建构的作用，他认为国家建构（state-building）就是在新建一批国家政府制度的基础上，强化现有的国家制度，并一再强调"制度能力的建设是影响国家建构的核心问题"③。

需要指出的是，域外相关文献在理论建构和逻辑梳理两个维度对于本选题有着重要借鉴意义，但是，人们也应当理性地看到，众多西方思想和理论是建立在资产阶级私有制基础上的。立足于马克思主义民族理论与政策的视域，人们应当在坚持马克思主义唯物辩证观的前提下对这些研究成果进行"扬弃"，从而铸牢习近平新时代中国特色的民族理论话语权，这也与马克思共同体思想是一脉相承的。马克思共同体思想着眼于 19 世纪的西方资本主义国家，理论上重在解决一个矛盾问题，即在阶级存在的条件下，资本主义虚假共同体中现实的个人"不是作为个人而是作为阶级的成员处于这种共同体关系中"④。从历史发展的视域审视，以私有财产为前提的资本主义虚假共同体，是导致共同性丧失的异化社会根源，而共同性危机的背后反映的恰恰是个人权利实现与国家法治保障之间的关系，这一理论问题至今并没有得以合理解决。

（二）国内研究现状与亟待解决的问题

自 1902 年梁启超首次使用"中华民族"这一词汇以来，百余年间，"中华民族"这一词汇的内涵经历了两次系统性的诠释：一是 1939 年顾颉刚先生在《益世报·边疆周刊》第 9 期（1939 年 2 月 13 日）发表的《中华民族是一个》以及随后两次与费孝通先生的商榷；二是费孝通先生在 1989 年于《北京大学学

---

① ［加］威尔·金利卡．少数的权利：民族主义、多元文化主义和公民［M］．邓红风，译．上海：上海译文出版社，2005：354.
② ［美］查尔斯·蒂利．文化、权力与欧洲国家（公元 990—1992 年）［M］．魏洪钟，译．上海：上海世纪出版集团，2007：1.
③ ［美］弗朗西斯·福山．国家建构：21 世纪的国家治理与世界秩序［M］．黄胜强，许铭原，译．北京：中国社会科学出版社，2007：1.
④ 马克思恩格斯列宁斯大林著作编译局．马克思恩格斯选集：第 1 卷［M］．北京：人民出版社，2013：201.

报》第 4 期发表的《中华民族多元一体格局》，进而引起的各界热议。这两次系统的诠释在学界以至于整个社会都引起了强烈的反响，这也对"中华民族共同体"的建设提供了重要的研究思路。2018 年，"中华民族"首次被写入宪法之中，"实现中华民族伟大复兴"的战略目标在宪制建设中得以确立。在 2021 年召开的中央民族工作会议上，习近平总书记强调："做好新时代党的民族工作，要把铸牢中华民族共同体意识作为党的民族工作的主线。"可见，习近平总书记关于"中华民族共同体意识"的相关论述已经成为新时代中国理论民族研究与民族事务工作的新基调、新思路。结合本选题聚焦于"法治保障"的角度，根据国内既有研究，有关铸牢中华民族共同体意识的研究主要集中在以下几个方面。

第一，有关铸牢中华民族共同体意识的价值逻辑研究。如何把握正确的价值取向，是铸牢中华民族共同体意识的必要前提。李京桦认为，党的十八大以来，习近平总书记引导人们在中华民族共同体的民族精神和价值观方面重新审视，具有重大意义，重视这一命题在民族、爱国主义、同胞、中华民族四个维度分别具有开放性、实践性、关联性和规范性的价值①；卢成观、李文勇认为中华民族共同体意识的铸牢，在"凝心聚力共圆民族伟大复兴的中国梦、维护国家统一民族团结、促进民族文化交融发展"三个维度具有重要现实价值②；李曼莉、蔡旺认为，铸牢中华民族共同体意识旨在维护国家与政治统一、各民族共同繁荣、族际关系不断和谐，并分别用"思想之舵""金色桥梁""金钥匙"以彰显其价值③；邓磊、罗欣聚焦于新时代的视野，认为铸牢中华民族共同体意识是"实现国家长治久安的思想保障、筑牢统一战线画出最大同心圆的内在要求、民族工作的主基调和主旋律"④；王延中认为，做好民族工作、决胜全面小康、维护国家统一是铸牢中华民族共同体意识的目标性价值⑤；李娜、赵金科从价值逻辑的维度进行分析，认为这一命题对于"推进民族团结维护国家统一、

① 李京桦. 中华民族共同体的民族价值探析 [J]. 云南民族大学学报（哲学社会科学版），2019（5）：97-104.

② 卢成观，李文勇. 中华民族共同体意识的理论根基、现实价值及路径选择 [J]. 理论导刊，2020（3）：51-58.

③ 李曼莉，蔡旺. 论铸牢中华民族共同体意识的三个基本问题 [J]. 广西民族研究，2020（3）：12-19.

④ 邓磊，罗欣. 习近平铸牢中华民族共同体意识理路探析 [J]. 社会主义研究，2018（6）：24-30.

⑤ 王延中. 铸牢中华民族共同体意识建设中华民族共同体 [J]. 民族研究，2018（1）：114-123.

促进民族认同和国家认同、提升文化认同实现伟大梦想"具有重要价值①；郝子涵、张宝成立足于家庭、民族、国家三者的利益调适，认为铸牢中华民族共同体意识为这三者的利益统一奠定了相互认同的价值坐标②；代洪宝认为，中国特色社会主义建设的内在要求就是铸牢中华民族共同体意识的实践价值③。

第二，有关铸牢中华民族共同体意识的路径和方法研究。通过何种方式铸牢中华民族共同体意识，既是理论界重点关注的研究议题，又是有效回应实践诉求，在现实层面维护新时代民族关系的治理工具。从研究对象上看，主要包括以下几个方面的内容。

一是立足于公民个体认同的研究。吉昌、金炳镐认为，不管是精神家园建设还是民族共同体意识的培育都要立足于对中华文化的认同，在此基础上使两者相互影响、相互促进，在构建各民族共有的精神家园过程中培育中华民族共同体意识④；杨鹍飞着眼于"认同"的视域，将对民族、国家、共同体三者的认同总结为对中华民族共同体的认同，并认为培育中华民族共同体意识的核心在于建构中华民族共同体认同⑤；沈桂萍指出了"中华文化"在培育中华民族共同体意识中的重要作用，并从历史和现实的角度提出建构中华民族共同体意识的具体路径和价值遵循⑥；关凯认为，民族研究界亟须知识创新，实质性提高理论建构的反思性和系统性水准，基于中国社会的经验现实，突破西方知识霸权语境下各种西方中心主义认识论的局限，探索凝聚中国社会之清晰学理，并强调铸牢中华民族共同体意识的本质在于增强国家认同⑦；张殿军从法治角度探析铸牢中华民族共同体意识必须把全面贯彻实施宪法作为根本保障，把依靠法律保障团结民族作为重要途径，认为只有全国各族人民都树立对法律的信仰，

---

① 李娜，赵金科. 中华民族共同体意识：价值逻辑、现实困境与铸牢路径［J］. 广西社会主义学院学报，2019（4）：61-66.
② 郝子涵，张宝成. 铸牢中华民族共同体意识［J］. 黑龙江民族丛刊，2018（6）：30-36.
③ 代洪宝. 中华民族共同体意识的内在逻辑与当代价值［J］. 江苏大学学报（社会科学版），2019（4）：43-48，57.
④ 刘吉昌，金炳镐. 构筑各民族共有精神家园　培养中华民族共同体意识［J］. 西南民族大学学报（人文社会科学版），2017（11）：28-33.
⑤ 杨鹍飞. 中华民族共同体认同的理论与实践［J］. 新疆师范大学学报（哲学社会科学版），2016（1）：83-94.
⑥ 沈桂萍. 培育中华民族共同体意识构建国家认同的文化纽带［J］. 西北民族大学学报（哲学社会科学版），2015（3）：1-6.
⑦ 关凯. 铸牢中华民族共同体意识需要知识创新：多学科聚力筑牢中华民族共同体意识研究（笔谈一）［J］. 西北民族研究，2020（2）：5-17.

自觉遵法守法，才能上下同心铸牢中华民族共同体意识①；朱碧波指出，超越传统情感型民族事务治理模式从而构建法治型民族事务治理模式是铸牢中华民族共同体意识的重要方式，并指出当前民族事务治理应当更加凸显良法善治的意义，更加强调以法治保障民族团结，将民族问题与社会问题、民族问题与法治问题剥离开来，从实质上实现公民法律身份平等和司法正义，建构各民族对政治国家和法治精神的理性信仰，从而彰显出法治在铸牢中华民族共同体意识过程中的价值②。

二是着眼于族际关系调整的研究。纳日碧力戈认为，"多数民族"和"少数民族"在铸牢中华民族共同体意识的进程中同样重要，两者必须"相互认同"，从而形成一种和谐的民族生态③；雷振扬聚焦于"差异性"与"共同性"之间的辩证关系，认为"多数民族"在铸牢中华民族共同体意识的进程中具有特殊使命④；赵英提出，通过开展民族团结进步教育，进而铸牢中华民族共同体意识这项工作具有重要使命，要通过宣传教育、发展经济、文化沉浸等方式使中华民族共同体意识这一宏观命题深入全体国民的心理认同之中⑤；王延中指出，需要合理辨析各民族的"多样性"和中华民族的"整体性"，在现阶段应当更加重视中华民族的"一致性"，并认为需要通过不断促进各民族间的交往交流交融以增加共同性，从而不断维护中华民族的整体利益⑥；田钒平提出，在全面推进依法治国背景下，充分发挥法治的功能和作用，是引导各民族公民铸牢中华民族共同体意识的根本路径⑦；潘红祥、张星指出，随着经济社会发展，东中西部、少数民族公民与汉族公民交往交流交融加强加深，各民族公民对党、国家和中国特色社会主义的认同感进一步增强，对民族国家、民主国家、民生国家

① 张殿军．铸牢中华民族共同体意识的法治路径［N］．中国民族报，2018-05-11（005）．
② 朱碧波．论中华民族共同体的多维建构［J］．青海民族大学学报（社会科学版），2016（1）：26-32.
③ 纳日碧力戈．双向铸牢中华民族共同体意识［J］．中南民族大学学报（人文社会科学版），2019（4）：1-5.
④ 雷振扬．铸牢中华民族共同体意识研究需拓展的三个维度［J］．中南民族大学学报（人文社会科学版），2019（6）：1-6.
⑤ 赵英．新时代青海藏区民族团结进步教育与铸牢中华民族共同体意识刍议［J］．民族教育研究，2018（4）：14-20.
⑥ 王延中．铸牢中华民族共同体意识 建设中华民族共同体［J］．民族研究，2018（1）：1-8，123.
⑦ 田钒平．依法规约：夯实铸牢中华民族共同体意识的法治之基：多学科聚力筑牢中华民族共同体意识研究（笔谈一）［J］．西北民族研究，2020（2）：5-17.

一体建设的需求日益迫切。步入新时代，铸牢中华民族共同体意识成为我国民族法治建设的基本任务之一①。

三是聚焦于中华民族整体建构的研究。高成军认为，立基于政治法律共同体下国家属性的现实彰显，除发挥历史记忆等文化因子的重要意义外，通过公民身份认同进而引导共同体意识铸造亦是一种有别于文化想象的理性选择，公民身份是民族共同体得以在现代国家安顿身心的政治表达及法律纽带，是共同体建构的宪制基础，亦是构筑共同体的制度保障②；麻国庆指出，中华民族共同体不是孤立的，跨界民族的国家边界意识和跨界性的社会互动对国家政治空间产生的影响越来越凸显，通过对跨国民族以及国家认同的研究，可以进一步梳理个体认同、民族认同与国家认同之间的关系，使这些跨国居住的民族成为构筑中华民族共同体不可或缺的重要组成部分③；马俊毅运用国家建构的视角，认为建构多民族国家共同体必须凝聚人心，以建立和增强人民对"国族"和"国家"的认同，并指出多民族国家"民族精神共同体"建设的重要性④；周平指出，要把中华文化和中华民族认同建设作为一项重要的任务，并提出如果由于受到其他因素的干扰而犹豫和彷徨，未能把中华文化建设、中华民族建设、中华民族认同建设坚定地加以推进，就可能会贻误历史提供的机遇，甚至为国家的统一和稳定埋下隐患⑤；倪国良、张伟军认为，"法治"是中华民族共同体建构的重要方式，以法治的方式建构中华民族共同体具有坚实的空间基础、政治基础和历史文化基础，同时指出，中华民族共同体的法治建构具有目标性和功能性两大价值，是新时代国家治理现代化视野下推进中华民族共同体建设的必然选择⑥。

第三，有关中华民族共同体法治建设的研究。全面依法治国是建设社会主义国家的基本方略，依法治理民族事务则是在全面依法治国的指引下，民族工

① 潘红祥，张星. 中国民族法治七十年：成就、经验与展望［J］. 民族研究，2019（3）：1-17，138.

② 高成军. 中华民族共同体意识的公民身份建构［J］. 宁夏社会科学，2018（6）：80-85.

③ 麻国庆. 民族研究的新时代与铸牢中华民族共同体意识：多学科聚力筑牢中华民族共同体意识研究（笔谈一）［J］. 西北民族研究，2020（2）：5-17.

④ 马俊毅. 国家建构与各民族共有精神家园建设：基于统一多民族国家建构中国话语的理论分析［J］. 中央民族大学学报（哲学社会科学版），2019（5）：28-38.

⑤ 周平. 民族国家认同构建的逻辑［J］. 政治学研究，2017（2）：2-13，125.

⑥ 倪国良，张伟军. 中华民族共同体的法治建构：基础、路径与价值［J］. 广西民族研究，2018（5）：28-35.

作开展的重要"风向标"。从这个意义上讲，中华民族共同体意识的铸牢，必须立基于中华民族共同体的法治建设，用好法治这一工具和手段。马冬梅指出，中国特色社会主义法治体系是铸牢中华民族共同体意识的重要保障，需要不断完善机制建设同时转化为治理效能，筑牢制度保障①；高承海指出，我国民族区域自治制度是把民族感情和社会主义国家结合起来的创新政策，坚定不移地实施该制度，推动各民族共同进步、繁荣、发展，促进各民族大团结，是新时代铸牢中华民族共同体意识的制度基础②；邓磊、罗欣认为，民族区域自治制度是处理我国民族问题的基本政治制度，并指出民族区域自治就是铸牢中华民族共同体意识的制度保障③；潘红祥认为，需要在国家建设视域下探讨"统一和自治""民族因素与区域因素"两个结合的逻辑构成，为铸牢中华民族共同体意识提供理论指引④；宋才发指出，民族区域自治制度是对我国统一的、多民族国家基本国情的科学阐释，也是顺应各民族人民共同心声的最佳抉择，更是对中华民族发展源流与演进脉络的承接与依循，对增强中华民族凝聚力发挥了无与伦比的作用⑤；熊芳亮认为，既要不断提升依法治理民族事务，特别是依照中央党内法规制度体系来治理民族事务的责任意识和能力水平，又要不断加大对党内法规制度体系中有关民族工作规定实施情况的监督检查力度，划清铸牢中华民族共同体意识的政治红线与政策底线⑥；彭红军认为，"多元"的法律地位问题是建构中华民族"一体"格局的基础，他以台湾少数民族的法律地位确定为切入点，认为重视铸牢中华民族共同体意识的法治价值既有助于大陆加深对台湾少数民族的认识与理解，也有助于在法律层面上为中华民族共同体的建构提供必要制度保障⑦；魏健馨认为，应该把宪法作为国家认同、公民身份认同的制度

① 马冬梅.铸牢中华民族共同体意识的制度保障研究［J］.西南民族大学学报（人文社会科学版），2020（5）：7-12.

② 高承海.中华民族共同体意识：内涵、意义与铸牢策略［J］.西南民族大学学报（人文社科版），2019（12）：24-30.

③ 邓磊，罗欣.习近平铸牢中华民族共同体意识理路探析［J］.社会主义研究，2018（6）：24-30.

④ 潘红祥.中国特色社会主义民族区域自治制度自信研究（笔谈）［J］.前沿，2020（1）：76-81.

⑤ 宋才发.制度优势是"中国之治"的根本优势［J］.广西社会科学，2020（2）：20-28.

⑥ 熊芳亮.不断夯实铸牢中华民族共同体意识的党内法规制度体系：学习中央党内法规和规范性文件中有关民族工作内容的思考和体会［J］.今日民族，2019（6）：54-56.

⑦ 彭红军.中华民族共同体建构的法律保障：以台湾原住民族的法律地位为例［J］.重庆社会主义学院学报，2016（4）：53-59.

基础，通过发挥宪法在培育国家意识、公民意识与民族意识方面的独特功能，促进国家统合维护宪法秩序，以满足个体追求幸福生活的美好期待①。

总体而言，从法治保障的范畴来看，既有研究的内涵概念阐释较多，理论外延扩展较少；政策话语解读较多，法律实证研究较少；价值意义诠释较多，法治保障归纳较少；思想渊源和逻辑生成分析较多，时代境遇和实践路径梳理较少。而聚焦于法治措施这个领域，既有研究对法治价值、法治功能、法律认同、法治体系等元素挖掘等关注不够，尤其对铸牢中华民族共同体意识与不同地区、不同对象（如公民个体—各个民族—中华民族）的有机连接、制度建设与政策完善等探讨较少。

（三）评述

基于上述分析，既有研究对于铸牢中华民族共同体意识这一重要议题展开了深入的研究和翔实的论证，着眼于"法治保障"的维度，则仍有较大的完善空间。

第一，中华民族的"共同性"研究有待提升。"共同性"不仅是铸牢中华民族共同体意识所需要秉承的基本价值取向，也是用法律保障民族团结、依法治理民族事务的重要渊源。习近平总书记在 2021 年召开的中央民族工作会议上明确指出，"增进共同性、尊重和包容差异性是民族工作的重要原则"，这就深刻阐明了中华民族共同体法治建设的"共同性"价值取向。事实上，早在 20 世纪 80 年代，我国著名民族学家谷苞先生就开始通过系列研究深入诠释中华民族的"共同性"，具有极高的历史价值②。然而，很长一段时间以来，我国的民族法治建设和民族工作开展，无论是其价值取向还是功能定位，更多的是聚焦于"差异性"即对民族特性的维护，"共同性"的研究则有待提升，这也是习近平总书记在中央民族工作会议上所强调的"按照增进共同性的方向改进民族工作"的必然要求。因此，以"法治"这一具体的方式铸牢中华民族共同体意识，应当秉承"共同性"这一价值取向。

第二，法治保障的功能需要准确定位。不同学者分别从维护国家统一、促进民族交融、实现伟大复兴、促进国家认同等角度诠释铸牢中华民族共同体意识的功能所在。然而，任何一种社会、一个国家的长治久安、纲维有序，一种

---

① 魏健馨. 共同体意识的宪法统合［J］. 学习与探索，2018（7）：81-92.

② 谷苞. 论中华民族的共同性［J］. 新疆社会科学，1985（3）：1-10；谷苞. 再论中华民族的共同性［J］. 新疆社会科学，1986（1）：1-9；谷苞. 三论中华民族的共同性［J］. 西北民族研究，2007（1）：5-15.

"大一统"民族意识的铸牢,都必须要有一套成熟的法治体系。进一步而言,对于铸牢中华民族共同体意识的功能探析,不仅应当从个体认同、社会和谐等维度分析,也应当上升到法治维度进行论证,"法治"在铸牢中华民族共同体意识的进程中扮演着何种角色、发挥着何种功能、彰显出何种价值等问题均应当厘清,既有研究仍有很大的深入空间。

第三,铸牢中华民族共同体意识法治保障的成就与经验需要系统性梳理。既有研究已经充分认识到"用法律保障民族团结""依法治理民族事务"等以法治方式铸牢中华民族共同体意识的必要性。然而,中华民族共同体的法治建设,既是在正确价值取向指引下的伟大目标,又是一个不断推进的历史进程。这就有必要从历史和现实两个维度总结中华民族共同体法治建设的成效与经验,既有研究更多的是从民族理论与政策的角度诠释中华民族共同体建设的伟大成就,鲜有立足于民族法治的视野,以"个体—群体—整体"不同的受众对象为分析框架进行系统性总结,同时,"法治保障"也是一个系统性工程,铸牢中华民族共同体意识的法治保障,必须以《中华人民共和国宪法》(以下简称《宪法》)关于民族法治的相关规定为根本原则,进而从法律规范体系、法治实施体系、法治监督体系和法治保障体系进行深入研究。

第四,法治保障的制约因素不容忽视。铸牢中华民族共同体意识的现实境遇逐渐受到学界的关注,在这个过程中,"内部现实境遇"和"外部影响因素"是学界关注的焦点。需要指出的是,中华民族共同体意识的铸牢,无论是内部还是外部的制约因素,这些不利因素最有力的消解路径是法治保障的不断完善。因此,就有必要对民族事务法治化的进程中的制约因素进行更深层次的探析,例如,从中华民族共同体法治建设的价值取向的维度而言,"少数人权利保障"与"各民族一律平等"之间应当如何平衡,公民个体的权利与义务应当如何实现更加公正;从功能定位而言,自治权的行使应当如何更加清晰地定位,"自治机关"与"上级国家机关"的权责分配是否合理;从民族法治的制度实践而言,如何将"共同性"这一铸牢中华民族共同体意识的基本要义深入贯彻到现实民族工作之中,如何科学厘清"共同性"与"差异性"之间的关系等这一系列有可能影响到法治实效的问题都应当认真分析。

第五,法治保障的途径亟须扩展。着眼于法治保障的维度,既有研究更多的是从微观或中观的角度阐述具体的措施,而缺乏从宏观的角度总结归纳如何将宪法、民族区域自治法、地方性法规、自治条例和单行条例以及党内法规条例之中涉及法治保障的内容统一为一个体系。同时,通过具体的法治保障铸牢中华民族共同体意识,其最终落脚点必须是每一个现实存在的"人",那么,从法治保障中华民族共同体意识铸牢的角度而言，就有必要构建一个"公民个体—民族群体—中华民族"层次渐进、具有整体性逻辑的分析框架，针对公民个体权利正义的实现、族际关系法治化的推进、中华民族的整体塑造提出具体的法治措施，从而丰富法治保障的途径，将铸牢中华民族共同体意识这一伟大的历史命题落到实处。

2022 年 3 月 11 日，十三届全国人大五次会议表决通过关于修改《中华人民共和国地方各级人民代表大会和地方各级人民政府组织法》的决定，其中"铸牢中华民族共同体意识"的表述被写入地方各级人民代表大会和地方各级人民政府的职权之中①，这正是在立法层面运用法治方式铸牢中华民族共同体意识的生动写照。习近平总书记则在历次有关民族工作的重要会议上都提出了"依法治理民族事务""用法律保障民族团结"的重要论述。因此，铸牢中华民族共同体的法治保障研究，具有重要的现实意义。然而，既有理论研究虽然对于该议题有了较为深入的分析和翔实的论证，其距离"民族事务法治化"与"治理能力现代化"的目标还有不小差距，还不能很好地回应实践的需要，因此，本选题拟从铸牢中华民族共同体意识法治保障的价值取向入手，结合"个体—群体—整体"的分析框架，以宪法关于民族法治的基本原则为指引，立基于新时代民族法治体系的建设，对于铸牢中华民族共同体意识这一伟大的历史命题进行深入研究，在不断丰富既有研究理论支撑的同时服务于依法治理民族事务的现实需要。

三、研究内容与方法

（一）主要内容

正确理解中华民族共同体法治建设的价值取向，准确把握中华民族共同体法治建设的功能定位，并在此基础上厘清铸牢中华民族共同体意识法治保障的制约因素与生成根源，是研究这一命题必须认知的宏观背景。基于此，本书在民族法治的视域下，探析铸牢中华民族共同体意识的法治价值、法治功能，并将这两者在具体的民族法治实践中予以诠释，以进一步分析在制度实践中有哪些制约因素，同时结合现阶段的民族法律规范体系、民族法治实施体系、民族法治监督体系以及民族法治保障体系分析其根源，进而从公民、各民族、中华

---

① 参见《中华人民共和国地方各级人民代表大会和地方各级人民政府组织法》（2022 年修正）第十一条第十四款、第十二条第十三款、第七十三条第九款、第七十六条第五款。

民族三个维度提出切实可行的对策建构。

　　具体而言，笔者从选题缘由与研究价值阐述了本选题的重要性和必要性；通过梳理国内外研究现状，进一步诠释既有研究的深化的空间，并对接下来的研究做了铺垫；根据研究内容、理论支持与研究方法对本书的研究思路进行了诠释；从研究视角和研究内容论述了本书可能的创新点，并指出本书存在的不足之处和下一步研究的方向。

　　第一部分重点诠释了铸牢中华民族共同体意识法治保障的"价值"。第一章介绍了选题的必要性，重点突出"为何研究"，进而从公民个体的权利正义、各民族的凝聚力、中华民族伟大复兴三个方面阐释应当如何分析其价值取向，由此建构了"个体—群体—整体"的分析框架，为后续研究框架的建构做了铺垫。第三章则通过总结中国共产党的百年民族法治工作，按照前述"三位一体"（个体—群体—整体）的分析思路，对其价值取向进行更深层次的总结提炼，在"如何分析价值"的基础上深刻诠释其价值内容。在个体层面，塑造了公民的民族认同与国家认同：一方面体现了马克思主义关于人全面发展的价值，另一方面亦是公民爱国主义精神酿造的重要条件；在群体层面，促进了各民族交往交流交融的深化：引导各民族交往的重要形式、丰富各民族交流的多元内容、深化各民族交融的良好氛围；在整体层面，升华了中华民族的整体性建设：一方面明确新时代民族关系的基本遵循，另一方面提升新时代我国民族理论话语权。

　　第二部分主要阐述了铸牢中华民族共同体意识法治保障的"功能"。第一章第三节从"功能演绎"的角度论述民族法治的功能如何保障价值取向的实现，结合第二章党铸牢中华民族共同体意识法治保障的百年光辉历程，第四章介绍了法治建设的功能定位。通过确认、规范、维护三个维度分层次诠释中华民族共同体法治建设的功能如何将前述彰显的价值予以准确定位，同时立足于全面依法治国和民族工作应当"增进共同性"的维度，具体诠释新时代"民族习惯"的功能所在。第一，通过对各族公民权利与义务、新时代民族关系、中华民族宪法地位的确认将中华民族共同体法治建设的确认功能予以准确定位。第二，通过树立各族公民的民族认同、引导各民族继承和发扬爱国主义传统、评价中华民族整体性建设的价值追求将中华民族共同体法治建设的规范功能进行准确定位。第三，通过保障公民合法权益、维护民族团结、维护国家统一将中华民族共同体法治建设的维护功能进行准确定位。除此之外，法治视域下"民族习惯"的功能，也应当紧跟民族事务法治化的进程予以清晰定位：约束个体行为的和谐之治、引导群体发展的规则之治、生成整体性公序良俗的文明之治。

　　第三部分则以"法治"为切入点，详尽分析了铸牢中华民族共同体意识法治保障的制度建设。无论是价值取向还是功能定位，必须通过具体的制度实践予以体现。第一章第四节介绍了铸牢中华民族共同体意识法治保障必须遵循的宪法原则："各民族一律平等。""国家帮助。""民族区域自治。""多元化保护。"同时立基于"个体—群体—整体"的分析框架介绍了民族法治的实践载体，进而结合当代民族法治体系的建设论述了铸牢中华民族共同体意识法治保障的制度变革，为后续分析做了铺垫。

　　首先，通过论述法治保障的历史进程与当代实践，介绍了中华民族共同体的法治建设"怎么做"。第二章介绍了法治保障的历史进程，按照"个体—群体—整体"的分析框架，在中国共产党的百年光辉历程中，党在个体层面完成了对公民权利与义务的依法确认，在群体层面引领各民族完成了聚居、散居、杂居的法治实践，在整体层面带领中华民族向着伟大复兴的历史目标不断迈进。通过对铸牢中华民族共同体意识法治保障的光辉历程进行提炼，方可从实践角度具体总结其价值取向与功能定位。第五章则介绍了中华民族共同体法治建设的当代实践。在百年党史的光辉演绎中，民族法治的价值取向与功能定位必须回归到当代民族工作的具体实践中进行检验：我国民族法律规范体系、民族法治实施体系、民族法治监督体系以及民族法治保障体系的建设取得了卓越的成效，但也存在着一些需要完善之处。总体来看，立足于"公民—各民族—中华民族"的分析框架，中华民族共同体的法治建设取得了辉煌的成绩：公民权益得到有效保障，各民族共享发展成果，中华民族的整体性建设不断加强。

　　其次，通过对中华民族共同体法治建设存在的问题进行总结，依据宪法关于民族法治的基本原则，归纳出铸牢中华民族共同体意识法治保障的制约因素，并回归到中华民族共同体法治体系建设之中剖析其根源。第六章归纳了铸牢中华民族共同体意识法治保障的制约因素。结合前述的民族法治体系建设的现状与不足，通过探析其在价值取向、功能定位、制度设计等方面的因素，将这些问题置于宪法的民族法治原则分析框架下进行深入总结：在落实"各民族一律平等"的原则层面，公民身份的认知有待进一步明晰；在践行"国家帮助"的原则层面，"上级国家机关"的帮助机制的针对性和有效性需要进一步加强；在贯彻"民族区域自治"的原则层面，自治权限的定位亟须明确；在维护"多元化保护"的原则层面，族际交往的规范应当更加明确。第七章则着重剖析这些制约因素的生成根源。在归纳出制约因素"有哪些"之后，需要从深层次的维度去解析这些制约因素"为何生成"。中华民族共同体法治建设的价值取向需要通过功能的准确定位予以彰显，而功能的准确定位则有赖于相关制度的科学设计和有效实施，从这个意义上讲，必须立足于现阶段我国民族法治体系的建设本身存在的问题，深入分析前述制约因素的生成根源：法律规范体系不够完备、法治实施体系有待改进、法治监督体系亟待健全、法治保障体系需要完善。

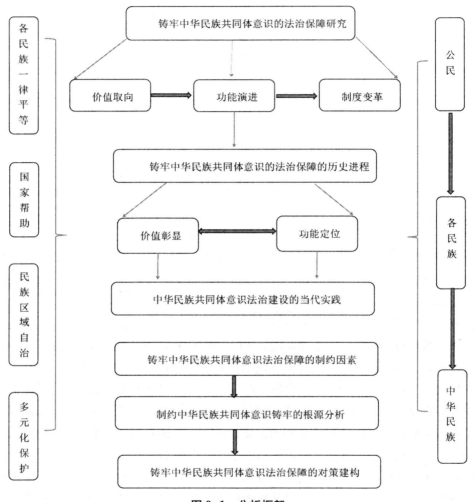

图 0-1 分析框架

最后，结合"个体—群体—整体"的分析框架，立足于宪法关于民族法治的基本原则，提出铸牢中华民族共同体意识法治保障的对策建构。在充分诠释研究议题的价值取向与功能定位基础上，根据中华民族共同体法治建设的当代实践，审视其制约因素，并立基于民族法治体系的建设分析其生成根源。第八章立足于"个体—群体—整体"的分析框架，以"人"这个铸牢中华民族共同体意识的最终载体为研究基点，从民族法治的角度提出切实可行的对策建构。

从个体而言，需要充分培育其公民意识，充分发挥"人"的主观能动性，同时客观上改善现有的一些帮助措施，以充分体现公民权利与义务的对等性，真正体现"各民族一律平等"的宪法原则；在群体维度，需要立足于中华民族的"共同性"，进而树立各民族群体共同的法律认同，这就要求合理辨析以国家制定法为代表的正式制度与以"民族习惯"为代表的非正式制度之间的关系，确立国家法律制度的主体地位，将非正式制度置于正式制度的规则检验之下，同时在各民族间加强通用语言文字的学习和使用，以不断促进"共同性"的生成；在整体维度，需要充分贯彻"以宪治国"的原则方针通过具体的措施有力贯彻宪法关于民族法治的基本原则：凸显民族平等的实质性、促进"国家帮助"的有效性、体现区域自治的时代性、维护多元化保护的整体性。

（二）理论支持

1. 民族平等理论

民族平等是马克思主义民族理论与政策的研究基点，也是我国民族法治体系的核心要义。马克思主义民族平等观，是对18世纪法国资产阶级平等思想、空想社会主义平等思想和北美资产阶级民族平等思想的巨大超越。从马克思主义民族平等思想的基本属性上看[1]，首先体现出了民族平等主体的广泛性，"古往今来每个民族都在某些方面优越于其他民族"[2]，这就表示一切民族群体无论大小、不分发展水平先后，一律平等，各民族之间也应当相互学习和尊重；其次体现出了民族平等内容的真实性，"平等不仅是表面的在国家领域中实行的，它还应当是实际的在社会和经济的领域中实行"[3]，这就意味着民族平等的内容不仅仅是政治法律地位上的平等，也应当是社会生活中现实存在的"人"真正能够享受的平等；最后体现出了民族平等权利的完整性，民族平等权利是个人权利与群体权利的有机统合，马克思主义认为，法律对于个体权利与群体权利都应当给予充分的保护[4]，正如列宁所指出的，"保障少数民族权利问题，只有在不离开民族平等原则的彻底的民族国家中，通过颁布全国性的法律才能

---

[1] 兰青松. 马克思主义民族平等思想研究［M］. 北京：中国社会科学出版社，2016：59-60.
[2] 马克思恩格斯论民族问题［M］. 北京：民族出版社，1987：46-47.
[3] 中国社会科学院民族学与人类学研究所民族理论室. 马克思主义经典作家民族问题文选：马克思恩格斯卷·下册［M］. 北京：社会科学文献出版社，2016：158.
[4] 兰青松. 马克思主义民族平等思想研究［M］. 北京：中国社会科学出版社，2016：60.

解决"①。

2. 民族关系理论

平等团结互助和谐的社会主义民族关系已经被写入了《宪法》序言之中，作为我国民族法治体系的核心，《宪法》蕴含着铸牢中华民族共同体意识法治保障的根本遵循。《宪法》第四条确立了我国民族法治的基本原则，可概括为"各民族一律平等""国家帮助""民族区域自治""多元化保护"，这也构成了中华民族共同体法治建设的指导思想。同时，着眼于民族法治的视域，《宪法》为如何处理民族关系提供了重要的理论支撑：其一，着眼于公民的维度，在"公民的基本权利与义务"中诠释了个体的行为规范；其二，着眼于各民族的维度，在序言中确立了平等团结互助和谐的社会主义民族关系，并将"实现中华民族伟大复兴"确立为国家的根本任务；其三，从第一百一十二条至第一百二十二条详尽诠释了"民族区域自治"的践行方式、组织构成、权利享有与实施保障，从而为民族地区经济社会的发展奠定了法理支撑。

3. 依法治理民族事务理论

党的十八大以来，习近平总书记十分重视民族工作法治化的进程，在历次关于民族工作的重要会议上相继提出了"用法律来保障民族团结""增强各族群众法律意识""坚持各民族在法律面前一律平等""必须坚持依法治理民族事务，推进民族事务治理体系和治理能力现代化"等重要论断。应当指出的是，习近平继承和发展的马克思主义民族法治理论，是建设新时代中国特色社会主义民族法治体系的重要指导思想，"依法治理民族事务"的提出，蕴含着民族平等、民族团结、民族互助、民族和谐、各民族共同繁荣的理论精髓。从其价值引领上看，习近平关于依法治理民族事务的理论，不仅推动了新时代民族法治体系的建设，也弘扬和培育了民族法治的重要精神②，为铸牢中华民族共同体意识的法治保障提供了重要的理论支撑。

（三）研究方法

1. 文献分析法

文献的收集、整理与分析是本选题研究的基础环节，通过文献收集，并对文献进行整理归类分析研究，有助于对选题内容的基本把握，了解选题的历史

---

① 列宁全集：第19卷［M］.北京：人民出版社，1989：100.

② 李小红，吴大华.习近平民族法治重要论述及时代价值探析［J］.贵州民族研究，2019（3）：21-26.

背景和现实价值。结合本选题立足于"三位一体"的分析框架、民族法治的视域以及法治保障的具体方式,特查阅了如下几类文献。

一是与研究选题相关的学术专著。从公民的民族认同角度来看,具有代表性的如埃里克·霍布斯鲍姆的《民族与民族主义》、尤尔根·哈贝马斯的《包容他者》、安东尼·史密斯的《民族认同》、菲利克斯·格罗斯的《公民与国家:民族、部族和族属身份》、查尔斯·泰勒的《自我的根源——现代认同的形成》、曼纽尔·卡斯特的《认同的力量》、张宝成的《民族认同与国家认同》、韦诗业的《民族认同与国家认同的和谐关系建构研究》、陈茂荣的《马克思主义视野的"民族认同"问题研究》、王超品的《当代中国民族认同与国家认同整合的制度机制》等;从族际关系法治化的角度来看,具有代表性的如罗康隆的《族际关系论》,马戎的《西部开发中的人口流动与族际交往研究》,王建娥的《族际政治:20世纪的理论与实践》,陈建樾、周竞红的《族际政治在多民族国家的理论与实践》,来仪的《相遇与沟通——对成都市多民族构成及民族关系的记录与思考》,王建娥的《包容与凝聚:多民族国家和谐稳固的制度机制》,刘文会的《法律制度的民族性之维及其变革》,王允武、田钒平的《西部开发背景下民族地区经济法制问题研究》,王允武、李剑的《民族法学理论与热点问题研究》,李资源的《中国共产党民族法制建设史研究》,王允武、王杰、廖燕萍的《中国民族法学研究概览(2008—2018)》,熊文钊的《民族法制体系的建构》等;从国家/民族建构的角度来看,具有代表性的如安德烈亚斯·威默的《国家建构:聚合与崩溃》、于春洋的《现代民族国家建构:理论、历史与现实》、张寅的《多元文化背景下的民族国家建构》、张宏斌的《国家建构与民族认同》、昝涛的《现代国家与民族建构——20世纪前期土耳其民族主义研究》等。

此外,探析"铸牢中华民族共同体意识"这一伟大的时代命题,有必要回归到对于"共同体"这一基础概念本身的研究,为此,笔者查阅了斐迪南·滕尼斯的经典著作《共同体与社会》、耶尔·塔米尔的《自由主义的民族主义》、威尔·金利卡的《多元文化的公民身份》和《少数的权利》等域外经典著作,包括但不局限于徐宁的《马克思共同体思想的哲学研究》,马俊峰、马乔恩的《构建人类命运共同体的历史性研究》,王小章的《从"自由或共同体"到"自由的共同体"——马克思的现代性批判与重构》,张康之、张乾友的《共同体的进化》等。需要特别指出的是,以"法治"这一方式铸牢中华民族共同体意识,离不开对全面依法治国宏观背景的把握,基于此,笔者亦查阅了大量有关中国特色社会主义法治体系的著作,具有代表性的如《习近平法治思想概论》,江必新的《法治国家的制度逻辑与理性构建》《法治中国的制度逻辑与理性构建》,

以及宪法学、法理学、民族法学的相关著作。

二是相关的法律法规。民族法律规范体系的建设与完善，要厘清现行的民族法律法规的具体内容。据此，笔者通过在业内较有影响力的"法信"数据库查阅了大量法律法规，按效力等级来划分，包含但不局限于法律、党内法规、司法解释、行政法规、部门规章、地方性法规、自治条例与单行条例等。

三是中国共产党的领导人的重要指示和重要讲话。具有代表性的如习近平总书记在历次与民族工作有关的重要会议上的重要讲话等。

除此之外，与本议题相关的学术期刊、学位论文、会议、报纸等浩如烟海，笔者通过中国知网进行检索查阅，在此不一一列举。

2. 历史研究法

探析中华民族共同体法治建设的价值取向与功能定位，既有制度实践的当代体现，又有历史演绎的光辉历程。为此，笔者通过多渠道收集历史资料，按照"公民—各民族—中华民族"的分析框架，并结合历史发展的实践顺序，从中筛选出与本选题相关的内容并进行归纳整理，以作借鉴分析之用。

3. 跨学科研究法

本书以马克思主义民族理论与政策学科的理论与方法为基础，综合运用民族学、法学、社会学等方法深入诠释如何以"法治"这一有效途径铸牢中华民族共同体意识。

四、可能的创新与不足

（一）可能的创新

本书的基本观点和可能存在的创新点主要体现在以下几个方面。

第一，立足于"人"这个铸牢中华民族共同体意识法治保障的研究基点，建立了一个"三位一体"的分析框架，从而尽可能地涵盖铸牢中华民族共同体意识的不同层次的受众对象。

对于铸牢中华民族共同体意识这一重要议题，既有研究或聚焦于其内涵概念挖掘，或侧重于其培育路径的探讨，或倾向于其功能价值的梳理，或专注于其思想渊源的解读，同时，既有学术观点对于国家法治建设、体制机制完善、政策效能发挥的重要意义已逐渐重视。但是，意识的铸牢不仅受制于客观条件的外部约束，也取决于主观能动性的充分发挥。基于此，本选题认为客观存在的"人"是铸牢中华民族共同体意识法治保障的分析基点，"各民族"是铸牢中华民族共同体意识法治保障的研究内容，"中华民族"是铸牢中华民族共同体意识法治保障的实践目标，由此建立了"个体—群体—整体"三位一体的分析框架。在此基础上，通过厘清中华民族共同体法治建设的价值取向与功能定位，结合民族法治体系的制度实践，提出《宪法》关于民族法治的基本原则在民族工作中需要进一步落实，这背后折射出的则是民族法治体系本身的建设有待完善，进而回归到"三位一体"的分析框架，提出对策建构。

第二，将《宪法》关于民族法治的原则作为铸牢中华民族共同体意识法治保障的根本遵循，在中华民族共同体法治建设的历史进程和当代实践中分析法治保障的成功经验和完善空间。

着眼于"法治保障"的范畴，既有研究侧重于研究"民族区域自治"这一基本政策、法律、制度，同时更多的是从宏观层面诠释"用法律保障民族团结"的重要性，较少回归到民族法治体系的核心"宪法"，分析其关于民族法治的原则规定，亦未有研究立足于"个体—群体—整体"的分析框架，结合民族法治体系本身的建设来提出铸牢中华民族共同体意识法治保障的对策建构。基于此，本选题以《宪法》关于民族法治的原则为基本要求，在遵循习近平总书记提出的"引导各民族始终把中华民族利益放在首位"的基础上构建一个可以对铸牢中华民族共同体意识法治保障进行系统研究的理论分析框架。引入"个体—群体—整体"的分析脉络，在公民权利的不断践行、族际关系法治化深入推进、中华民族整体性建设更加巩固的基础上探析法治保障有待完善的空间，结合民族法律规范体系、民族法治实施体系、民族法治监督体系和民族法治保障体系的有机统合提出对策建构，从而为更好地体现全面依法治国优势，更有力地促进民族事务治理现代化提供理论支持。要之以义："法治"是铸牢中华民族共同体意识最为有力的手段，亦是实现中华民族伟大复兴的必然要求。

第三，把习近平总书记在 2021 年中央民族工作会议上提出的"增进共同性"作为铸牢中华民族共同体意识法治保障的重要指导思想，从而在新时代民族法治体系的建设和完善中更加凸显"共同性"的思维脉络。

"增进共同性"不仅是改进新时代民族工作的指导方针，也是完善中华民族共同体法治建设的重要风向标。从当前民族法律规范体系的建设现状来看，不仅应当按照新时代民族工作的要求做到"出新"，也应当以增进共同性为标准做好"推陈"；从民族法治实施体系的建设现状来看，应当以共性因素的生成为目标，合理分配政府、社会、公民、民族地区等维度在铸牢中华民族共同体意识层面的职责；从民族法治监督体系的建设现状来看，应当以维护共同性为重要依据以促进一系列民族法规的完善，同时从上级国家机关与自治机关两个维度来健全权利与义务的对等；从民族法治保障体系的建设现状来看，应当以增进共同性为目标不断推动民族法治基础理论的发展与完善，同时大力加强民族法治人才队伍的建设。

（二）存在的不足

本书立足于民族法治的视域，通过"个体—群体—整体"的分析框架来研究中华民族共同体法治建设在公民、各民族、中华民族三个维度的制度实践成效，并在宪法关于民族法治原则规定的框架内深入剖析民族法律规范体系、民族法治实施体系、民族法治监督体系与民族法治保障体系的建设现状与存在问题，以"增进共同性""加强中华民族观""维护中华民族利益"等"共性"为指导思想，进而提出铸牢中华民族共同体意识法治保障的对策建构，以期为这一伟大的历史命题的研究尽一份绵薄之力。

然而，中国共产党的民族理论与政策，不仅在中国范围内得到了成功实践、取得了巨大的成效，对于海外华人等群体也产生了重要影响，从这个意义上讲，以"个体—群体—整体"的分析框架，如何覆盖海外华人等群体，是一个值得认真思考的问题，进一步而言，以法治的方式铸牢中华民族共同体意识，其背后折射出的是不同层级的受众对象如何实现对"法治"本身的认同，这种认同离不开对最深层次的认同——中华文化的认同，那么这种文化认同应当如何走出国门，深深植入每一个中华儿女心中，则是本书的不足之处，也是笔者下一步的研究方向。另外，习近平总书记在2021年中央民族工作会议上提出要正确把握"四对关系"，即共同性和差异性、中华民族共同体意识和各民族意识、中华文化和各民族文化、物质和精神之间的关系，这也应当是铸牢中华民族共同体意识法治保障的必然要求。在本研究中对此虽有提及，但受制于学术能力与论文篇幅，未能做更深层次的分析。如这四对关系之间，哪一对关系应当作为铸牢中华民族共同体意识法治保障的首要遵循；这四者之间的内部逻辑又当如何，这一系列问题均有待深入研究。

第一章

铸牢中华民族共同体意识的法治之维

铸牢中华民族共同体意识，是新时代民族工作的主线。法治，则是民族事务治理的基本方式，以法治的方式铸牢中华民族共同体意识，是推进民族事务治理法治化和现代化的必然要求，也是实现中华民族伟大复兴的必经之路。本章立足于民族法治的视域，从法治保障的关系之维、价值之维、功能之维、制度之维四个方面论述以法治保障中华民族共同体意识铸牢的必然性。

第一节　加强中华民族共同体法治建设的必要性

法治建设与共同体意识两者之间是辩证统一的关系，法治共同体的建设属于物质层面的范畴，而中华民族共同体意识，则属于意识层面的概念，辩证唯物主义认为，物质决定意识，意识反作用于物质。从这个意义上讲，中华民族共同体法治建设的成效深深影响着中华民族共同体意识铸牢的状况，而中华民族共同体意识的持续铸牢，反之，又会不断推动法治共同体的巩固与完善。

一、维护民族团结的根本前提

民族团结既是我国民族法治的重要原则，又是中华民族法治建构的功能体现。

第一，从法治的时代特征来看，民族法治的发展奠定了民族团结的历史基础。法治的时代特征不仅彰显着法治的特殊属性，而且表征着法治的时代坐标，引导着法治实践的发展进路[1]。需要指出的是，在建党初期，党的民族理论与政策受苏联的民族法治实践影响较大，苏维埃社会主义共和国联盟成功建立，得

---

[1]　刘吉发，陈怀平，殷峰. 当代马克思主义政治观［M］. 北京：中国社会科学出版社，2011：257.

益于"革命导师"列宁坚定奉行马克思主义民族平等与民族团结观,其也是族际关系法治化的直接指导思想。然而,"超级大国"的最终解体,民族问题又成为重要因素,在解体之后,民族矛盾也并没有得以有效解决,许多地区的民族矛盾反而被激化,"一些新成立的民族国家民族原教旨色彩被极大拔高,不仅制定了很多歧视本地区次级少数民族的政策,还对其进行公然迫害"①。其中一个根本原因就是列宁时期的马克思主义民族理论与政策因为种种原因没有很好地执行下来,而最有力的执行方式,只能是"法治"。1926年12月,中国共产党在《湖南省第一次农民代表大会解放苗瑶决议案》中就已经闪耀出"民族团结"的智慧,"设法使苗瑶等民族加入当地农民协会",事实上就是为具体落实民族团结的"机构"进行了规定;"请政府颁布解放苗瑶的明令",则是为践行民族团结的法治"正当性"进行了诠释;"使其与汉人政治经济一律平等,援助苗瑶解除土司酋长的残酷压迫",则既是该时期实现民族团结的具体方式,又是决议案所追求的重要目标。可以说,在党成立初期,党的领导人已经充分意识到"法治"对于民族团结的重要性和必要性。

在族际关系法治化发展的进程中,民族平等是根本准则,民族团结则兼具原则、方式和目标三重体现。毛泽东科学阐明了中国共产党是民族团结的核心力量:"只有在中国共产党的领导下,坚持马克思列宁主义民族团结的基本理论,消灭资本主义私有制,才能真正促进全民族的大团结"②;邓小平指出,消除隔阂、搞好团结是民族工作的中心任务③;江泽民在1990年9月视察新疆时提出了"三个离不开"的关于民族团结的重要思想;胡锦涛在2003年3月提出了各民族要"共同团结奋斗,共同繁荣发展"的"两个共同"的指导方针;习近平总书记立足于中华民族伟大复兴的高度,不仅创造性地提出了"中华民族共同体""铸牢中华民族共同体意识"等新时代民族工作的主线概念,更提出了"依法治理民族事务""用法律保障民族团结"的重要方针,可以说,在民族法治的历史演绎中,党根据"具体问题具体分析"的原则,用发展的眼光科学转换工作思路和方式,不断引导着民族团结法治建设阔步前行。

第二,从法治的政治价值看,民族法治的不断深入为民族团结指明了方向。现代法治深刻地影响着社会政治生活,对现代社会政治文明施以重要的保障,

---

① 常安. 统一多民族国家的宪制变迁 [M]. 北京:中国民主法制出版社,2015:158.
② 陈扬. 毛泽东民族区域自治理论与实践研究 [M]. 北京:中国社会科学出版社,2019:93.
③ 邓小平文选:第1卷 [M]. 北京:人民出版社,1994:164.

还作为现代政治发展的基本目标加以建设①。民族事务治理法治化的历史进程，不仅是马克思主义民族理论不断适应中国实际、发挥实效的过程，也是统一多民族国家的民族政治建设不断完善的历史彰显。民族团结，是中国共产党自建立之初就坚决奉行的马克思主义民族理论与政策，然而在具体的法治实践中，也经历了从初创到成熟的过程。从1922年党的二大宣言到党的七大召开，党在国家建构和民族政治建设维度的基本主张是建立"多民族的联邦共和国"②。当时所提的"自由联邦"和"民族自决"事实上更多的是对于"民族平等"的机械理解，认为各民族只要给予"平等"的地位，通过"自决"的方式，就能够"自然而然"地联合起来，进而组成一个统一多民族的国家，却没有更加充分地考虑在当时军阀割据、列国入侵的实际状况下，在承认各民族平等之后，究竟以何种方式才能促进各民族之间的"团结"。经过长期的理论思考和革命实践，党中央于1945年10月制定的《关于内蒙工作的意见》，其核心要义就是在内蒙古实行民族区域自治，建立自治政府，在1946年2月则第一次明确提出放弃民族独立自决的口号，正是着眼于如何更为科学、更为有效地实现该区域民族的团结所采取的方针，也是聚焦于争取"全民族解放"，为赢得解放战争而采取的具体方式。新中国成立前夕，具有临时宪法性质的《中国人民政治协商会议共同纲领》在各民族代表共同协商之下予以通过，其第六章第五十一条规定了民族区域自治的原则和践行方式，这正是统一多民族国家的执政党将民族团结这一原则以民族法治的方式进行具体实践的生动体现③，民族团结既以民族区域自治的法治方式得以保障，又成为各民族人民共创统一多民族国家的分享成果。

概括而言，民族区域自治的法治建设经历了1952年实施纲要的制定、1984年法律的成形以及2001年法律的修改完善三个阶段，其背后折射的是民族工作根据时代发展的不断进步，也是民族团结的任务革新。例如，从1952年8月9日中央人民政府公布的《中华人民共和国民族区域自治实施纲要》（以下简称《实施纲要》）来看，提出了"各民族自治区的内部改革，依照各民族大多数人民及与人民有联系的领袖人物的志愿"和"各民族自治区自治机关对有关自治区内其他民族的特殊问题，须与各该民族代表充分协商"具有时代背景的术

---

① 刘吉发，陈怀平，殷峰. 当代马克思主义政治观［M］. 北京：中国社会科学出版社，2011：257.
② 中央民族干部学院. 中国共产党的民族理论与民族政策［M］. 北京：民族出版社，2013：131.
③ 中央民族干部学院. 中国共产党的民族理论与民族政策［M］. 北京：民族出版社，2013：131.

语，客观体现了党在新中国成立之初，基于各民族间政治、经济、社会、文化等层面发展差异较大，应当如何对待经济社会发展相对落后，如何更有实效地促进民族团结的科学思考，"各民族""民族代表""充分协商"等概念和术语的提出，相较于"五族共和""宗族论"等是跨越式的进步，也是现代社会政治文明发展的具体体现。需要特别指出的是，在《实施纲要》发布的同一时间段，党和政府就开展了世界民族发展历程上浩瀚的工程，即"民族识别"工作，通过科学的考察和翔实的论证，确认了民族团结的对象主体——各个民族，将马克思主义民族理论与中国具体国情相结合，使民族团结的对象主体更为直观和清晰。

进入新时代，民族团结仍然是我国社会主义新型民族关系的具体表现，也是民族法治建设的重要原则，"铸牢中华民族共同体意识"则为各民族团结奋斗所指为何点明了方向，正如习近平总书记在 2021 年召开的中央民族工作会议上强调的"各民族紧跟时代步伐，共同团结奋斗、共同繁荣发展"，在中国共产党的领导下，全面建设社会主义现代化国家，共创中华民族伟大复兴，充分契合了统一多民族国家政治发展的目标。

二、促进民族认同①的具体方式

着眼于认同的视域，心理学家弗洛伊德最早对"认同"进行了较为科学的诠释，在他看来，认同是个人与他人或群体模仿其他社会成员在感情上、心理上的趋同过程②。学界对于"中华民族共同体意识"的内涵研究颇丰，而其中较有影响力的论述都紧紧围绕"认同"这一范畴：对各族成员对于共同体这一客观存在的认同、归属和依附③；在历史上形成以中国各民族为统一的前途和命运共同体的自觉自知性意识而代表集体的认同④。

需要指出的是，"认同"作为一种主观感受，从生成效果来看受到两个重要因素的影响：一是作为个体的民族成员自上而下地对"中华民族共同体"这一

---

① 从广义和狭义两个维度对"民族认同"进行解读，可将其分为"国民认同"和"族群认同"。滕星，张俊豪. 试论民族学校的民族认同与国家认同 [J]. 中南民族学院学报（哲学社会科学版），1997（10）：105-109.
② 李智环. 民族认同与国家认同研究论述 [J]. 西南科技大学学报（哲学社会科学版），2012（4）：88-93.
③ 赵红伟. 论马克思主义视域下中华民族共同体意识的培养 [J]. 黑龙江民族丛刊，2018（1）：20-25.
④ 郎维伟，陈瑛，张宁. 中华民族共同体意识与"五个认同"关系研究 [J]. 北方民族大学学报（哲学社会科学版），2018（3）：12-21.

客观存在的认知，即费孝通先生所言的"自在的民族实体"；二是统一多民族国家在国家建构的进程中从政治、经济、文化、社会等多维度对这一认知的塑造。近代以来，全体中华儿女在中国共产党的带领下，在与外敌入侵的对抗中逐渐凝聚为一个"同呼吸、共命运"的民族共同体，而在社会主义现代化建设时期，各民族成员对中华民族这个大家庭实现"认同"，则需要着眼于民族法治的视域，真正实现"用法律保障民族团结"，用法治促进各民族共同繁荣。要而言之，将各民族成员对中华民族的认同进行"整合"，是民族国家的统一、民族关系的调和、社会的稳定与发展三个层次的必然要求①，而要将这种整合落到实处，最有效与最有力的方式则是法治。

从法理上讲，"中央统领"与"地方支撑"的有机结合，是我国纵向的国家权力基本构造的模式②。着眼于民族认同的维度，民族区域自治制度则是通过法治建设与制度安排来实现民族认同的重要保障。一方面，各民族自治地方都是中国不可分割的部分，统一服从中央领导，在此基础上实行"自治"；另一方面，民族区域自治也是在中央政府统一领导的前提下，各民族成员之间、中央与地方之间基于促进民族认同所采取的一种"共治"。

从法律文本上看，早在 1949 年 9 月 29 日通过的《中国人民政治协商会议共同纲领》，针对"民族"的描述，就多达 27 处。进一步而言，又可以分为三个层次：其一，从国家政制形式而言，是"团结各民主阶级和国内各民族的人民民主专政"；其二，从民族关系而言，"中华人民共和国境内各民族，均有平等的权利和义务"；其三，从文化教育政策而言，"中华人民共和国的文化教育为新民主主义的，即民族的、科学的、大众的文化教育"。不难发现，这三个层次均是基于马克思主义民族理论与中国"多元一体"民族格局的实际国情，着眼于"中华民族是一个"的认知理念，从不同维度对中华民族认同的实现所做的铺垫，也明确反对不利于民族认同实现的思想和行为，同时已经提出了"实行民族的区域自治"，并要求"人民政府应帮助各少数民族的人民大众发展其政治、经济、文化、教育的建设事业"。换言之，在新中国成立前夕，党和国家已经在法治层面对于民族认同的实现进行了深入的思考，而要将法治建设的成效与民族认同有机耦合，则需要通过历史漫长的检验。在这随后的法治建设中，着眼于"民族关系"的维度，诸多法律法规在"少数人权利保护"的理念下，

---

① 王超品.当代中国民族认同与国家认同整合的制度机制［M］.北京：人民出版社，2020：56-61.

② 陈柏峰.法理学［M］.北京：法律出版社，2021：281.

侧重于对民族地区和少数民族进行政治、经济、文化、社会等各个维度的差异化帮扶，"民族认同"尤其是对"中华民族"的认同某种程度上没有得到相应的重视。

新时代以来，以习近平同志为核心的党中央高度重视民族工作，着眼于"依法治理民族事务"这个范畴，提出了诸多真知灼见。在 2014 年国庆前夕召开的第四次中央民族工作会议暨第六次全国民族团结进步表彰大会上，立足于时代和全局的高度，集中阐述了新时代民族工作的八大问题，在民族工作中更好地发挥法治的引领和规范作用①就是其中的重要思想。同时，"实现中华民族伟大复兴"被写入《宪法》，并被归位于"国家的根本任务"，这就为民族认同的培育奠定了最高法理基础。此外，新时代以来，"民族认同"也直接被写入了诸多不同维度的国家制定法之中，体现在方方面面，仅从部门规章来看，就有 2016 年 8 月 23 日发布的《教育部　国家语委关于印发〈国家语言文字事业"十三五"发展规划〉的通知》，其明确指出"中华民族认同与中华文化认同研究"；2013 年 6 月 3 日发布的《教育部关于推进中小学教育质量综合评价改革的意见》把学生的爱国情感、民族认同等情况定位于"品德发展水平"的重要考查内容；着眼于各民族共有精神家园的构建，针对港澳台地区，2017 年公布的《文化部"十三五"时期文化发展改革规划》与 2021 年 1 月 13 日公布的《国家文物局关于印发〈国家文物局 2021 年工作要点〉的通知》都提出要增强和促进文化认同与民族认同；等等。

需要指出的是，"民族认同"是一个较为宏观和抽象的概念，以法治的方式促进民族认同，不仅体现在法律规范的表述层面，也体现在立法理念、执法导向等维度，更体现在各民族群体走向共同富裕的道路中，在这其中，公民身份的塑造、各民族权益的保障、中华文化的教育等都是具体体现。

三、实现民族复兴的重要保障

中华民族伟大复兴，是每一个中国人"中国梦"实现的必然要求，也是各个民族共享发展成果、走向共同富裕的重要前提。从法理上讲，国家是法律存在和发展的政治基础，法律则是实现国家意志和进行国家治理的必要条件②。中华民族伟大复兴，是统一多民族国家现代化建设进程中国家意志的具体表达，

---

① 国家民族事务委员会. 中央民族工作会议精神辅导读本［M］. 北京：民族出版社，2015：52.

② 陈柏峰. 法理学［M］. 北京：法律出版社，2021：241-242.

而这种"抽象的意志"如何通过具体的方式进行诠释，则离不开法治这一关键手段，法治作为实现中华民族伟大复兴的重要保障，可从政治建设、经济发展、文化传承等方面进行具体诠释。

从政治建设来看，民族法治不仅确立了我国中央与地方关系的权责安排，也通过赋予民族自治地方的自治机关自治权，从而将"民族区域自治"这一宪法原则落到实处。第一，自治机关依法行使自治权，是有力贯彻民族区域自治制度，充分落实"各民族一律平等"的基本保障，"民族平等"是我国民族法治的基本原则，也是社会主义新型民族关系的直接体现。自治权的依法行使，是将各民族尤其是少数民族在法律地位上的平等嵌入日常生活中"实质平等"的重要方式，也是通过法治这一具体的方式确保各少数民族群体有效参与到国家政治生活中来。第二，自治权的依法行使，是促进民族地区社会经济全面发展，实现各民族不断走向共同富裕的根本保障。制度变迁理论专家道格拉斯·诺思曾指出制度对于社会经济绩效的重要意义，认为制度是决定经济绩效能否长期增进的根本因素①，民族自治地方社会主义市场经济和法治经济体系的完善，少数民族和民族地区经济社会的不断前行，"关键在于民族自治地方政府有效地行使政府经济社会管理自治权"②，而在新时代民族法治的背景下，民族自治地方如何实现政府工作高质量的转变，则需要以自治权的践行为抓手，实现合理的制度变迁。

从经济发展来看，民族法治确立了国家扶持少数民族及民族地区经济发展的法理依据、政策安排。"发展是解决民族问题的关键，我国民族地区面临的最重大问题是发展不足的问题。"③ 民族地区是我国走向共同富裕的重要后方阵地，更是乡村振兴战略得以成功践行的"主战场"，从中华民族伟大复兴的角度而言，一个关键要义就是各少数民族和民族地区实现经济社会全面发展。受制于自然条件、历史发展等客观原因，一些民族地区相对于发达地区经济欠发达是必须面对的客观事实，基于此，上级国家机关采取了种种措施对各少数民族同胞和民族地区进行差异化帮扶，而这一切，又以法治的形式得以最为充分和具体的体现。从宪法原则来看，《宪法》第四条确立了"国家帮助"的最高法理依据，《中华人民共和国民族区域自治法》（以下简称《民族区域自治法》）

---

① ［美］道格拉斯·C. 诺思. 从休克到疗法［M］. 段宏，等，译. 上海：上海远东出版社，2000：143.

② 宋才发. 中国民族自治地方政府自治权研究［M］. 北京：人民出版社，2008：42.

③ 田钒平. 民族自治地方经济发展的宪政保障研究［M］. 北京：经济科学出版社，2013：7.

对此进行了诠释和细化；从专项计划来看，以《中共中央 国务院关于全面推进乡村振兴加快农业农村现代化的意见》为代表的一系列政策法规都特别重视少数民族和民族地区的经济发展，而广为人知的"西部大开发""兴边富民"等具体行动则是政策落实的真实写照；从措施落实的效果来看，新疆、内蒙古、广西、西藏、宁夏 5 个自治区和贵州、云南、青海 3 个多民族省份居民人均可支配收入从 1978 年的 150 多元增长到 2020 年的 24534 元，其中 2018 年至 2020 年的总体经济增长幅度已经超过全国平均增长水平①。

从文化传承来看，中华民族具有 5000 多年灿烂悠久的文化，其中既有灿烂多元的各民族文化，更有兼收并蓄、历久弥新、海纳百川的中华民族文化。从各民族共有精神家园的建设而言，文化自信是必要前提，保护传承是历史基础，开发利用是时代要求，而这一切又离不开法治这一最有效的保障手段。一方面，民族法治确立了对于各民族文化，包括少数民族文化保护的法理依据，《宪法》第四条确立了国家对于各少数民族文化"多元化保护"的原则。国务院各部委更是立足于民族法治的维度，出台了诸多旨在促进"少数民族文化保护传承"的规章、意见、通知，如 2020 年 4 月 26 日最高人民法院制定的《关于为抓好"三农"领域重点工作确保如期实现全面小康提供司法服务和保障的意见》明确提出"发展优秀戏曲曲艺、少数民族文化、民间文化"；2020 年 1 月 2 日施行的《中共中央 国务院关于抓好"三农"领域重点工作确保如期实现全面小康的意见》指出"发展少数民族文化"；2018 年 1 月 2 日施行的《中共中央 国务院关于实施乡村振兴战略的意见》提出"支持少数民族文化传承发展"，相应的行政法规和部门规章更是不计其数。从政策具体落实来看，国家开展的"非遗保护"等专项计划也取得了巨大的成功。另一方面，新时代的民族文化保护，不仅体现在对各少数民族文化的保护与传承，更体现在对中华民族文化的重视与发展。2021 年 11 月 26 日公布的《中共中央关于党的百年奋斗重大成就和历史经验的决议》中，明确指出"习近平新时代中国特色社会主义思想是中华文化和中国精神的时代精华"，这里所指的中华文化，事实上就是"中华民族文化"。新时代以来，在以铸牢中华民族共同体意识为主线的民族工作中，以法治的方式促进中华民族文化的保护、传承与弘扬成为重要导向。

---

① 中华人民共和国国务院新闻办公室．全面建成小康社会：中国人权事业发展的光辉篇章［M］．北京：人民出版社，2021：47.

第二节 明确中华民族共同体法治建设的价值取向

在明确"法治"对于铸牢中华民族共同体意识重要作用的基础上，有必要进一步结合法治保障的作用对象，对中华民族共同体法治建设的价值做进一步分析。从法理上讲，法的价值是法律作为客体对人的需要和满足①。因此，在研究"价值"这个维度上，只有回归到公民个体作为"人"本身对事物的评价，并把其作为研究基点，才能充分体现议题之现实效能。换言之，意识的铸牢终究是"人"的问题，其要内在地建构于每一个公民，将公民个体的单元"人"的主观能动作为价值研究的基点，就十分重要。当然，公民个体权利的实现，离不开群体，更离不开整体，"价值的主观性与客观性的统一源于主体的社会实践"②。对于价值的深度挖掘，既是目标研究，也是原则探讨，着眼于中华民族共同体的建构，价值分析也是一种目的性约束的行为。在此，着眼于价值分析的范畴，就应当将研究基点立足于每一个作为公民个体的人。

然而，为构建一个清晰而具体的价值分析框架，仅仅局限于每一位公民个体的微观研究显然是不充分的，这就需要引入一个更为宏观的视域——中华民族的宪制建设。进一步而言，一方面，中华民族代表着这个世界上人口最多的"民族"在国际事务中的身份象征，是中国作为现代民族国家的主体；另一方面，中华民族的宪制建设也推动了中华民族作为56个民族的"高层次"民族的凝聚与整合："将长期交往交流交融中日渐走向一体的各个民族群体凝聚为统一的中华民族，成为中国构建民族国家必要的前提条件。"③ 这里所说的"各个民族群体"，显然就是指"多元一体"中的"多元"民族，即"国内各民族"。各个"多元"民族既是由每一个经过民族识别的公民个体组成的"族元"，其经过不断的交往交流交融凝聚，最终又构成了中华人民共和国在国际社会的民族象征——中华民族。基于此，以"公民—各民族—中华民族"为分析框架，从价值逻辑的维度探析铸牢中华民族共同体意识的价值取向。

一、公民个体的权利正义

铸牢中华民族共同体意识的法治保障，其最终传递到社会实践和日常生活

---

① 陈柏峰. 法理学［M］. 北京：法律出版社，2021：26.
② 付子堂. 法理学进阶［M］. 北京：法律出版社，2016：68.
③ 周平. 中华民族：中华现代国家的基石［J］. 政治学研究，2015（4）：19-30.

中的都是作为公民个体的"中国人"。有学者就创造性地提出以"人"的角度来拓展中华民族共同体的研究思路：关心人的基本权利与其自由意志下认同的生成机制，将"中国人"作为构建中华民族共同体的一个视角①。着眼于法治视野分析铸牢中华民族共同体的价值，就应当着眼于现实存在的"公民个体"抑或每一个"中国人"的角度来进行诠释。

权利作为一种资源、资格、荣誉、利益、机会、"权能"和"自由权"在公民中的分配，应该遵循正义的原则②。一个国家，尤其是现代法治国家，其公民个体权利正义的实现状况与国家法治建设的状况密切相关。纵观世界各国的民族政策，仅仅以"无差别的"平等来保护少数民族显然难以实现权利的符合正义原则的分配，而无论是"肯定性行动"还是"少数人权利"保护，在其"形式平等"的外衣下又回避了对多数民族权利实现的保护，以致出现了"逆向歧视"。在马克思主义民族理论观的正确指导下，结合中华民族多元一体的具体国情，党和政府采取了一系列制衡和矫正的制度和原则来平衡民主的大多数、补偿少数民族的历史发展滞后状况和矫正因国家的族裔非中立性所导致的结构化歧视问题，尽最大的努力维护每一位公民的权利正义，是一种将马克思主义民族理论在社会主义的新中国得以具体实现的"实质性平等"。

探析铸牢中华民族共同体意识的价值，应当着眼于各个民族的每一位公民，"民族是由一个个具体公民构成的，民族之间的交往并不妨碍民族下的公民作为个体形式的多样化交往"③。从民族事务法治化的角度而言，民族区域自治制度就是解析公民个体权利正义实现的重要方向。民族区域自治不仅仅是"民族平等的政治哲学""民族法治的成功实践"，其制度本身的成功践行和不断完善亦是每个公民个体权利正义的价值逐渐实现的现实体现，通过整合各民族的政治、经济、文化诉求，有效解决民族治理的难题，最终在不断维护、调整各民族权利的过程中推进中华民族共同体的整体性建设。当然，也应当看到，《民族区域自治法》及其配套立法在新的民族工作背景下应当如何修改与完善，是一个值得深入思考的问题。

---

① 张淑娟. 新中国 70 年中华民族共同体意识培育回顾 [J]. 学术界，2019（9）：162-169.

② 周少青. 权利的价值理念之维：以少数群体保护为例 [M]. 北京：中国社会科学出版社，2016：269.

③ 贺海仁. 中华民族共同体的法理解释 [J]. 甘肃社会科学，2018（3）：130-136.

二、各民族的凝聚力

在庆祝改革开放 40 周年大会上，习近平总书记强调，"改革开放铸就的伟大改革开放精神，极大丰富了民族精神内涵，成为当代中国人民最鲜明的精神标识"①。在我国，各民族群体文化多元，命运一体，而各个民族的开放、包容、进取精神，就是中华民族共同体建构所需要遵循的第二个现实维度。民族意识产生于与"他者"相遇②，各个民族在漫漫历史长河中不断交往交流交融，逐渐凝聚成了一个政治、经济、文化和命运共同体，也是一个始终保持开放的海纳百川的共同体，因此，铸牢中华民族共同体意识应当聚焦于"开放的共同体"与现代法治国家之间的重要联系，各民族彼此之间的交流、互动和开放进而形成的凝聚力就是族际关系法治化的重要组成部分。

新中国成立以后，各民族间交流互动的友好关系逐渐得以确立，各民族的凝聚力价值不断被重视并得以彰显。通过对民族地区的政治秩序进行重塑，原始社会末期、奴隶制、封建制以及土司制等各种阻碍少数民族生理需求的旧制度得以废除③，广大少数民族群众有了生理需求的基本保障。通过民主改革和社会主义改造，民族地区的居民在人身安全、家庭安全、健康保障、资源财产的享有等方面有了根本性的改变，"翻身做主人""当家做主"就是这一改变极为生动的写照。在马克思主义民族平等理论的指引下，少数民族与多数民族之间、各少数民族之间再也不是"歧视与被歧视""压迫与不平等"的民族关系，取而代之的是逐步建立的新型的社会主义民族关系，在彼此之间交往交流交融不断加深的历史进程中，各民族的凝聚力价值不断得以体现。而随着国家对民族地区经济发展扶持力度的不断加大，各少数民族的自尊心和自信心不断增强，也深刻明白自身是中华民族一部分的价值所在，一扫过去"五方之民"之阴霾，逐渐凝聚成一个政治经济文化共同体。

在新时代，铸牢中华民族共同体意识，应当重视各民族的凝聚力价值，这同样也是"中华民族精神共同体"的重要内涵，正是各个多元层次的民族不断交流互动、不断开放进步，才有了"各民族像石榴籽那样紧紧抱在一起"的美

① 习近平. 在改革开放 40 周年大会上的讲话网［EB/OL］. 新华网，2018-12-18.
② 李京桦. 中华民族共同体的民族价值探析［J］. 云南民族大学学报（哲学社会科学版），2019（5）：97-104.
③ 马斯洛需求理论认为，人的生理需求包括水、食物、睡眠、生理平衡等，然而，这在很多进行民主改革前的民族地区却难以实现. 西藏社会历史调查资料丛刊编辑组. 藏族社会历史调查：6［M］. 北京：民族出版社，2009：64.

好愿景。

三、中华民族伟大复兴

无论是个体层面的公民，还是群体层面的各个民族，均是"伟大的历史民族"——中华民族的组成部分。习近平总书记在 2021 年召开的中央民族工作会议上强调，做好新时代党的民族工作，要把铸牢中华民族共同体意识作为党的民族工作的主线。"实现中华民族伟大复兴，是近代以来中华民族最伟大的梦想。"① 从这个意义上讲，中华民族伟大复兴，是统一多民族国家共同体建构的关键目标，也蕴含着民族法治建设的现实价值。

周平指出，作为历史文化共同体，中国历史上的各个民族在统一的多民族国家范围内长期交往交流交融的过程中凝聚为一个更大的民族单位……这样的民族，不仅具有突出的国家特性，也具有明显的建构性②。阐释铸牢中华民族共同体的价值，无论从哪个维度进行探析，都应当以中华民族伟大复兴为准绳，同时，中华民族伟大复兴也是中华民族国家建构实现"中国梦"的重要目标。在这个过程中，应当特别注意明晰作为代表中国现代民族共同体的中华民族与各个民族之间的关系以及价值取向，尤其是要注意区分不同层次之间的"民族认同"：中国国内各民族，无论是汉民族还是各少数民族，在对"本民族"认同的同时应当通过何种途径加强与巩固对"中华民族"的认同，构建同属一体的国家认同，从而为中华民族伟大复兴奠定坚实的基础。

综上所述，以法治的方式保障中华民族共同体意识的铸牢，需要厘清中华民族共同体的法治建设所遵循的价值逻辑与其现实必要性。当然，也应当看到，无论是理论研究还是实务工作，对于中华民族共同体建设的法治价值取向都有待进一步更新，在现实生活中，也存在着一些基于价值判断模糊而造成的不利于铸牢中华民族共同体意识的认知，例如，在个体层面，侧重于权利的保障而淡化了义务的履行；在群体层面，侧重于"多元"而淡化了"一体"；在整体层面，没有充分认识到"中华民族"入宪对于新时代民族法治工作的重要作用，这就有必要结合民族法治的历史进程，在中华民族共同体法治建设的进程中更为清晰地诠释其价值彰显。

---

① 中共中央宣传部 . 习近平新时代中国特色社会主义思想三十讲［M］. 北京：学习出版社，2018：32.
② 周平 . 中华民族：中华现代国家的基石［J］. 政治学研究，2015（4）：19-30.

第三节　把握中华民族共同体法治建设的功能演进

法律价值体现为一定的主体需要，法律功能正是要满足这种需要①。从这个意义上讲，中华民族共同体法治建设的价值取向，应当通过新时代民族法治体系的功能发挥来体现，才能更为充分地彰显其价值目标。

一、保障民族法治的价值实现

"个体—群体—整体"价值目标的实现，并非"自然而然"地主动演绎，而是需要相应的法治功能的具体发挥。因此，中华民族共同体法治建设的功能能否得到充分发挥、是否有一个清晰的定位，是相应的价值目标能否得以实现的根本前提。

一方面，中华民族共同体法治建设的价值，通过法治功能的发挥得以体现。从个体层面而言，公民个体的权利正义价值得到充分体现，对应的是中华民族共同体法治建设的确认功能，这里的"确认"，不仅包括每一位公民权利与义务的确认，也包括对新时代民族关系的确认，更包括对中华民族共同体宪法地位的确认。进一步而言，公民个体权利正义的价值，需要在民族法治的视域下，以法律规范文本的方式认可其权利获得的正当性，这种正当权利在各民族群体中又得以平等保障与践行，最终使每一位公民都认可"中华民族"这个各民族的大家庭。从群体层面而言，各民族的凝聚力价值能否在稳定的社会环境中得以有效实现，取决于中华民族共同体法治建设的维护功能能否得以有效发挥。"国家统一"与"民族团结"是其维护功能的重要表现形式，各民族交往交流交融的不断加深，首先，要有一个稳定的外部环境，同时还需要有一个能确保这种交往交流交融开展的稳定制度安排，"国家统一"则是根本前提；其次，在交往交流交融的过程中要有一条维持民族关系的坚定主线，"民族团结"则是各民族交往交流交融的坚定主线，这条主线又在中华民族共同体法治建设维护功能的发挥中得以具体贯彻。从整体层面而言，中华民族伟大复兴目标价值的实现，必须有强而有力的民族法治建设作为保障，"中华民族"入宪，是民族法治功能得以发挥的直接体现，而要将民族复兴这一伟大的历史命题落实到现实生

---

① 付子堂. 法理学进阶［M］. 北京：法律出版社，2016：53.

活的点点滴滴，则离不开法治建设中立法、执法、司法等各个维度的功能发挥。其中，指引、监督和评价的功能发挥就显得尤为重要，例如，在多元一体民族格局下如何通过法律文本传递正确的新时代民族观；如何在中华民族伟大复兴的进程中，立足于立法监督和实施监督的维度考量族际关系法治化的现实状况；在新时代铸牢中华民族共同体意识确定为民族工作主线的背景下，如何充分发挥民族法治的评价功能以检验民族法律法规的合法性、正当性与科学性等，都是必须面对的重要问题。

另一方面，中华民族共同体建设法治功能的实现，需要明确其与社会规范的关系。中华民族共同体建设的法治功能，其效力发挥既针对每一位中国公民个体，也作用于"各民族"的群体。各民族群体凝聚力价值的实现，既要有正确的价值遵循，更要靠统一的法治规范，在这个过程中，就必须厘清代表正式制度的国家制定法与各民族群体历史上曾经或仍然适用的"本地方"及"本地区"的社会规范。需要指出的是，作为一定地域或一定社会组织中自发形成和约定俗成的规范，"民族习惯""习惯法"既是特定区域适用的"法律规范"，又是道德规范，对具有民间色彩的社会关系进行调解，发挥着裁判、教育和调解等功能①。因此，在依法治理民族事务和族际关系法治化的新时代，中华民族共同体建设的法治功能与民族习惯法之间的功能如何调适，是一个必须认真对待的问题，这不仅关系到其法治建设价值能否在广大民族地区得以顺利实现，也是民族事务治理体系现代化进程中的必经之路。

二、领会民族工作的时代脉络

习近平总书记在 2021 年召开的中央民族工作会议上，立足于历史的高度和现实的角度，科学地提出了"党的民族工作创新发展，就是要坚持正确的，调整过时的，更好保障各民族群众合法权益"，同时指出新时代民族工作必须妥善处理的"四对关系"，其中，"依法"是根本前提。准确定位新时代中华民族共同体法治建设的功能，有利于科学处理这"四对关系"，从而正确把握民族工作的时代脉络。

第一，正确领会共同性与差异性之间的关系。中华民族共同体法治建设的规范功能，意味着通过指引、评价与监督的具体方式，不断树立具有共同性生成的社会规范，从而在法治功能的实现中不断增进共同性，同时尊重和包容差异性，通过法治的方式支持符合新时代民族工作要求的社会规范的发展，并在

---

① 吴宗金. 中国民族法学［M］. 北京：法律出版社，2004：76.

民族法治的指引下推动社会规范的变迁，不断建设中华民族法治共同体。

第二，准确对待中华民族意识和各民族意识之间的关系。习近平总书记在2021年中央民族工作会议上明确指出，"本民族意识要服从和服务于中华民族共同体意识"，这对应的正是法治建设的指引功能，即在民族法治践行的过程中，指引公民个体和各民族群体要将中华民族意识放在首位，同时旗帜鲜明地反对大汉族主义和地方民族主义。在此基础上，民族法治的功能才能得以清晰定位。

第三，客观辨析中华文化和各民族文化之间的关系。中华民族共同体的法治建设，不仅具有重要的现实价值，也包含着丰厚的历史文化底蕴。进一步而言，基于道德话语社区调解的"中华法系"法律历史传统、清末民国以来大陆法系移植而来的权利理论话语体系以及20世纪以来的中国革命传统构成了中国当代的法律文化内容①。这是各民族文化在不断交融之中凝结而成的"共性文化"，也是中华民族共同体法治建设功能发挥的文化表现，各民族文化和中华文化是"枝叶"和"主干"的关系，"枝叶"离不开"主干"。

第四，科学认知物质和精神的关系。我国通过精准扶贫消除绝对贫困、带领各民族进入全面建成小康社会，是依法保障各族人民权益的生动体现，也是物质文明建设的光辉写照；通过发挥维护民族团结与国家统一的功能，不断铸牢中华民族共同体意识则是精神文明建设的具体演绎。换言之，从"改善民生""凝聚人心"到"维护统一""反对分裂"，印证的正是中华民族法治建设在物质层面和精神层面的交相辉映。

当然，也需要指出，中华民族共同体法治建设的价值追求，决定了其在法治层面的功能定位，而随着新时代铸牢中华民族共同体意识这一伟大命题的提出，其价值追求应当如何紧跟时代潮流，进而在功能定位上不断演进，是一个必须认真对待的问题。例如，针对中华民族共同体法治建设的确认功能，各族公民的权利与义务是何种关系，在新时代对于"少数人权利保护"的理念是否与"各民族一律平等"相悖；针对中华民族共同体法治建设的规范功能，如何为各民族群体之间的交往树立一个明确而行之有效的标杆，"民族习惯法"的社会规范如何与国家制定法的统一准则相契合，新时代民族法律规范体系应当秉持何种评价标准；针对中华民族共同体法治建设的维护功能，"国家统一"和"民族团结"如何实现从自上而下的塑造到自上而下的"认同"；等等，这一系列问题，需要结合民族法治的历史进程进行深入诠释。

---

① ［美］黄宗智. 中国的新型正义体系：实践与理论［M］. 桂林：广西师范大学出版社，2020：274-275.

第四节　推进中华民族共同体法治建设的制度变革

法治是党领导人民治国理政的基本方略，是建设中国特色社会主义与实现中华民族伟大复兴的基本内容和重要支撑①。新时代中华民族共同体建设的价值取向，必须依托其法治功能的准确定位，而法治功能的充分发挥，则需要具体的法治制度来落实，换言之，新时代民族法治的功能能否有效发挥，取决于一系列法治制度的运转实效。从这个意义上讲，民族法治制度建设的状况，深刻影响着铸牢中华民族共同体意识法治保障的成效。

一、贯彻民族法治的宪法原则

中华民族共同体的法治建设，要充分贯彻宪法规定的民族法治基本原则，确保这些原则在民族法治体系的完善中得以充分实现，"宪法付诸实现才有意义，宪法的生命在于规范的现实化"②。宪法是我国民族法治体系的核心，宪法的规定是族际关系法治所必须遵循的前提，中华民族共同体法治建设价值的取向、功能的法规均需在宪法关于民族法治基本原则的框架之内得以实现。

第一，"各民族一律平等"是铸牢中华民族共同体意识法治保障的根本前提。《宪法》第四条明确指出："中华人民共和国各民族一律平等"，《民族区域自治法》在序言中也明确指出"国家坚持实行各民族平等、团结和共同繁荣的原则"，同时，"民族平等"也是我国民族法体系的核心原则。由此可见，"民族平等"对于我国族际关系法治化的建设和在铸牢中华民族共同体意识的进程中，具有核心原则与根本前提的地位。民族平等是宪法关于族际关系法治化的核心原则，也是其他各项原则理念得以贯彻的理论根源。

第二，"国家帮助民族地区发展"是铸牢中华民族共同体意识法治保障的物质支撑。《宪法》第四条指出："国家根据各少数民族的特点和需要，帮助各少数民族地区加速经济和文化的发展"，第四章"国家机构"第一百二十二条指出："国家从财政、物资、技术等方面帮助各少数民族加速发展经济建设和文化建设事业"，《民族区域自治法》第六章则从财政、金融、教育、科技、文化、

---

① 江必新. 法治国家的制度逻辑与理性构建［M］. 北京：中国法制出版社，2014：145.
② 徐显明. 当代世界法治与中国法治发展［M］. 北京：中共中央党校出版社，2020：167.

卫生等维度详尽规定了国家帮助民族地区发展的措施。应当指出，在"各民族一律平等"的原则理念指引和由于历史客观因素造成的民族地区相对欠发达的背景下，《宪法》为国家帮助民族地区发展确立了法理依据，而《民族区域自治法》的"重申"和具体诠释，则为上级国家机关"应当从哪些方面做"指明了方向。

第三，"民族区域自治"是铸牢中华民族共同体意识法治保障的重要方式。《宪法》第四条规定："各少数民族聚居的地方实行区域自治，设立自治机关，行使自治权。各民族自治地方都是中华人民共和国不可分离的部分"，《民族区域自治法》在序言中指出了其重要功能与制度地位："民族区域自治是中国共产党运用马克思列宁主义解决我国民族问题的基本政策，是国家的一项基本政治制度"，同时从内涵定义、实施方式、历史价值和责任主体等维度进行了详尽规定。应当指出，"民族区域自治"是我国的基本政策、基本法律、基本制度，也是我国民族法治的重要载体和制度保障。

第四，"多元化保护"是铸牢中华民族共同体意识法治保障的文化理念。《宪法》第四条指出："各民族都有使用和发展自己的语言文字的自由，都有保持或者改革自己的风俗习惯的自由"，《民族区域自治法》第十条对此进行了"重申"。具体而言，与"民族语言文字"和"民族风俗习惯"相关的法律法规覆盖了宪法及宪法相关法、民法商法、行政法、经济法、社会法和党内法规等各个领域，其立法理念均以"保护""结合考虑""照顾""保障"等态度为主。不难看出，在针对各民族的语言文字和风俗习惯的文化范畴，宪法关于民族法治原则体现了"多元化保护"之理念。

综上所述，宪法规定了民族法治的基本原则，中华民族共同体法治建设的价值取向与功能发挥，离不开这一系列宪法原则的规定，族际关系法治化的制度建设与政策设定，也应当紧紧围绕其来践行。当然，这些原则在民族法治的制度落实之中，取得了辉煌的成效，但也存在一系列亟须完善之处，因此，铸牢中华民族共同体法治保障的对策建构，也应当基于这些宪法原则的落实状况，审视制约因素的生成。

二、丰富民族法治的实践载体

关于"民族法治"基础理论与实践价值的研究，理论界和实务界均展开了广泛的讨论，并进行了翔实的论述。一般认为，民族法治的调整对象为"各民族之间的相互关系"以及"国家与民族的相互关系"①，在此理念的指引下，有观点将民族法治的实践面向定位于"为我国民族地区加强法治建设提供了强大精神支撑"②；有观点认为，民族法治是"解决民族地区面临的各种突出矛盾和问题的迫切需要""决胜全面建成小康社会，从而实现各民族共同繁荣的必然要求"③；还有学者从民族法治的初创阶段、恢复与提升阶段、快速发展阶段的实践维度归纳了七十年来民族法治建设的成就④。应当指出，这一系列研究对于诠释民族法治的内涵、丰富民族法治的路径、论述民族法治的价值具有十分重要的意义。

然而，如何运用法治的方式保障民族团结、维护民族关系、推进中华民族伟大复兴，既是一个需要从横向时间维度论述的历史命题，也是一个需要从纵向结构上不断丰富其受众载体的实践议题。换言之，中华民族共同体的法治建设，倘若其实践载体仅仅局限于"各民族之间"以及"国家与民族"的相互关系，是远远不够的，习近平总书记在2021年召开的中央民族工作会议上指出："铸牢中华民族共同体意识，就是要引导各族人民牢固树立休戚与共、荣辱与共、生死与共、命运与共的共同体理念。"这事实上包含了三重含义：其一，"引导各族人民"体现的是铸牢中华民族共同体意识的基础载体——作为个体的"人"；其二，"休戚与共、荣辱与共、生死与共、命运与共"聚焦的是各民族之间应当以何种理念方式维系；其三，"共同体理念"指向的是"中华民族"这个具有伟大历史的民族。从这个意义上讲，新时代民族法治的实践面向，不仅应当认真归纳横向历史维度的成就经验，也应该以客观存在的"人"为研究基点，以"各民族"为实践载体，以"中华民族"为终极目标。

首先，"个体"是新时代民族法治建设的实践基点。前文已经提出，意识的铸牢终究是"人"的问题，要将公民个体的单元"人"作为价值研究的基点。从更为宏观的意义上讲，个体亦是中华民族共同体法治建设的实践基点。既有研究在探讨民族法治的制度建设聚焦于"民族关系"这个范畴固然抓住了民族法治的中心要义，然而，族际关系的生成机理，必须回归到作为不同民族群体

---

① 吴大华．民族法学［M］．北京：法律出版社，2013：76-77.

② 李小红，吴大华．习近平民族法治重要论述及时代价值探析［J］．贵州民族研究，2019（3）：21-26.

③ 毛公宁，董武．习近平关于民族法治的重要论述及其意义初探［J］．广西民族研究，2019（1）：16-21.

④ 潘红祥，张星．中国民族法治七十年：成就、经验与展望［J］．民族研究，2019（3）：1-18.

的民族成员彼此之间的往来，同时，民族法治的实践成效最终以个体层面的能力和权利不断实现为客观反映。从这个意义上讲，民族法治的实践载体，离不开对个体这个单元的分析。

其次，"群体"是新时代民族法治建设的实践面向。多元灿烂的各个民族是由每一个经过民族识别的公民个体组成的，这便是各个"群体"，这也是长期以来民族法治研究的重点内容，"民族法是多民族国家内部调整民族关系的法律规范，因此，民族关系即是民族法的调整对象"①。民族法治不仅是"民族事务法治化"的学术表达，也是一个内涵丰富的法治体系，从这个意义上讲，多数民族与少数民族之间、各少数民族之间、中央与民族自治地方之间的关系等均是民族法治的重点实践面向，各民族这个"群体"则是法治实践的重要内容。

最后，"整体"是新时代民族法治建设的实践目标。现行《宪法》在序言中把"实现中华民族伟大复兴"作为"国家的根本任务"的结尾描述，这就为中华民族共同体的法治建设确立了最终实践目标。中华民族是中国作为现代民族国家的主体，它既是由每一个公民组成的"国民共同体"，又是各个民族凝聚而成的"多族聚合体"，从这个意义上讲，新时代中华民族共同体的法治建设，需要以中华民族这个"整体"为实践目标，在族际关系法治化的进程中，也要更加注重按增加共同性的方向不断改进民族工作。

一言以蔽之，为将中华民族共同体的法治建设落到实处，需要在宪法民族法治原则的框架内，以"个体—群体—整体"为实践载体，不断巩固民族法治制度建设的实效。

三、完善民族法治的制度体系

在中华民族共同体法治建设的进程中，《宪法》的相关规定为民族法治奠定了基本原则，公民个体、各民族群体、中华民族则是民族法治生效的实践载体。然而，这只是从理论上为铸牢中华民族共同体意识的法治保障描绘了一个蓝图，要将这张法治蓝图在全面依法治国的背景下具体落实，则离不开民族法治制度体系的建设与完善。从这个意义上讲，不断完善民族法治的制度体系，是推进中华民族共同体法治建设的制度变革的必经之路，也是将新时代民族法治的价值取向与功能定位在制度建设层面予以落实的关键环节。

第一，以民族法律规范体系为指引。完善新时代民族法治的制度体系，要以日趋完备的民族法律规范体系为支撑。"治国无其法则乱，守法而不变则衰"，

---

① 吴大华. 民族法学［M］. 北京：法律出版社，2013：76.

截至 2021 年 8 月底，我国现行有效法律 26 件，行政法规 613 件，地方性法规 12000 余件①。其中，《宪法》与《民族区域自治法》作为新时代民族法律规范体系的核心与主干，与国务院及其各部门制定的行政法规、部门规章以及各省、自治区、直辖市制定的有关民族方面的法规、行政规章、自治条例、单行条例共同构成了新时代民族法治建设的"大纲"②。这既是中华民族共同体法治建设的制度纲要，也是依法治理民族事务的法理依据，铸牢中华民族共同体意识的法治保障，离不开对民族法律规范体系的遵循。

第二，以民族法治实施体系为关键。"法令行则国治，法令弛则国乱"，法律的生命在于实施，法律的权威也在于实施③。民族法治的实施体系，是对民族法律规范体系能有力贯彻的直接实践，也是中华民族共同体法治建设的关键环节，其包含民族法治的执行、遵守与适用三个环节，在整个民族法治制度体系中居于关键环节。前文所述的宪法民族法治的系列基本原则，均需要通过民族法治的实施最终落地，而公民个体、各民族群体以及中华民族这个整体又是民族法治执行、遵守与适用的具体对象。因此，在民族法治体系的制度建设中，如何将日趋完备的民族法律规范体系有效落实，是一个必须认真面对的问题。

第三，以民族法治监督体系为约束。民族法律规范体系取得的应有成效，以及民族法治实施体系的执行到位情况，需要以民族法治体系的监督为衡量标准。从监督主体来看，我国现阶段已形成党内监督、上级国家机关的监督、民主监督、社会监督、群众监督和舆论监督等多维严密的民族法治监督体系，从监督成效上来看，党内监督条例的不断完善、备案审查制度的日趋健全、执法检查工作的有力推进等均是生动写照。当然，民族法治体系的制度建设，也存在种种制约因素，如一些上级国家机关的帮助措施侧重于"权益保障"而淡化了"义务监督"，《民族区域自治法》的执法检查力度还有待加大等，这一系列制约因素对于铸牢中华民族共同体意识产生了消极影响，要剖析其根源并提出相应的对策建构，则必须仔细审视当前民族法治监督体系的运行现状。

第四，以民族法治保障体系为支撑。不断加强政治、队伍、人才、科技等

---

① 习近平法治思想概论编写组．习近平法治思想概论［M］．北京：高等教育出版社，2021：159.

② 吴大华．民族法学［M］．北京：法律出版社，2013：114.

③ 习近平法治思想概论编写组．习近平法治思想概论［M］．北京：高等教育出版社，2021：162.

保障，是全面依法治国的重要支撑①。当前，中国共产党对民族法治工作的领导不断加强和完善，是我国民族法治保障体系不断得以健全的根本保证，在这基础上，民族法治的理论研究和学科建设取得了重要成效，民族法治干部人才队伍的建设更是得到高度重视，在"智慧法治"的引领下，科技和信息保障发展迅速。当然，也必须看到，现阶段的民族法治保障体系，与习近平总书记在2021年中央民族工作会议上强调的"提升民族事务治理体系和治理能力现代化水平"还有一定差距，因此，推进中华民族共同体法治建设的制度变革，需要以"人"为制度保障的发力点，从而不断完善中华民族共同体的法治建设。

本章小结

"法治"是铸牢中华民族共同体意识最为有力的保障。中华民族共同体意识的持久有效铸牢，很大程度上取决于中华民族共同体法治建设的进程。换言之，"法治"是民族团结得以有力维护的根本前提、民族认同得以有效促进的具体方式、民族复兴得以顺利实现的重要保障。在此基础上，需要聚焦于法治保障的直接作用对象——每一个现实存在的"人"，将这个研究基点逐渐上移到各个民族，进而整合于中华民族这一现代民族整体，从而深刻体现其法治建设的价值取向：公民个体的权利正义、各个民族的凝聚力、中华民族伟大复兴。当然，价值的实现离不开功能的发挥，基于立法目的的指引，法律功能通过其自身运行生成的客观后果，对于法律价值的实现起着一定程度的促进作用②。从这个意义上讲，有必要建立一个基于中华民族共同体法治建设功能的分析框架，从而促进法治价值取向的实现，同时确保其紧扣新时代民族工作的主线。

然而，基于法治保障对铸牢中华民族共同体意识的重要意义进行的价值与功能分析，更多的是从理论角度构建了一个分析框架，要将这个分析框架融入民族法治的现实进程，则必须在宪法有关民族法治原则规定的前提下，以"个体—群体—整体"为实践对象，结合不断健全的民族法治体系进行综合研究，这也构成了本书后续的研究脉络。

---

① 习近平法治思想概论编写组．习近平法治思想概论［M］．北京：高等教育出版社，2021：167.

② 付子堂．法理学进阶［M］．北京：法律出版社，2016：52.

第二章

铸牢中华民族共同体意识法治保障的历史进程

　　"铸牢中华民族共同体意识"是蕴含时代性的伟大历史命题，也是具有现实性的研究议题，在充分把握"法治"对于铸牢中华民族共同体意识重要意义的基础上，本章将从历史的维度具体诠释中华民族共同体法治建设的价值取向与功能定位，立足于"公民—各民族—中华民族"的分析框架，结合中国共产党百年历程的光辉演绎，梳理中华民族共同体意识的法治保障历程。

第一节　公民权利与义务的依法确认

　　实践决定认知，认知反作用于实践。中华民族共同体意识的铸牢，应当以每一个个体为研究基点，而如何对单一的个体有一个科学而客观的认知，则是整体建构的基础。换言之，"唯有从人民本位上把握中华民族共同体的根本利益，中华民族共同体意识才能够真正地维系起共同体本身"①。从中国共产党的民族工作历程来看，秉承着"真正平等"的理念，在民族法治运行轨道下，党从权利与义务两个维度完成了对"中国公民"身份的清晰认知。

　　党坚定维护公民的合法权利。中国共产党奉行马克思主义各民族一律平等的价值理念，在民族法治的建设中力求将各族公民的合法权利落到实处。

一、准确把握公民身份的内涵

　　早在 1922 年，党的二大就首次提出了"边疆人民"这一既有地域标识又具中华共识的术语；1926 年，党关于解放苗瑶的决案中明确提出"请政府颁布解

---

　　①　姚贱苟，于恩洋 . 百年来党的中华民族共同体意识历史逻辑与铸牢路径研究［J］. 民族学刊，2021（2）：23-30，95.

放苗瑶的明令，使其与汉人政治经济一律平等"①；1931 年，中华苏维埃共和国临时政府颁发的"宪法大纲"明确规定"在苏维埃政权领域内的工人、农民、红军士兵及一切劳苦民众和他们的家属，不分男女种族宗教，在苏维埃法律面前一律平等，皆为苏维埃共和国的公民"②；1938 年，毛泽东在《论新阶段》中明确指出，"允许各少数民族与汉族有平等权利，提倡用平等态度接触少数民族"③。笔者认为，这里的"平等"，不仅是多数民族与少数民族之间的平等，也是每一位公民权利的平等：党关于解放苗瑶的决案，说明党对苗瑶等少数民族当时所处的政治经济地位有一个明确的认知，必须以"解放"的方式才能使其获取政治经济发展的权利。在此基础上，"宪法大纲"将苏维埃政权领域内性别、职业、宗教等不同的个体均视为苏维埃共和国的公民，体现的是党对红色政权下公民身份的清晰定位。毛泽东在《论新阶段》中用到的"用平等态度接触少数民族"，事实上就是要求不带偏见、客观公正地与各少数民族进行交往，而"提倡"一词，一定程度上有"主动进行交流"之意，这是将各少数民族同胞视为"中国公民"的重要体现。

由此可见，在党成立初期，坚定奉行马克思主义民族理论与政策的中国共产党，以"真正平等"的民族理念对资产阶级政党"五族共和"的口号完成了超越，而通过对每一位中国公民身份的准确定位，则深深影响了其后相应法规政策的制定，为中华民族的革命进程和社会主义现代化建设奠定了基础。

二、保障公民的有序政治参与

在艰苦卓绝的长征过程中，为保存有生力量、壮大革命队伍，党在每一位民族成员的宗教信仰、风俗习惯、建政问题等方面采取了一系列保护性措施，以争取每一位民族成员支持和参加党领导的中国革命④。长征结束以后，"团结抗日"成为这一时期各民族成员的共同目标，中国共产党不仅是抗日战争的中流砥柱，也是这一时期团结各族人民的革命武装。无论是 1937 年 8 月 15 日颁布

---

① 中共中央统战部.民族问题文献汇编［M］.北京：中共中央党校出版社，2016：52.
② 中共中央统战部.民族问题文献汇编［M］.北京：中共中央党校出版社，2016：166.
③ 中共中央党史研究室科研管理部，国家民族事务委员会民族问题研究中心.中国共产党民族工作历史经验研究［M］.北京：中共党史出版社，2009：22.
④ 具体而言，可从各民族成员风俗习惯和宗教信仰的尊重、少数民族经济文化的发展、培养民族干部和开展民族问题调查研究等方面进行总结。中共中央党史研究室科研管理部，国家民族事务委员会民族问题研究中心.中国共产党民族工作历史经验研究［M］.北京：中共党史出版社，2009：10-21.

的《抗日救国十大纲领》，还是毛泽东的《论新阶段》报告，均蕴含着"团结各民族共同抗日"的重要精神，而 1939 年西北工作委员会（以下简称"西工委"）的成立与 1941 年《陕甘宁边区施政纲领》的颁布，则为各族公民尤其是少数民族公民参与抵御外敌的伟大战争提供了政策引领。抗战胜利后，党将之前的"民族自决和自治的原则"发展和明确为"民族平等和实行民族自治"，以从理念上明确每一位公民的权利性质。而在新中国成立后，对中国公民权利的保护则上升到了国家制度层面：从 1949 年的《中国人民政治协商会议共同纲领》到 1952 年《中华人民共和国民族区域自治实施纲要》的出台，历经 1984 年《宪法》规定的民族区域自治制度具体为《民族区域自治法》，再到 2001 年将其确立为"国家的一项基本政治制度"，无不体现出中国共产党作为统一多民族的执政党以强有力的法治方式，立足于马克思主义民族理论与政策的高度，以"真正平等"为理念维护每一位公民的合法权利①。

三、充分落实差别化区域支持政策

在党的领导下，政府采取了一系列具体的措施以保障每一位公民权利的实现，着眼于少数民族公民的平等权、政治权、宗教信仰权与人身权，党在新中国成立之初便在民族地区开展了如火如荼的民主改革与社会主义改造②；为真正落实公民的社会经济、文化教育等权利，党和政府随后更是开展了一系列大型工程建设和落实到每一位公民尤其是民族地区公民的惠民措施，如在第一个国民经济五年计划中，青藏公路、兰新铁路、内蒙古包头钢铁联合企业等一系列基础设施的建设，促进了祖国各地每一位公民生存权的更好实现。十一届三中全会以后，我国的社会主义建设进入了新时期，党和政府对于各族公民合法权益维护的力度不断加大，例如，针对民族地区公民经济发展权和受教育权践行不平衡不充分的客观实际，1984 年 10 月 1 日起施行的《民族区域自治法》在序言中就明确指出，"国家根据国民经济和社会发展计划，努力帮助民族自治地方

---

① 周少青. 权利的价值理念之维：以少数群体保护为例［M］. 北京：中国社会科学出版社，2016：264.

② 如在社会经济发展相对较好的民族农业区，通过发动群众和划分阶级分配土地，在封建农奴制地区采取和平协商的办法以逐步完善少数民族各阶层的权利；对于尚处于奴隶制的民族地区，实行温和的和平改革以保障其公民的政治权利；对保留着原始公社残余的民族地区，采取向社会主义直接过渡的办法赋予公民基本权利；对于民族牧区，实行"三不两利"政策；废除宗教中的封建特权和压迫制度。中央民族干部学院. 中国共产党的民族理论与政策［M］. 北京：民族出版社，2013：59-65.

加速经济和文化的发展"，1986 年 7 月 1 日起施行的《中华人民共和国义务教育法》第十二条规定："国家在师资、财政等方面，帮助少数民族地区实施义务教育。"在此之后，随着"兴边富民""西部大开发"等专项计划的开展，民族地区公民的经济发展权得到了进一步保障，而教育部、国家民委等重要部门为贯彻党的民族政策以科教兴国战略推进西部大开发战略的重大举措，"少数民族高层次骨干人才计划"的成功践行对于民族地区公民受教育权的保障再上一个台阶。进入新时代，通过精准扶贫与乡村振兴的有机衔接，每一位公民的发展权得到了更为充分的践行，并向着高质量的全面建成小康社会不断迈进。在 2021 年 9 月 9 日发布的《国家人权行动计划（2021—2025 年）》中，党和政府则在依法治理民族事务的指引下，从公民的政治权、经济发展权、受教育权、文化权等维度提出了政策落实的更高要求。

每一位公民在依法享有权利的同时也应当充分履行应尽的义务，这也是党在践行民族法治的过程中，对于"中国公民"身份内涵的明确认知。1949 年通过的《中国人民政治协商会议共同纲领》就明确指出："中华人民共和国境内各民族，均有平等的权利和义务"；现行《宪法》第五十二条则规定："中华人民共和国公民有维护国家统一和全国各民族团结的义务"，此条规定实际是序言和总纲规定的有关原则的延伸和具体化，是我国各民族公民都必须遵守的共同准则。在我国公民的基本义务之中，"维护国家统一和民族团结"与"遵守宪法和法律"皆被置于极为重要的位置，可见，在对公民义务认知的范畴中，党始终立足于国家统一和民族团结的范畴，依法明晰公民的基本义务①。

需要指出的是，宪法在国家法律体系中居于最高地位，是制定其他法律法规的依据，也是铸牢中华民族共同体意识法治保障的首要准绳和构筑民族法律法规体系的重要基础，宪法不仅确立了国家根本的制度，而且确立了我国民族法治的基本原则。党的十八大以来，民族法治工作受到了以习近平同志为核心的党中央的高度重视，从《中国公民民族成分登记管理办法》到《关于加强和改进新形势下民族工作的意见》出台，从习近平总书记在 2014 年中央民族工作会议上的重要讲话再到 2021 年中央民族工作会议的召开，充分体现了族际关系法治化的重要精神。需要指出的是，习近平总书记在 2021 年召开的中央民族工作会议上提出的"十二个必须"中再次强调"必须依法治理民族事务"，同时在族际关系法治化的前提下，对新时代民族事务的治理提出了更高要求——"推进民族事务治理体系和治理能力现代化"。

---

① 焦洪昌．宪法学［M］．北京：北京大学出版社，2010：413-414．

从微观层面而言，各民族间交往交流交融程度不断加深，归根到底是不同民族公民之间社会交往愈发频繁，在这个过程中，公民之间交往最为频繁和普遍的行为，则是民事行为。自 2021 年 1 月 1 日起施行的《中华人民共和国民法典》（以下简称《民法典》），有利于促进各族公民交往过程中"共性"制度的生成，明确其各自的权利与义务，进而树立统一的民事法律行为准则，在维系各族公民社会认同的基础上铸牢中华民族共同体意识的法治保障，这正好是习近平总书记在 2021 年中央民族工作会议提出的"顺应时代变化，按照增进共同性的方向改进民族工作"之具体体现。

要而言之，在公民这个维度，党和政府通过有效发挥民族法治对于权利义务的确认功能，充分兑现了"权利正义"的价值取向。

第二节　各民族聚居、杂居、散居的法治实践

多元灿烂的国内各民族，是由每一位权利义务平等的中国公民组成的，在此以"中国各民族"代指。在对各族公民权利义务的认知不断成熟和完善的同时，党秉承马克思主义各民族一律平等的正确理念，结合中国具体国情，对"群体"层面的中国各民族之间关系的法治实践也在同步进行，具体又可以从聚居、杂居、散居①三个层面进行诠释。

一、聚居：把握"两个结合"的原则

科学把握"两个结合"的原则，党以其科学的民族理论和符合国情的实际措施，在民族聚居的地区尤其是各少数民族聚居的地区设立自治政府，为全国范围内民族区域自治的法治践行奠定了基础。民族聚居是指在中国领土范围内，

---

①　在此以聚居、杂居、散居进行分类，是基于李维汉对于"民族的区域自治"的诠释。从"聚居"层面而言，李维汉指出，民族的区域自治是在中央人民政府的统一领导下，以少数民族聚居区为基础的区域自治；从"杂居"层面而言，李维汉认为，有些与汉族聚居区相连接或交错的少数民族聚居区，在实行区域自治时包含了一部分汉族居民区和城镇，对于此种杂居现象，"在汉族人特别多的地区应建立民族民主联合政府"；从"散居"层面而言，李维汉指出，由于历史的原因，有许多少数民族成员长期零星居住在汉族居民之中，需要以法律保障其民族平等之权利，各级人民政府也应当提供必要和适当的帮助，同时科学地指出这些保障措施也适用于散居在民族自治区的其他民族成分或汉族成分。李维汉 . 统一战线问题与民族问题［M］. 北京：中共党史出版社，201：587-591.

由于历史、文化和社会等原因，同一个民族居住生活比较集中的情况，从而形成了一些大小不同的聚居地区。早在 1936 年，中国共产党就在少数民族聚居地区红色政权的建设中第一次启用"自治政府"这一术语：宁夏同心县成立了陕甘宁省豫海县回民自治政府；同年 9 月，红二方面军在甘肃徽县苏维埃政府成立后组织了"回民自治委员会"①，对民族聚居地区如何建设和发展进行了有益的探索。而在更早的党成立初期，党就十分重视在民族聚居地区的政权建设，如 1924 年在蒙藏学校成立的第一个少数民族党支部、1925 年在广西成立的中共梧州支部，在这之后，各民族地区成立的党组织更是如雨后春笋般涌现，如东北北满地委、湘西桑植农民协会、中共宁夏特别支部、云南特别支部等，这一系列实践措施都有力地促进了党在民族聚居地区实行"群体自治"的探索；在抗战期间，毛泽东对于如何建设民族聚居地区已经有了比较全面和系统的认识，其相继发表的《论新阶段》《新民主主义论》《中国革命与中国共产党》等一系列有关时局的重要论述就是直接体现；在解放战争时期，中国共产党基于民族自决、联邦制和民族区域自治的长期探索和反思，认为民族自决、联邦制不适合统一多民族国家的中国，终而采用民族区域自治政策，在内蒙古正式成立了自治政府，"在制度史上具有里程碑的意义"②。至此，中国共产党对"民族聚居"的政策实践，对应经历了初步形成、基本形成、比较成熟三个阶段。1949年的《中国人民政治协商会议共同纲领》第六章已经对于"自治机关"的设置前提、建立标准等要素做了原则性安排，可以认为，《中国人民政治协商会议共同纲领》就是"以民族聚居为前提的民族区域自治"③。从 1952 年颁布《中华人民共和国民族区域自治实施纲要》到 1965 年西藏自治区成立，党对民族聚居地区应当如何治理与发展有了更为深入的探析，除了三个自治区的成立④，周恩来在 1957 年还发表了对民族区域自治原则性规定的讲话——《关于我国民族政策的几个问题》。

针对民族聚居地区经济社会发展比较落后的客观事实，党和国家从 1953 年至 1965 年出台了一系列优惠性和帮扶性措施助力于民族地区的发展⑤，这也是

①　买晓仙.中国民族自治政府的第一次［N］.华兴时报，2018（5）：3.

②　金炳镐.中国共产党民族政策发展史［M］.北京：中央民族大学出版社，2006：276.

③　田钒平.共识中的差异：中国民族区域自治演进的历史考察［J］.贵州民族研究，2014（4）：1-9.

④　1955 年新疆维吾尔自治区成立，1958 年广西壮族自治区和宁夏回族自治区成立。

⑤　如 1953 年政务院印发的《关于编造 1954 年预算草案的指示》规定了民族自治区的财政自治权，1958 年起施行的《民族自治地方财政管理暂行办法》，1963 年国务院制定机动金、预备金、民族地区补助费"三项照顾"政策等。

我国民族工作的黄金时期。从党的十一届三中全会到党的十八大之前，是党的民族政策恢复与发展的中国特色社会主义新时期，《民族区域自治法》以法律形式在 1984 年得以颁布，而通过促进民族地区经济发展、文化繁荣、教育提升三个方面，党和政府对于民族聚居地区加大了扶持力度①。进入新时代，习近平总书记在 2019 年全国民族团结进步表彰大会上提出的"九个坚持"就包含"统一和自治相结合、民族因素和区域因素相结合"，这就为民族聚居地区的法治实践应当秉承何种理念提供了原则指引。

二、杂居：坚守"实质平等"的理念

坚守"实质平等"的理念，党在对中国公民身份地位充分认知的基础上，针对客观存在的各民族成员杂居生活状态的法治实践也在不断成熟。民族杂居，是指两个及数个民族混杂交错生活居住在一起的状态。1936 年 5 月 24 日，红军总政治部发布的《关于回民工作的指示》中就明确指出，"在各民族杂居的地区，应组成各民族的联合政府"②；1938 年，毛泽东更是从"联合政府"构成的角度，进一步诠释了如何应对"民族杂居"的情形，提出少数民族同胞应当通过成立委员会的方式参与到政府管理中来并管理相关事务③，这一时期，针对民族杂居的范畴，党的一系列政策文件均有涉及④，如 1940 年 8 月的《绥察施政纲领》针对少数民族事务的治理，提出特定的区域应当在政府内部建立专门的行政部门以处理民族事务⑤。从抗日战争时期到新中国成立前夕，为壮大革命队伍，巩固统一战线，在民族杂居这个范畴，党开展了一系列有益的政权结构探索，如在抗日民族统一战线的指引下，组织"全中国统一的国防政府""全中国统一的抗日联军"一致对外，对内则有在抗日民主政权地区秉承协商民主理念进行"三三制"的具体实践。到中华人民共和国成立前夕，具有临时宪法地位的《中国人民政治协商会议共同纲领》为合理分配民族杂居区政府人员的构成

---

① 赵新国，黎岩. 中国共产党民族政策百年演进与经验启示［J］. 北方民族大学学报（哲学社会科学版），2021（3）：15-24.

② 甘肃省军区党史资料征集办公室. 三军大会师：下册［M］. 兰州：甘肃人民出版社，1987：587.

③ 中央档案馆. 中共中央文件选集：第 11 册［M］. 北京：中共中央党校出版社，1991：619.

④ 如《陕甘宁边区施政纲领》《关于抗战中蒙古民族问题提纲》《绥察施政纲领》《中共中央关于内蒙工作方针给晋察冀中央局的指示》《陕甘宁边区宪法原则》等。

⑤ 中共中央党史研究室. 中共党史教学参考资料［M］. 北京：人民出版社，1979：30.

比例，特规定各民族群体均应当有相应的名额①。值得一提的是，针对少数民族占多数的各民族杂居区，党中央也提出要建立"民族民主联合政府"②。中华人民共和国成立初期，民族民主政权的建制蓬勃开展，从中共中央层面来看，1950 年 4 月 3 日下发的《中共中央关于在民族杂居区成立民族民主联合政府的指示》与 1952 年政务院通过的《关于地方民族民主联合政府实施办法的决定》对民族民主联合政府的内涵、类别、构成进行了诠释。而从地方落实而言，仅以我国民族杂居的"典型地区"贵州省为例，1951 年 2 月 24 日，西南军政委员会通过《关于西南少数民族地区实行民族区域自治及建立民主联合政府的意见》就民族杂居地区如何组织各族人民的联合政府进行了详细的规定③；同年，贵州全省各地相继召开各族各界人民代表会议，民主选举产生了各级民族民主联合政府④，与此类似的情形在同期其他各地方政府比比皆是。

需要指出的是，作为一种向民族区域自治过渡的政权模式，民族民主联合政府在特定的时期内发挥了重要作用，这种政治实践曾经也与民族区域自治同时存在。邓小平在欢迎西南访问团大会上就提出"云南、贵州曾经也是适合于成立地方民族民主联合政府的，还可以在联合政府下面，实行小区域自治，比如说一个民族乡"⑤。在民族民主联合政府的具体实践中，党对我国民族分布的现实情况有了更深入的了解，对各民族间关系的维护、各民族经济社会的发展有了更为全面的认识：1954 年《宪法》将《中国人民政治协商会议共同纲领》规定的"实行民族的区域自治"修改为"实行区域自治"，从单纯的"少数民族聚居区"到"民族杂居区"，其体现的是"民族杂居约束下的区域自治"。进入新时代，民族杂居的治理与实践被赋予了新的时代内涵，"各民族交往交流交融"就是其具体体现，其重要性在 2021 年召开的中央民族工作会议上再次得以重申，也是"十二个必须"的内容之一。

---

① 中共中央文献研究室. 新中国成立以来重要文献选编［M］. 北京：中央文献出版社，1992：12.

② 中共中央文献研究室. 建国以来重要文献选编［M］. 北京：中央文献出版社，1992：170.

③ 宋健. 邓小平与西南少数民族地区的政权建立［J］. 贵州民族研究，2010（5）：1-8.

④ 先后建立了贵阳、镇远、安顺、独山、毕节 5 个专区民族民主联合政府以及贵筑、贵定等 27 个第一、第二、第三区民族民主联合政府。高勇. 解放初期贵州民族民主政权研究［J］. 贵州民族研究，2013（6）：163-167.

⑤ 邓小平文选：第一卷［M］. 北京：人民出版社，1989：12.

三、散居：践行"少数人权利保护"之路径

着眼于"少数人权利保护"的路径，党对于散居少数民族权利保护的认知与实践逐渐深化。民族散居从主体角度而言，主要是指以散居生活方式存在并发展的少数民族人口，这一定义本身，就与中国共产党的历史有着密切的关联。1947年9月7日下发的《中共中央东北局关于回民问题的通知》中，针对少数民族就提到了"散处"一词；1952年2月，《政务院关于保障一切散居的少数民族成分享有民族平等权利的决定》中也提到了"零散居住"的概念。更为广泛涉及"散居少数民族"的政策法规，可以追溯到党的十一届三中全会之后，1979年10月12日由国家民族事务委员会下达、中共中央和国务院批转的《关于做好杂散居少数民族工作的报告的通知》从特定的时代背景入手，简明扼要地诠释了关于散居少数民族的工作现状，同时从平等权的保障、经济文化的发展、风俗习惯的尊重、宗教政策的执行、工作机构的恢复与健全五个方面予以具体说明，并专门强调"做好杂居、散居少数民族工作的关键，在于加强党的领导"；1984年颁布的《民族区域自治法》中，第五十条第三款指出："自治机关照顾本地方散居民族的特点和需要。"党的一系列政策法规虽然对"散居少数民族"有了一定程度的探讨，但是从民族事务治理法治化和现代化的角度而言，散居少数民族的权利保障与民族法治工作起步较晚。随着改革开放的深入和各民族交往交流交融的加深，在"大杂居、小聚居"的格局下，散居少数民族的重要性愈发受到党和政府的关注。1993年9月15日颁布并施行的《城市民族工作条例》与《民族乡行政工作条例》就是两个专门针对散居少数民族权利保障的行政法规。具体而言，立足于国务院行政法规、部门规章和规范性文件的范畴，着眼于法治实践的角度，在族籍权利、政治权利、风俗习惯和宗教信仰自由、语言文字权利、获得国家帮助及发展经济文化教育事业方面的权利五个维度对散居少数民族的权利予以明晰，并明确了权利保障的主体部门与工作机构①。

此外，各地方党委和政府也积极配合上级国家机关，在地方性法规、地方政府规章、地方规范性文件等范畴以立法形式保障散居少数民族的权利。以发布时间较早的地方性法规《河北省散居少数民族权益保障条例》（1991年10月1日起施行）为例，该条例从散居少数民族的类型划分、政治平等权利保障、

---

① 陆平辉. 散居少数民族权利保障：理论、制度与对策［M］. 北京：法律出版社，2016：260-265.

民族经济的发展、教科文卫事业的发展、民族风俗习惯和宗教信仰的保护进行了原则性规定，同时还专设一章以明确"奖励与惩罚"。截至 2021 年 6 月，在标题中直接包含"散居少数民族"的地方性法规就有 17 部、地方政府规章 2 部、地方规范性文件 2 部①。另外，随着我国城市化进程的加快，与散居少数民族有着密切关系的一个范畴即"城市流动少数民族"成为社会主义建设新时期重点关注的议题，党和政府着眼于"迁徙自由权"的角度，对城市流动少数民族的法治实践进行了认真研究，如 1993 年 9 月 15 日发布并施行的《城市民族工作条例》，2012 年国务院办公厅发布的《关于积极稳妥推进户籍管理制度改革的通知》；针对城市民族工作在我国民族工作全局中的地位日益突出的现状，国家民委还专门出具了《国家民委办公厅关于开展城市民族工作专题调研的函》，以指导民族工作的具体实践。在 2019 年的全国民族团结进步表彰大会上，习近平总书记归纳总结了民族人口分布格局"大流动、大融居"的新的时代特点，并提出了"构建互嵌式社会结构""完善少数民族流动人口服务管理体系"等重要论述，从而为新时代少数民族流动人口的依法治理指明了方向。

总体而言，在"各民族"这个维度，党和政府通过聚居、散居、杂居的政策实践，在各民族交往交流交融的进程中，不断发挥民族法治维护民族团结的功能，有效塑造了各个民族凝聚力的价值取向。

第三节　中华民族伟大复兴的目标确立

个体组成了不同的群体，而不同的群体在历史潮流和国家建构的双重合力下汇聚成一个统一的整体。作为整体的中华民族共同体建设，既是中华民族伟大复兴的重要内容，又是新时代民族工作的伟大目标。正如习近平总书记在 2021 年中央民族工作会议上所指出的："必须从中华民族伟大复兴战略高度把握新时代党的民族工作的历史方位。"在中国共产党的百年光辉历程之中，对于中华民族的理论建设和法治实践从未停下脚步，具体而言，可从政策演绎和宪制建设中予以梳理。

---

① 笔者以"散居少数民族"为标题（含）在国内较为权威的"法信数据库"进行检索，共得到 25 部法律文件，按照效力等级划分，党内法规 1 部、地方性法规 17 部、地方政府规章 2 部、地方规范性文件 2 部。

一、在政策演绎中重塑理论内涵

早在 1917 年，党的早期创始人之一李大钊就提出了中国人应激发出一种以各民族融合为基础的"新中华民族主义"的自觉，来实现对古老中华民族的"更生再造"①，并创造性地指出"当以中华国家之再造，中华民族之复活为绝大之关键"②；1922 年，党的二大明确提出"推翻国际帝国主义的压迫，达到中华民族完全独立"；1945 年，党的七大提出"中国共产党代表中国民族与中国人民的利益"；刘少奇在 1956 年召开的党的八大上明确指出"国内各民族已经组成为一个团结友好的民族大家庭"；1978 年召开的党的十一届三中全会，虽未直接提及"中华民族"，但却是中华民族探寻复兴之路的奋斗历程中的一次伟大转折；1982 年，党的十二大提出"团结全国各族人民"；1987 年，党的十三大依旧提出"领导和团结全国各族人民"；1992 年 10 月 18 日在党的十四大通过的《中国共产党章程》中，将中国共产党定义为"中国各族人民利益的忠实代表"；1997 年，党的十五大已经多次提及"中华民族"；2002 年，党的十六大则庄严地指出"在中国特色社会主义道路上实现中华民族的伟大复兴"，同时在《中国共产党章程》中将中国共产党定义为"中国工人阶级的先锋队，同时是中国人民和中华民族的先锋队"；2007 年党的十七大报告、2012 年党的十八大报告和 2017 年党的十九大报告中也多次出现"中华民族"。

笔者认为，对于"中华民族"这一民族实体理论本身的探讨，不能仅凭其在党的全国代表大会中出现的频次来把握中国共产党对中华民族的认知，必须着眼于民族法治实践的实际境遇进行全面的揭示。

第一，在党成立初期，认为"中华民族"这个民族实体要达到"完全独立"的目标，这是因为党诞生于国家危急和民族危难之际，以求民族共同体独立生存与发展的立足点。而在革命年代和抗战时期，党的全国性代表大会虽未频繁提及"中华民族"，但是在这期间，如何保存革命火种和壮大民族共同体强有力的核心领导力量才是今后一切工作的出发点。因此，不能认为这一时期党对中华民族理论内涵本身的探索就陷入了停滞，例如，即便在艰苦卓绝的年代，毛泽东在 1939 年的《中国革命和中国共产党》中指出"中华民族的各族人民都

---

① 黄兴涛. 重塑中华：近代中国"中华民族"观念研究［M］. 北京：北京师范大学出版社，2017：125.
② 李大钊文集：上［M］. 北京：人民出版社，1984：450.

反对外来民族的压迫"①，事实上就已经把"中华民族"视为国内各民族的"大家庭"。同年年底，中国共产党在延安倡导和建立最广泛的抗日民族统一战线的实践中，还从理论上对"中国是一个怎样的国家"进行了解答："中国是一个有多数民族结合而成的拥有广大人口的国家"②，并已经升华出了"中华民族是代表中国境内各民族之总称"③ 的马克思主义民族观。

第二，从新中国成立到党的十八大之前，党和政府在对于"中华民族"整体建设这一范畴上，其间虽有过坎坷与曲折，但就总体而言还是从政治、经济、社会、生态等维度对民族地区进行了大力扶持，这便是这一时期党对于中华民族建设的着力点：以更重优惠照顾的政策和有力的扶持手段对少数民族同胞进行帮助，使民族地区和少数民族群众获得了"跨越式"的发展。其原因在于，就中华民族整体建设的维度而言，民族地区和边疆地区"自然条件较差、市场经济起步晚，公共服务半径大，与东部发达地区绝对差距拉大问题突出"④，执政党和政府需要采取差异化的措施来逐渐缩小各民族地区之间经济社会发展的差异，以实现中华民族伟大复兴。也正是在中国共产党强有力的领导下，各民族地区旧貌换新颜，共享改革发展之成果，共谋中华民族复兴大业⑤。

第三，党的十八大以来，以习近平同志为核心的党中央高瞻远瞩，面对"百年未有之大变局"，既肯定了新中国成立以来党和政府在民族工作上所取得的巨大成就，也总结了中华民族理论建设的宝贵经验，真正找准了新形势下中华民族理论建设的落脚点，即紧紧抓住中华民族共同体意识这个"纲"。"四个认同"和"五个认同"的提出，是立足于共产党执政的角度，强调中华民族整体性建设的重要性。而习近平总书记在 2021 年中央民族工作会议上再次强调，"必须以铸牢中华民族共同体意识为新时代党的民族工作的主线"，则是党站在中华民族伟大复兴的历史高度，充分运用马克思主义民族理论结合中国民族实情提出的重大议题，也是铸牢中华民族共同体意识的"总舵手"：中国共产党，成立百年以来对"中华民族"理论内涵的伟大重塑。

---

① 毛泽东选集：第 2 卷［M］．北京：人民出版社，1991：523.
② 毛泽东选集：第 2 卷［M］．北京：人民出版社，1991：622.
③ 中共中央统战部．民族问题文献汇编（1921.7—1949.9）［M］．北京：中央党校出版社，1991：808.
④ 国家民族事务委员会．中央民族工作会议精神学习辅导读本［M］．增订版．北京：民族出版社，2019：106-107.
⑤ 赵本燕．习近平关于铸牢中华民族共同体意识重要论述的多维阐释［J］．西北民族大学学报（哲学社会科学版），2021（5）：20-26.

二、在宪制建设中确立战略目标

中华民族作为代表中国现代民族共同体的名称屹立于世界民族之林，必须以具有最高法律效力的文本和规范的形式得以体现。着眼于百年党史的视域，与其说"中华民族"2018 年被写入宪法是一个最终结果，不如说是在中国共产党的伟大领导和不断努力下，通过宪制建设将"实现中华民族伟大复兴"确立为战略目标的光辉历程。早在 1949 年颁布的具有临时宪法地位的《中国人民政治协商会议共同纲领》中，虽未直接提及"中华民族"，但是其第五章"文化教育政策"第四十一条中规定"中华人民共和国的文化教育为新民主主义的，即民族的、科学的、大众的文化教育"；1954 年的《宪法》既以《中国人民政治协商会议共同纲领》为基础，又对其有了进一步发展，提出了"中华人民共和国是统一的多民族的国家"和"我国各民族已经团结成为一个自由平等的民族大家庭"的科学论断；1975 年《宪法》仍然坚持中华人民共和国的构成是"统一多民族"，同时规定施行民族区域自治的地方，也是国家不可分离的部分；1978 年《宪法》在民族关系的维度着眼于"要加强全国各民族的大团结"；1982 年《宪法》序言第一句则指出"中国各族人民共同创造了光辉灿烂的文化"；1988 年和 1993 年的《中华人民共和国宪法修正案》着眼于经济建设的范畴；1999 年的《中华人民共和国宪法修正案》中则更为强调"建设社会主义法治国家"；2004 年《中华人民共和国宪法修正案》在将"三个代表"重要思想写入的同时将《义勇军进行曲》以法律形式进行国歌定位。通过梳理历次《宪法》出台和修订的内容，不难发现，对于"中华民族"这一称谓，在 2018 年之前虽未被直接写入，但其间却暗含着"铸牢中华民族共同体意识"法治演进的清晰脉络。

（一）《宪法》对社会文化关系的重要作用决定了中华民族的共性底蕴

"宪法本身就有其价值系统和评价标准……对人思想意识的进步产生着重要作用"[1]，1949 年《中国人民政治协商会议共同纲领》第五章第四十一条提出的"民族的、科学的、大众的文化教育"体现的事实上就应当是"全民族"即中华民族的文化教育；第四十二条"提倡爱祖国、爱人民、爱劳动、爱科学、爱护公共财物为中华人民共和国全体国民的公德"实际上也是中华民族优秀文化传统的体现；第六章"民族政策"第五十条则提出"使中华人民共和国成为各

---

① 周叶中. 宪法［M］. 北京：高等教育出版社，2011：157.

民族友爱合作的大家庭",对各民族群体应当如何相处,彼此之间是何关系做出了回应;1954 年《宪法》则更进一步,在序言中提出了"民族大家庭"这一生动形象的表述,反映出在执政党的正确领导下,各民族群体通过团结这种有利于共性生成的方式,达到"自由而平等"的和谐状态,而这一切又在"民族大家庭"中得以具体体现,这其实也就为中国各民族多元的"历史文化共同体"作为中华民族"大家庭的家庭成员"进行了宪法诠释;1982 年《宪法》指出"中国各族人民共同创造了光辉灿烂的文化,具有光荣的革命传统",则为维系中华民族最深层次的认同——中华文化的认同做了法理铺垫,序言中提出的"中华人民共和国是全国各族人民共同缔造的统一的多民族国家,平等团结互助和谐的社会主义民族关系已经确立,并将继续加强",又立足于国家建构的视域,指出了中华民族的共性所在,"平等、团结、互助"则是中华民族大家庭中各成员交往交流交融的基本原则,"国家尽一切努力,促进全国各民族的共同繁荣"则是中华民族共同体建设的物质根基。

(二)《宪法》对社会发展的基本价值体现了中华民族伟大复兴的价值追求

1988 年和 1993 年的《中华人民共和国宪法修正案》虽未直接提及"中华民族",但是着眼于经济建设的范畴,事实上则为中华民族的整体物质文明建设树立了最高法律指引,"没有社会的发展,尤其是经济的发展,其他各项社会价值的实现就失去了根本保障"[①]。1999 年的《中华人民共和国宪法修正案》强调"建设社会主义法治国家",则是站在民族法治建设的范畴,引领中华民族在国内社会和国际舞台两个维度"纳入法治轨道"发展;序言第七自然段"中国各族人民将继续在中国共产党领导下……把我国建设成为富强、民主、文明的社会主义国家",体现了中华民族在社会主义国家建设维度的价值取向。在 2004 年的《中华人民共和国宪法修正案》中,"三个代表"中的"先进文化"和"广大人民"在社会发展层面事实上就是中华文化的传承弘扬和中国公民在民主和人权层面的价值追求,而将《义勇军进行曲》定为中华人民共和国的国歌,体现的则是其"民族解放之号角"之价值,象征着伟大历史民族的不屈精神和坚强斗志[②]。不难发现,《宪法》对于社会、经济、文化等维度的价值追求,也代表着全体国民的"伟大的历史民族"复兴的战略目标。这一切都指向了一个

---

① 周叶中. 宪法 [M]. 北京:高等教育出版社,2011:157.
② 李占荣. 宪法的民族观:兼论"中华民族"入宪 [J]. 浙江大学学报(人文社会科学版),2009 (5):34-45.

客观事实：在中国共产党的领导下，着眼于宪制建设的维度，"中华民族伟大复兴"的战略目标呼之欲出。

新时代以来，继"弘扬中华民族传统美德""实现中华民族永续发展"等与"中华民族"有关的词句被写入 2017 年 10 月 24 日通过的《中国共产党章程》之后，在全民所盼和举世瞩目下，"中华民族"终于被写入 2018 年第五次修订的《宪法》之中。百年伟史，重塑中华，在中国共产党的领导下，"实现中华民族伟大复兴"的战略目标在宪制建设之中得以确立①。党和政府从政策完善和宪制建设两个维度确认了中华民族的宪法地位，准确把握了中华民族伟大复兴的价值取向。

本章小结

宏观的历史叙事必须通过微观的具体实践予以充分体现。在民族法治的指引下，党和政府通过对公民个体权利与义务的依法确认、各民族群体聚杂散居的法治实践、带领中华民族向着伟大复兴的目标不断前行三个维度有力推动着中华民族共同体的法治建设风雨前行。其中，深刻体现了漫漫历史长河中统一多民族国家执政党对于民族共同体法治建设的价值取向与功能定位：着眼于公民个体权利正义的价值取向，通过民族法治理论的摸索准确把握公民身份的内涵，并通过具体的帮助措施保障各民族公民的合法权益；聚焦于各民族群体的凝聚力价值，通过聚居、杂居、散居的法治实践不断维护民族团结，促进各民族共同繁荣；科学把握"中华民族意识"与"各民族意识"之间的关系，在维护国家统一的宪制建设之路上不懈追求中华民族伟大复兴的光辉目标。当然，物质决定意识，意识反作用于物质，科学民族理论与民族政策对于民族工作的践行具有巨大的推动作用。从这个意义上讲，有必要基于中华民族共同体法治建设所取得的历史性成就，将中华民族共同体法治建设的价值取向与功能定位进行更为具体的阐释。

---

① 截至 2021 年 9 月 15 日，标题或内容包含"中华民族"的法律法规，从效力等级来看，有法律 80 部、党内法规 238 部、司法解释 61 部、行政法规 181 部、部门规章 1601 部、地方性法规 163 部、自治条例及单行条例 21 部、地方政府规章 30 部、地方规范性文件 6140 部。

第三章

中华民族共同体法治建设的价值彰显

作为客体对人的需要和满足，中华民族共同体法治建设的价值取向在党的百年民族法治历程中不断得以实现。铸牢中华民族共同体意识的提出，则对这一系列价值取向给予了具体的彰显。本章在这一系列正确价值取向的指引下，通过对法治建设的成功经验进行提炼总结，结合"三位一体"的分析框架，从理论上进一步诠释铸牢中华民族共同体意识的价值彰显。

第一节　公民的民族认同与国家认同

我国在国家层面"民族"的"民族认同"和对民族国家的"国家认同"在西方学术界是用同一个术语"national identity"表述的：一是对现代国家层面的"民族"（nation）的"民族认同"；二是对现代"国家"（nation）也就是我们常常谈到的"民族国家"（nation-state）的"国家认同"。西方民族主义研究者也有相当一部分认为国家层面"民族"的"民族认同"与现代民族国家的"民族认同"是相通的，易言之，建构国家认同的前提就是国内各族群（或人们称之为"民族"）共同建构国家层面"民族"的"民族认同"，而随着国家层次的"民族认同"的建构，对民族国家的"国家认同"也就"顺势"建构了起来。在一定程度上，"民族认同"的建构就是"国家认同"的建构①。民族认同呈现出一种稳定性，其还体现出一定程度的"义务性"，即使个人的立场和他所认同的群体意见并不一致，个人也不一定会改变他原先形成的认同，站在公民个体角度而言，国家认同是最重要和最高层次的集体认同②。有学者认为，无论是民

① ［瑞］安德烈亚斯·威默. 国家建构：聚合与崩溃［M］. 叶江，译. 上海：上海人民出版社，2019：1.
② 高蕴芳. 当代中国中央与民族自治地方政府关系研究［M］. 北京：人民出版社，2009：270.

族认同，还是国家认同，其上层指向必然是维护一个"民族"在世界民族之林屹立不倒的地位和一个国家主权和领土的完整，而其落实于基层构建的载体必然是每一位作为个体的公民。对于公民个体而言，铸牢中华民族共同体意识，不仅体现了民族认同侧重文化底蕴价值，也体现了国家认同强调政治意蕴的价值。

一、马克思主义关于人全面发展的价值

我国是一个统一的多民族国家，在中国共产党的领导下，全体中国人民致力于多民族国家的建构进程，其实也是中华民族从历史文化共同体迈向（从自在到自觉）命运共同体，最终以中华人民共和国为载体，构建多民族一体的政治、经济共同体的过程①。铸牢中华民族共同体意识被视为马克思主义民族理论中国化的最新成果，也是马克思主义民族观在新时代成功践行的重要指南。从法理上讲，法治能够使政府权力和公民权利得到合理配置，从而追求一种理性的社会状态②。因此，铸牢中华民族共同体意识，也是对马克思主义共同体思想的重要继承和发展，从权利实现层面体现了每一位公民自由而全面发展的重要价值。

马克思共同体思想中的"共同体"作为一个整体，具有鲜明的"人类公共性"色彩和"共同价值"取向。从马克思共同体思想的发展来看，马克思的共产主义学说是贯穿马克思主义的显性线索③，齐格蒙特·鲍曼则认为在共同体之中，每一个人与其同伴分享着喜怒哀乐④。近代以来，随着列强入侵，中华民族遭受到了深重的磨难，新中国的成立，使各族人民更加珍惜这个赖以生存的共同体。在近代中国、民主革命的激发下，唤醒了民族国家共同体的意识。中国共产党坚持全民族统一抗战的路线，把"中华民族"的历史、血脉、精神作为现代民族国家共同体的纽带，为带领全国抗战的胜利奠定了重要的基础，维护了这个完整的国家共同体的统一，极大地增强了中华民族的凝聚力。新中国成立以后，在中华民族"大杂居、小聚居"的民族共同体中，党和国家充分继承并发展了马克思主义共同体思想，按照"国家—集体—个人"的价值位阶，消

---

① 马俊毅. 多民族国家民族事务治理现代化［M］. 北京：社会科学文献出版社，2017：92.

② 付子堂. 法理学初阶［M］. 北京：法律出版社，2021：211.

③ 徐宁. 马克思共同体思想的哲学研究［M］. 北京：光明日报出版社，2020：181.

④ ［德］斐迪南·滕尼斯. 共同体与社会［M］. 林荣远，译. 北京：北京大学出版社，2010：68.

解了"集体"和"个人"的理念分歧，赋予了统一多民族的社会主义国家平等、团结、互助、和谐的全新价值关系。

要而言之，马克思主义共同体思想具有丰富的历史底蕴，铸牢中华民族共同体意识的提出，则对其进行了继承与发展，这一历史命题包含着各个民族平等、和谐、团结的发展的理念，这正符合"以人民为中心"的发展思想，成为联结每一位公民与执政党之间、民族之间、国家之间的凝聚纽带，为以中国梦为理想目标的中国特色社会主义道路提供了凝聚的主体。马克思主义的唯物主义历史观认为，人民群众是历史的创造者，通过无数个体的实践，推动了整个人类历史的进程①。在民族法治的运行轨道下，每一位公民个体不断推动着中华民族伟大复兴的历史车轮，而马克思主义关于人的全面发展理论归纳的"劳动需要和能力的全面发展、社会关系的全面丰富、人的素质的全面提高和个性的自由发展"②，则在新时代民族法治立足于公民个体权益不断保障的基点之上逐渐实现。

二、爱国主义精神的重要条件

习近平总书记对于如何弘扬爱国主义精神提出了具体的要求：把爱国主义教育作为永恒主题，坚持爱国主义和社会主义相统一，维护祖国统一和民族团结，尊重和传承中华民族历史和文化，坚持立足民族又面向世界③。其中，维护祖国统一和民族团结，本身就是铸牢中华民族共同体意识的重要内容；尊重和传承中华民族历史和文化，是铸牢中华民族共同体意识的重要前提；坚持立足民族的同时面向世界，则深刻诠释了中华民族共同体与人类命运共同体的内在关联。正如潘岳所说的，"中国人历来崇尚同呼吸共命运，中华文明更是推崇协和万邦、四海一家，这为全人类构建祸福相依、安危与共的命运共同体提供了丰富的历史经验"④。中华民族共同体意识的铸牢，是一个不断对中华民族、对社会主义新中国感情升华的过程，是每一位中国公民对"我是中国人"的认知

---

① 颜晓峰. 实现中华民族伟大复兴的理论基础和行动指南 [M]. 北京：中国言实出版社，2021：70.
② 吴向东. 论马克思人的全面发展理论 [J]. 马克思主义研究，2005（1）：29-37.
③ 习近平在中共中央政治局第二十九次集体学习时的讲话 [EB/OL]. 新华网，2015-12-30；习近平看望出席全国政协十二届二次会议的少数民族界委员时的讲话 [EB/OL]. 新华网，2014-03-04；习近平在北京大学师生座谈会上的讲话 [EB/OL]. 中国青年网，2018-05-03；习近平在出席金砖国家领导人第五次会晤前夕接受媒体采访时讲话 [EB/OL]. 人民网，2013-03-27.
④ 潘岳. 中华共同体与人类命运共同体 [J]. 中央社会主义学院学报，2019（4）：5-8.

和认同的不断深化的过程。爱国主义是中华民族精神的主要特征，也是各民族群体对统一多民族国家认同的直接体现，更是每一位公民的内心深处从始至终代代传承的光荣使命。铸牢中华民族共同体意识，正是要将这种根植于每一位公民内心深处的民族精神和历史使命不断弘扬、不断凝聚，使之成为一个国家文化软实力的重要组成部分，更是抵御敌对势力意识形态侵入的思想堡垒，每一位公民的爱国主义精神，必将汇聚成国家建构中一个"伟大的历史民族"的民族精神共同体①，正所谓"有族而超越群"。

另外，爱国主义精神可以很好地诠释民族认同与国家认同的辩证关系：文化与族群可归纳为"多元"，而在政治与法律上，则体现为"一体"，这两者有机结合的多元一体格局，最终体现为以宪法为核心的法权结构安排，而所谓的"高层次的民族认同意识"是一种政治文化意识，其基础是统一的国家与公民身份，一种以宪法为核心的国家认同意识，即宪法爱国主义②。

从内容上看，中华民族共同体的历史演绎，包含了四个方面的内容：疆域、历史、文化、精神，这是由各族人民共同创造和享有的。中华民族共同体就是历史上形成的以共同的疆域为界限、以共同的文化为载体、以共同的精神为内核的民族关系共同体③。铸牢中华民族共同体意识作用到公民个体层面，就是要将这"四个共同"的历史价值和现实意义根植于每一个公民的认知之中，并且不断培育和凝聚，在这个过程中，就有一条清晰的主线，既是"四个共同"的精神纽带，又是意识铸牢的现实目的，这一主线，就是爱国主义精神。

第二节　各民族交往交流交融的深化

习近平总书记在 2021 年召开的中央民族工作会议上强调，"必须促进各民族广泛交往交流交融，促进各民族在理想、信念、情感、文化上的团结统一，

---

① 有学者提出"民族精神共同体"这一概念术语，并指出多民族国家精神共同体包含三个方面的内容：一是各族人民在道德、理念、价值观等方面形成的共享内容；二是在尊重多元、相互包容的基础上，各族人民形成的同呼吸、共命运的共同体意识；三是国家通过公平正义和法律制度实践以及社会建设等在观念和价值上得到各民族人民认同而形成的凝聚力。马俊毅．多民族国家民族事务治理现代化［M］．北京：社会科学文献出版社，2017：218.
② 翟志勇．中华民族与中国认同：论宪法爱国主义［J］．政法论坛，2010（2）：3-19.
③ 于玉慧，周传斌．"四个共同"：中华民族共同体理论阐释的新向度［J］．贵州民族研究，2021（6）：35-41.

守望相助、手足情深"。中国共产党在中华民族共同体法治建设的进程中，立足于聚居、杂居、散居的法治实践，准确把握了各个民族凝聚力的价值取向，而各民族的凝聚力在历史演绎和现实语境下如何持久有效地维系，并不断发扬，交往交流交融则是具体的方式。一方面，引导各族人民铸牢中华民族共同体意识的关键路径，在于不断促进各民族群体间的交往交流交融；另一方面，铸牢中华民族共同体意识，也从形式、内容和氛围三个维度深化了各民族交往交流交融的现实意义，体现出其巨大的时代价值。

一、引导各民族交往的重要形式

一般认为，民族交往是不同民族的个人、群体和组织之间的相互往来，其建立在不同民族物质文化产品互补性需要的基础上，是民族之间初级阶段的来往①。这一过程亦是一个双向的过程，正如"涂山之会"，禹对"三苗"的征伐导致了夏王朝政权的进一步巩固，而"三苗集团"则宣告失败。事实上，我国古代许多的民族交往都是把战争和征伐作为重要形式的，而"和亲"在某种程度上亦是对战力不足的一种"妥协"，当然，这也是我国作为一个统一多民族国家所经历的历史趋势的重要演绎。新中国成立以后，我国长期以来的民族不平等和"强制同化"的政策得以根本性改变，对于民族理论与政策的探索，也伴随着共和国崎岖坎坷的进路而不断前进。应当指出，各民族间的交往应当以哪种原则为标准，以何种形式来进行，是各民族间频繁交往的规则指引。马克思主义法治理论认为，法律应以人的行为为调整对象②，从这个意义上讲，各民族之间的交往，应当遵循"一断于法"的法治准则与行为规范。

从"群际接触理论"来看，不同民族群体在接触过程中之所以会产生焦虑和紧张，是因为彼此之间缺乏有效了解，而只有通过"积极"的交往，才能不断缓解紧张与焦虑，逐渐产生共情等积极情感，进而通过接触效果的泛化扩大其积极效应，不断作用于民族团结的大局③。从这个意义上讲，各民族间的交往，从正面效应来看就应当沿着"增进了解—缓解焦虑—走向共识"的清晰脉络不断前行，而这一切又在民族法治的基本前提下被逐渐巩固，成为更高层次的精神交往（交流）与更深层次的交互发展（交融）的实践基础。然而，各民

---

① 曹爱军. 中华民族共同体视野中的"各民族交往交流交融"研究［J］. 广西民族研究，2019（3）：1-9.

② 李其瑞，邱昭继，王金霞，等. 马克思主义法治理论中国化 70 年［M］. 北京：中国法制出版社，2019：45.

③ 郝亚明. 西方群际接触理论研究及启示［J］. 民族研究，2015（3）：13-24，123.

族间的交往，既有可能是基于本民族生存发展需要和经济贸易而开展的社会民间层面的"平等"交往，也有可能是基于错误的民族理论与政策，在政治因素和军事活动的交织下进行的不平等的交往。纵观世界各国民族间的交往，民族歧视、种族驱逐、奴役甚至灭绝的案例比比皆是。在现代化的进程中，如何在民族法治的视域下，基于正确的民族理论政策，引导各民族群体开展符合人类历史文明和时代发展潮流的交往，是一个必须明确回答的问题。

铸牢中华民族共同体意识的提出，给予了这个问题明确的"中国答案"。铸牢中华民族共同体意识，对于陈旧的、落后的、封建的民族交往模式予以彻底摒弃，它要求的是新时代具有中国特色社会主义的民族交往，是在坚持民族事务法治化的基础上，旨在促进各民族共同繁荣，从而全面建设小康社会，不断迈入共同富裕。

二、丰富各民族交流的多元内容

各民族间的交流，是建立在各民族相互交往的基础之上的，可以看作各民族深层次、多维度、广范围的交往，同时，各民族间的交流，不仅仅局限于物质财富的交换和民族贸易，如"茶马互市"等，也包括精神文化和科学技术的借鉴与共享。需要指出的是，与各民族交往相比，各民族交流更依赖于稳定的政治环境和社会环境，同时也是一种"和平友好"的交流。学界多认为"大一统"是铸牢中华民族共同体意识的重要思想来源，作为中国古代王朝历代统治者追求的政治归宿，"大一统"其实也是黎民百姓和各个民族群体的生活期盼。"大一统"代表着政治稳定和天下太平，这无疑就为各民族之间政治、经济和文化的交流创造了最为安定的社会环境。在此需要指出的是，"大一统"并不代表文化差异和风俗变迁"戛然而止"，强世功就指出，中国的政治传统并没有形成二元对立所导致的种族压迫和文化歧视，反而以一种宽容的心态尊重少数民族及其文化，由此更强调主流文化或多数民族对边缘文化或少数民族的道德责任、政治责任①。

"共有精神家园"的提出，可以看作新时代各民族交流的具体脉络，更是各民族在长期交流中所提炼出的"共性"所在。第一，塑造了具有"共同性"的文化认同。各民族间文化的传承、发扬和认同，是各民族间频繁交流的必然结果。在这其中，通过一个民族与另一个民族的具体交流，具有"本民族"特色

---

① 强世功．一国之谜：中国 VS 帝国：香江边上的思考之九［J］．读书，2008（8）：32-39.

的文化得以不断传播，并与其他民族文化产生交流，逐渐交融，终而长成中华文化的参天大树。第二，中华民族共有精神家园的建设，受到了社会主义核心价值观的充分滋润。在彼此之间频繁交流的历史进程中，各民族群体通过具有共同性的价值、目标、理念不断达成共识，最终奠定了各民族群体共有精神家园的建构基础，这也是中华民族共同体法治建设所需要重视的精神力量和团结纽带。第三，各民族共有精神家园的构建，要求搭建各民族沟通的语言桥梁。语言不通就难以沟通，不沟通就难以达成理解，就难以形成认同①，各民族交流的效果就会大打折扣。在各民族交流愈发频繁的现实背景下，各民族群体学习好、使用好国家通用语言文字，对于各民族尤其是少数民族个体以及群体能力权利的更好实现、融入现代社会具有重要意义。

从这个意义上讲，中华民族共同体意识的不断铸牢，就为各民族间的多元交流奠定了重要的思想基础，创造了积极的实践环境。首先，铸牢中华民族共同体意识的提出，是各民族共有精神家园建设的重要目标。在 2019 年召开的全国民族团结进步表彰大会上，习近平总书记提出"以社会主义核心价值观为引领构建各民族共有精神家园"，并从各民族文化相互尊重借鉴、各族群众加强社会主义核心价值观的教育、推动各民族文化的传承保护和创新交融、全面加强国家通用语言文字教育等维度提出了具体要求，这一切，都是铸牢中华民族共同体意识的"共性因素"，可见在民族法治的视域下，铸牢中华民族共同体意识的过程，也是各民族多元文化交流，不断增加共同性的过程。其次，在中华民族共同体不断凝聚的过程中，各民族交流频次不断加强，交流范围不断拓宽，交流层次不断加深。与此同时，得益于政治的稳定和目标的明确，各民族之间可以"将心比心""透彻心扉"地展开交流，交流的内容也得以极大丰富。

三、深化各民族交融的良好氛围

各民族的交融是在民族交往和交流基础上的"高层次"交汇而达成的一种结果，也是一种"尊重差异、包容多样、你中有我、我中有你"的相互认同的良好状态。各民族群体在日趋频繁的交往交流过程中，伴随贸易、通婚、联姻等，逐渐认识到本民族自身的特点与风俗，而在列强入侵、民族危机到来之时，又深刻体会到"唇亡齿寒"的"中华民族是一体"的道理，最终不断凝聚成为一个集政治、经济、文化、情感于一身的命运共同体。

---

① 国家民族事务委员会．中央民族工作会议精神学习辅导读本［M］．北京：民族出版社，2015：268.

费孝通先生在《中华民族多元一体格局》一书中指出："某个或某些民族的特长，一旦为全国各民族或许多民族所接受，就变成共同的特长，亦即中华民族的共同性了。"可见，在各民族相互交融的过程中，彼此之间相互借鉴、取长补短，最终得以相互促进、共同发展，其实也是作为中华民族"内部"相互交融和促进的过程。在这个过程中，"中华民族共同体"就是各民族不断交融的最终走向，亦是中华民族伟大复兴的历史主体。党和政府历来高度重视通过不断促进各民族交往交流交融从而铸牢中华民族共同体意识的重要作用，通过梳理历次召开的中央民族工作会议，不难发现，其中"各民族交往交流交融"成为重要的价值线索。1992 年召开的第一次中央民族工作会议，确定了 20 世纪 90 年代我国民族工作的大政方针和主要任务，动员各族人民为建设中国特色社会主义而携手奋斗，事实上为各民族间的共同奋斗做了铺垫；1999 年召开的第二次中央民族工作会议，不仅展示了中华民族团结一心跨越 21 世纪的精神风貌，也做出了实施"西部大开发战略"的宏伟决策，这事实上就从精神文明和物质建设为各民族交往交流交融提供了巨大契机，历史证明，通过西部大开发战略的实施，广大民族地区的经济增长、发展质量、综合实力和城乡面貌等维度获得了极大的发展进步，各民族群体的交融流动更是愈发频繁；2005 年召开的第三次中央民族工作会议，重点针对民族地区和少数民族的科学进行了专题研究，并出台了一系列促进其经济社会发展的政策规定，国务院还制定了"兴边富民"行动和少数民族事业的"十一五"规划，这就是针对各民族交往交流交融的受益主体和社会环境的进一步塑造；2014 年召开的中央民族工作会议，是对新形势下民族工作的部署和动员，并将"推动民族交往交流交融"视为发展主线；2021 年召开的中央民族工作会议提出的"十二个必须"，其中之一就是"必须促进各民族广泛交往交流交融"，要而言之，各民族群体经过多维度深层次的交往交流之后，得到的一种理想的状态即是"交融"："多元"不断向着"一体"凝聚，"像石榴籽一样紧紧抱在一起"。

铸牢中华民族共同体意识的提出，就是要深化各民族间相互促进、相互发展、友好交融、共同进步的氛围：对外展示出一个国家统一、主权完整，综合国力不断增长、国际话语权不断上升的大国风范，以便各民族交融之顺畅；对内则营造出"中华民族是一个大家庭、各民族间都是平等的家庭成员，且你中有我，我中有你"的和谐状态，使各民族之间的优秀品质不断得以共建共享，成为现代法治国家的"黏合剂"。

第三节　中华民族整体性建设的升华

作为多元的"各民族"之"民族"与"中华民族"之民族，应当是既有密切联系又有本质区别的概念。进一步而言，仅仅局限于对中华民族"多元一体"的认知，不利于在"百年未有之大变局"中中华民族理论建设的深入研究。长期以来，学界在定义民族法治的基本原则时，多用"民族平等""保障各民族合法权益""促进各民族共同发展、共同繁荣""构建和谐的民族关系""维护民族团结、国家统一、社会稳定"等表述，亟须升华到"中华民族"整体性建设的维度。

一、明确新时代民族关系的基本遵循

在民族事务治理体系和治理能力现代化水平不断提升的新时代，"民族问题"如何定义是一个值得认真辨析的议题，有学者就指出，"在中华民族伟大复兴进入新时代的背景下，我国的'民族问题'既不是阶级问题，也不仅仅是各民族劳动人民之间的关系问题，而应该是在对自身'本民族'认同的基础上，不断加强对多元一体的中华民族认同，从而共同实现中华民族伟大复兴的问题"①。

进一步而言，无论是大汉族主义还是地方民族主义抑或一些基于少数民族互惠政策的"反向歧视"，其背后折射出的其实是一个对自身民族身份认同的问题，换个角度，其实也就是对本民族的认同和"中华民族"认同之间的关系问题。铸牢中华民族共同体意识就是要求中国国内各民族，无论是汉族还是各少数民族，都需要通过加强"中华民族"的民族认同，也就是需要通过加强中华民族的民族认同来建构、巩固和维护共同的国家认同。诚然，正如费孝通先生所言，在这个过程中，汉族起到了"雪球效应"，但是就"各民族"② 这一层次而言，汉族虽然在人数上（无论是国内还是放眼于世界）占多数，但也只是与构成中华民族共同体的其他少数民族一样，同属多元层次的共同体而并非所谓

---

① 叶江. 中华民族伟大复兴进程中的"国家民族"建构研究 ［M］. 上海：格致出版社，上海人民出版社，2020：220.

② 在"56个民族"即"非国家层面的民族"这一层面，亦有学者提出"族元"一说。马俊毅. 多民族国家民族事务治理现代化 ［M］. 北京：社会科学文献出版社，2017：132–152.

的"核心"或"主体"民族。只有作为各民族统称和现代中国民族共同体代表的中华民族，才是马克思与恩格斯所言的"伟大的历史的民族"，铸牢中华民族共同体意识的提出，正是以马克思主义民族理论中国化的现实体现，在万千中华儿女不断践行"中国梦"的伟大历史进程中，各民族成员共同享有权利，平等履行义务，在新时代不断促进对中华民族的认同。

党的百年民族工作告诉人们，我国所奉行的马克思主义民族理论与政策是正确与科学的，而其不断中国化的过程，也是我国民族事务治理体系法治化与现代化的重要保证。在这个过程中，根据不同历史时期的政治经济形势与民族发展情况来对民族政策进行调整，是"一切从实际出发""具体问题具体分析"的生动写照。例如，着眼于中华民族伟大复兴的价值取向，从"积极培育"到"不断铸牢"的话语转换，体现的事实上是我国民族发展和民族关系的不断巩固：各民族在交往交流交融的过程中，已经充分认识到彼此之间是一个"休戚与共、荣辱与共、生死与共"的共同体。"积极培育"的共同体意识已经逐渐形成，随着国际竞争日趋激烈，在新型冠状病毒感染疫情不断肆虐全球、重创全球政治经济之际，不断凝聚国内各民族，在全面建成小康社会的基础上万众一心建设社会主义现代化国家是中华民族伟大复兴的现阶段任务，因此，"不断铸牢"就是要对各族群众的中华民族共同体意识进行深层次的塑造与巩固，使各族群众一体同心讲好中国故事，实现对中华民族的认同。

要而言之，铸牢中华民族共同体意识，是新时代维护民族关系和解决民族问题的价值遵循：摒弃了走封闭僵化的"老路"，拒绝了走改旗易帜的"邪路"，是一条坚定奉行马克思主义立场又符合中华民族实情的伟大复兴之路。

二、提升新时代中华民族理论话语权

从国际层面来看，铸牢中华民族共同体意识的提出，超越了"现代主义"和"族群-象征主义"，从而不断维护新时代中国特色社会主义民族理论话语权。需要指出的是，"现代主义"和"族群-象征主义"这两种西方民族理论对于我国民族法治的建设具有重要的借鉴意义，然而，作为从政府官方到民间社会都认可的"各民族之大家庭"，中华民族的特征显然是难以简单地用两者之中的任何一种来概括的。要而言之，"现代主义"着重强调民族的现代政治性，"族群-象征主义"着眼于民族的文化历史性，而中华民族是一个"既古老又现代"，既具有强烈的"现代政治性"（如中华民族入宪）又充满丰富的文化积淀和历史命运的民族，正如周平所言，"中华民族的形成过程与欧洲各民族的形成过程迥异，它是由历史上长期存在的各个民族群体——历史文化群体——凝聚而成……其形成过程又具有突出的构建性"①。从这个意义上讲，新时代现代民族共同体应当如何建设，就有了生动的诠释：既包含中国各民族悠久的历史和丰富的文化，又突出其作为现代民族国家的强烈政治性，更是以中华民族伟大复兴为历史宿命，这无疑是对两种西方民族理论的超越和升华。

一段时间以来，极个别西方国家曾对我国的民族理论政策进行歪曲事实的无端指责，这从侧面也说明了我国的民族理论政策在宣传和输出层面仍存在有待完善之处，即虽然在国内层面受到了各族人民的认可，也取得了巨大的成效，然而如何将这种成就让国际层面所知晓，如何让更多的国际友人听到真实的"中华民族之音"，是社会主义建设的新时期必须十分重视的问题。换言之，我国正确的民族理论与政策，在国际层面一定范围内却存在着"有理说不出""说了传不开"的现实情况②。铸牢中华民族共同体意识的提出，既是新时代马克思主义民族理论政策中国化的最新提炼内容，又是在百年未有之大变局中，我国民族理论政策的"和谐之音"在国际范围内传播的重要契机：一方面，各民族群体铸牢中华民族共同体意识，是在中国共产党的领导下，不断践行民族法治，各民族权益得到充分保障，不断走向共同富裕的真实写照；另一方面，中华民族共同体又是人类命运共同体的重要组成部分，是推动全球治理体系不断完善，维护国际关系和国际秩序的东方智慧。从这个意义上讲，铸牢中华民族共同体意识，不仅是中华民族共同体建设的必然要求，也是人类命运共同体凝聚的科学思想，理应将这种"和而不同""兼收并蓄""共建共享"的科学价值观传递给全世界。

要而言之，在中国的多元一体的民族格局下，百年未有之大变局的世界历史进程中，需要立足于中国实际国情，积极借鉴世界范围内一切有益的文明成果，打造出既具有中华文明标志，又具有人类命运共识的新时代民族政策理论宣传范式，以更加开放的姿态打造融通中外的话语体系，把我国各民族团结发展、繁荣富强、共铸中华民族共同体意识的故事讲出去、讲精彩，把中国特色解决民族问题正确道路的显著优势讲清楚、讲明白③，不断维护新时代中国特色社会主义民族理论话语权。

---

① 周平. 再论中华民族建设 [J]. 思想战线，2016（1）：1-8.
② 国家民族事务委员会. 铸牢中华民族共同体意识：全国民族团结进步表彰大会精神辅导读本 [M]. 北京：民族出版社，2021：175.
③ 国家民族事务委员会. 铸牢中华民族共同体意识：全国民族团结进步表彰大会精神辅导读本 [M]. 北京：民族出版社，2021：175.

本章小结

结合中国共产党带领中华民族百年奋进的光辉历程，"公民—民族—中华民族"的价值分析维度在铸牢中华民族共同体意识的进程中得以具体彰显：立足于公民的民族认同与国家认同，铸牢中华民族共同体意识的提出，不仅体现了马克思主义关于人全面发展的价值，也是弘扬公民爱国主义精神的重要条件；着眼于各民族间的交往交流交融，其价值表现在对于各民族交往的形式、各民族交流的内容、各民族交融的氛围进行了引导、丰富与深化；整合中华民族伟大复兴的价值取向，铸牢中华民族共同体意识这一历史命题在国内层面明确了新时代民族关系的基本遵循，在国际层面则提升了习近平新时代中国特色社会主义民族理论话语权，让中国的民族繁荣故事不断走向世界，世界也得以全面而客观地认识走向复兴之路的中华民族。

当然，本章对于"价值"的分析，更多的是从较为抽象的法学视域进行的一种提炼总结。同时，各种价值取向之间如何平衡，以及哪些价值取向在新时代民族工作中应当更加侧重，是一个需要认真思考的问题。例如，基于"少数人权利保护"的价值取向与"各民族一律平等"的价值原则之间应当如何平衡；民族自治地方的"区域自治"究竟是"主体民族"的自治，还是该地区各民族的"共治"等都应做进一步分析。换言之，倘若在价值取向层面没有厘清，则会在功能定位层面出现理解偏差，因此，在中华民族共同体法治建设的路径中，如何准确把握前述的一系列价值取向，并确保其充分彰显，有必要对"功能"进行准确定位。

第四章

中华民族共同体法治建设的功能定位

前文已经提及，价值的实现，离不开功能的发挥，"有利于实现法律价值，法律才具有功能"①。基于此，本章聚焦于中华民族共同体法治建设的功能定位，结合新时代日趋完备的民族法律规范体系，从确认、规范、维护以及新时代"民族习惯"的法治功能判定四个维度阐释中华民族共同体法治建设的价值彰显何以实现。

第一节　中华民族共同体法治建设的确认功能

"多元一体"的民族格局中，各民族群体在平等地位的基础上按法律规定行使权利、履行义务。用法律来保障民族团结，就是要通过法律来明确规定分属不同民族的每一位公民的权利与义务，规范其行为，从而保障民族团结与社会和谐。只有通过法治的方式保障各族人民的权利和利益，保障法定义务的履行，才能在最广泛的基础上保障民主，增强每个公民的国家意识和国家认同，使各族人民像石榴籽一样紧紧团结在一起，最终凝聚成坚不可摧的中华民族共同体。

一、各族公民权利与义务的确认

从法理上讲，权利和义务是法律规范的核心内容，一个标准之所以被称为法律规范，就在于它授予人们一定权利，告诉人们怎样的主张和行为是正当的、合法的，会受到法律保护；或者设定某种义务，指示人们怎样的行为是应为的、必为的或禁为的，在一定条件下会由国家权力强制履行或予以取缔②。

《宪法》是国家的根本法，是依法治国的总章程，也是中华民族共同体法治

---

① 付子堂. 法理学进阶［M］. 北京：法律出版社，2016：53.
② 张文显. 法理学［M］. 北京：高等教育出版社，2018：128.

建设的基石。《宪法》不仅规定了国家的根本性制度和原则，而且从第三十三条到五十六条确立了各族公民的基本权利与义务，同时，现行《宪法》确认我国是一个统一多民族的社会主义国家，把民族区域自治制度作为解决国内民族问题的基本民族政治制度，在《宪法》序言中开宗明义，确认了我国是由各民族公民"共同创造"和"共同缔造"之原则，即各民族公民共同创造祖国光辉灿烂的文化和悠久的历史，共同缔造统一的多民族社会主义国家的法律事实。不仅如此，《宪法》对民族区域自治制度的地位也予以了充分的确认，"在《宪法》正文共 138 条中，有 28 条或是全写民族相关内容或是部分写民族相关内容"①。

作为中华民族共同体法治建设的"主干"，《民族区域自治法》从第四十七条至五十三条充分诠释了各族公民的"权利与义务"。如第四十七条的规定就是着眼于诉讼这一行为的语言文字使用，充分体现了《宪法》对于各民族语言文字的"多元化保护原则"；第四十八条"民族自治地方的自治机关保障本地方内各民族都享有平等权利"，则点明了权利保障的责任主体——自治机关，"各民族都享有平等权利"事实上就包含了民族自治地方的少数民族和多数民族两个维度，彼此相互平等的地位得以再次确认；第四十九条规定"民族自治地方的自治机关教育和鼓励各民族的干部互相学习语言文字。汉族干部要学习当地少数民族的语言文字，少数民族干部在学习、使用本民族语言文字的同时，也要学习全国通用的普通话和规范文字"，这就是在语言文字使用和保护的维度，为各族公民更好地使用和保护"本民族"的语言文字及通用语言文字的权利提供了法理依据："语言是沟通的桥梁"，言语不通则难以进行有效沟通，各民族成员间的交往交流交融离不开通用语言文字的学习与使用②；第五十条与第五十一条则充分体现了民族事务治理现代化进程中"因俗而治"与"具体问题具体分析"的精神，提出"民族自治地方的自治机关照顾本地方散居民族的特点和需要"以及"民族自治地方的自治机关在处理涉及本地方各民族的特殊问题的时候，必须与他们的代表充分协商，尊重他们的意见"，旨在更好地促进民族自治

---

① 郎维伟，陈玉屏，王允武，等.民族理论与政策要论［M］.北京：民族出版社，2017：244.

② 这一点在 2021 年 4 月 30 日开始施行的《中华人民共和国教育法》（2021 年修正）中得以更加明确的诠释，如第十二条规定："民族自治地方以少数民族学生为主的学校及其他教育机构，从实际出发，使用国家通用语言文字和本民族或者当地民族通用的语言文字实施双语教育。国家采取措施，为少数民族学生为主的学校及其他教育机构实施双语教育提供条件和支持。"

地方公民权利的顺利实现；第五十三条则再次强调"民族自治地方的自治机关保障本地方内各民族公民都享有宪法规定的公民权利，并且教育他们履行公民应尽的义务"，这就从民族自治地方公民个体的维度确立了其权利与义务的保障主体。

需要指出的是，为更加充分地发挥法治建设的功能，充分体现新时代中华民族共同体建设的法治价值，有必要进一步完善《民族区域自治法》及相关法律关于各族公民的权利义务规定，增强其体系化和可操作性。一方面，在明确民族自治地方自治机关应当如何促进各民族交往交流交融的同时，增加如何有力维护民族关系融洽的强制性规定；另一方面，需要进一步明确规定其他所有机关团体组织和各族人民在促进民族关系融洽方面"该做什么、不该做什么"的权利和义务，并明确规定违反相关法律的后果①。

二、新时代民族关系的确认

着眼于民族关系法治化的范畴，解决民族问题的根本路径必须上升到宪法原则层面，转向"法治主导型"②。2018 年 3 月 11 日通过的《中华人民共和国宪法修正案》，将之前的"平等、团结、互助的社会主义民族关系已经确立，并将继续加强"修改为"平等团结互助和谐的社会主义民族关系已经确立，并将继续加强"；第四条第一款将之前的"国家保障各少数民族的合法的权利和利益，维护和发展各民族的平等、团结、互助关系"修改为"国家保障各少数民族的合法的权利和利益，维护和发展各民族的平等团结互助和谐关系"，这一系列法理描述，是新时代民族关系确认的法治基础，深刻体现了民族法治的功能与价值。在这其中，"各民族一律平等"是社会主义民族关系的基石，团结是社会主义民族关系的主线，互助是各民族间团结和发展的具体方式，和谐则是社会主义民族关系的圆满状态。在宪法民族法治原则的指引下，充分发挥法治的特性与优势，坚持民族平等、加强民族团结、推动民族互助、促进民族和谐，是铸牢中华民族共同体意识法治保障的必然要求。

（一）平等

民族平等是党根据马列主义民族观解决民族问题的基本观点和基本立场，

---

① 吴宗金 . 中国民族区域自治法学［M］. 北京：法律出版社，2016：112.
② 李占荣，唐勇 . 论民族问题的法律属性及法治化的必然性［J］. 中南民族大学学报（人文社会科学版），2017（6）：29-35.

是国家制定民族法律、法规、规章的基础①。习近平总书记在 2021 年召开的中央民族工作会议上强调的"十二个坚持",其中之一就是"必须坚持各民族一律平等,保证各民族共同当家作主、参与国家事务管理,保障各族群众合法权益"。

从法理上讲,民族平等内容体现在两个维度:其一,公民基于民族身份的平等。《宪法》第三十三条和第三十四条的规定着眼于"公民"的维度,体现的是个体层面的平等。换言之,各族公民无论自身的民族成分、性别出身、职业岗位等,在法律面前均处于平等的地位。其二,各民族基于族际关系的平等。《宪法》第四条是民族法治原则的具体体现,其首要原则就是"各民族一律平等",第八十九条则聚焦于"少数民族"这个群体与"民族自治地方"这个地区,专门强调了对这二者的平等权利和自治权利进行保障,《民族区域自治法》则在序言、第九条和第四十八条中均有民族平等的描述,或聚焦于民族关系,或着眼于民族权利。换言之,这里所言的"平等"是"群体"层面的平等:各民族群体无论人口数量多寡、经济社会发展情况高低等差异,均是具有平等地位的宪法主体。

在新时代民族事务法治化的进程中,中华民族共同体的法治建设,就是要求在不同层次以法治的方式真正保障"实质平等",例如,立足于"三位一体"的分析框架,新时代的民族法律规范体系立基于公民与国家、各民族与国家以及各民族之间权利义务的安排,为新时代民族关系的确立和维护与中华民族共同体的法治建设提供了法治支撑,在公民、各民族、国家三个主体维度构建了制度框架②。

（二）团结

在 2021 年召开的中央民族工作会议上,习近平总书记指出:"必须高举中华民族大团结旗帜,促进各民族在中华民族大家庭中像石榴籽一样紧紧抱在一起。"这就是对《宪法》第五十二条"公民有维护国家统一和全国各民族团结的义务"规定的有力呼应:各民族的团结都指向中华民族的凝聚,共同通过法治的方式铸牢中华民族共同体意识。从族际关系法治化的角度而言,民族团结既需要通过宣告、肯定的方式进行规范与引导,也需要通过禁止性规定和惩罚

---

① 熊文钊.民族法学［M］.北京:北京大学出版社,2012:38.
② 毛公宁,董武.习近平关于民族法治的重要论述及其意义初探［J］.广西民族研究,2019（1）:16-21.

性措施进行限制和制裁①。为更好地深化各民族交往交流交融，促进中华民族共同体法治建设价值取向的实现，我国的民族法治体系包含着一系列禁止破坏民族团结的规定。"禁止对任何民族的歧视和压迫，禁止破坏民族团结和制造民族分裂的行为"是《宪法》第四条的原则性规定，《民族区域自治法》第九条对此予以"重申"；《中华人民共和国公职人员政务处分法》（2020 年 7 月 1 日起施行）第二十八条将"利用宗教活动破坏民族团结和社会稳定"的行为视为违法行为的同时诠释了其适用的政务处分；《中华人民共和国刑法》（以下简称《刑法》）第二百四十九条和第二百五十条专门规定了"煽动民族仇恨、民族歧视罪"与"出版歧视、侮辱少数民族作品罪"，并诠释了量刑标准。此外，相应的党内法规、司法解释、行政法规、部门规章、地方性法规、单行条例与自治条例中均有提及。

着眼于中华民族共同体法治建设的确认功能，民族团结不仅是新时代民族关系的重要基础，也是一种科学的理论体系，从地位上来看，民族团结是国家发展进步的基石、各族人民的生命线、各民族的最高利益；从国情上来看，多民族是我国发展的重要动力、一大有利因素；从目标上来看，民族团结的最终目标是实现中华民族伟大复兴的"中国梦"，而"中国梦"的实现又依赖于各族人民的团结奋斗、同心同德，即依靠民族团结；从方法上来看，民族团结工作最管用的是争取人心。②

（三）互助

"互助"一词，从词义上来看，是指不同主体之间的共同协作、互相帮助，而民族互助则是在中华民族共同体建设的视域下，各民族之间合作共赢、共创、共建、共享发展成果。"民族互助"的法理依据，则可以追溯到现行《宪法》的序言中。第一，在《宪法》序言中确认了"中国各族人民共同创造了光辉灿烂的文化"的历史事实。此外，着眼于各民族互助的范畴，2020 年修订的《中国共产党统一战线工作条例》第二十一条提出要"促进各民族文化的传承保护和创新交融，全面推广国家通用语言文字，尊重、支持各少数民族语言文字的学习和使用"，而 2015 年《国务院关于加快发展民族教育的决定》与 2016 年《国务院关于印发"十三五"促进民族地区和人口较少民族发展规划的通知》

---

① 吴大华. 民族法学［M］. 北京：法律出版社，2013：111.

② 蔡诗敏，杨斌. 新时代民族团结理论的科学体系及其特征［J］. 民族论坛，2021，（1）：13-20.

均提出要"促进各民族文化交融创新"①。第二，确认了"中华人民共和国是全国各族人民共同缔造的统一的多民族国家"的事实。《民族区域自治法》则对这一事实进行了"重申"，同时，习近平总书记在 2019 年 9 月 27 日召开的全国民族团结进步表彰大会上强调的"我们辽阔的疆域是各民族共同开拓的，我们悠久的历史是各民族共同书写的"，事实上就是从领土和主权两个国家建构的重要维度对"各民族互助"作用的诠释。第三，确认了"中华民族伟大复兴"这个目标。《宪法》将"各族人民"定位于"建设成为富强民主文明和谐美丽的社会主义现代化强国"的这一国家目标的共享主体，事实上体现的就是在社会主义现代化建设和中华民族伟大复兴的进程中，各民族应当"共建共创共享"之意蕴，"互助"则是各民族彼此之间应当承担的《宪法》义务。

总而言之，中华民族共同体的法治建设，就是要依法在维护中华民族整体利益下确认各民族之间互助的友好关系，通过立法、司法、执法、普法和监督全方位保障各民族之间互助交往，从而不断实现中华民族伟大复兴之目标。

（四）和谐

和谐社会，主要是指构成社会的一切要素及与其相关的要素处于一种协调稳定的状态，而要使社会的各种要素均处于协调的状态，就要通过调控机制对各要素进行社会调控②。民族和谐是和谐社会的重要体现，在统一多民族的国家，民族和谐亦是和谐社会的重要前提，相较于党的十六大第一次提出把"社会更加和谐"作为重要目标，民族和谐这一原则是《宪法》对民族关系规范的新内容。从中华民族共同体法治建设的功能来看，民族和谐原则要求即依法确认和谐的民族关系，在 2021 年召开的中央民族工作会议上，习近平总书记提到的"要正确把握共同性和差异性的关系，增进共同性、尊重和包容差异性是民族工作的重要原则"则对各民族之间应当如何达到和谐相处的状态做了明确指示。

进入新时代，统一多民族国家平等团结互助和谐的社会主义民族关系已经确立，和谐既是状态，又是目标，法治则是根本保障和共同准绳。中华民族共同的法治建设的进程，也是对"民族和谐"法治建设的生动演绎，具体而言，

---

① 参见《国务院关于加快发展民族教育的决定》（国发〔2015〕46 号，2015 年 8 月 11 日起施行）第七条与《国务院关于印发"十三五"促进民族地区和人口较少民族发展规划的通知》（国发〔2016〕79 号，2016 年 12 月 24 日起施行）第十章第一节。

② 孙淑秋. 和谐社会的构建与民族关系调控机制的完善［J］. 满族研究，2012（2）：5-8.

在各民族（群体）交往中，不仅通过制定各种法律法规体现"少数人权利保护"的价值取向，即各种差异性帮扶措施，更明确了各民族相同的法律义务，使权利和义务对等，一方面尊重保护但不强化各民族的特色文化和风俗习惯，另一方面更要坚持统一的法律标准，使各民族交往交流交融遵循统一的规则，从而达到一种民族和谐的圆满状态。

三、中华民族宪法地位的确认

前文已经提出，在中国共产党百年民族法治工作的光辉演绎中，在政策维度完成了对"中华民族"的理论重塑，在宪制建设层面则确立了"中华民族伟大复兴"的战略目标。从中华民族共同体法治建设的功能上来讲，这两者共同完成了对于"中华民族"宪法地位的确认。

一方面，确认了国家的根本任务。现行《宪法》总共有两处出现了"中华民族"的表述，就是在强调"国家的根本任务"维度，把"实现中华民族伟大复兴"作为结尾，这事实上就是将中华民族伟大复兴的重要性和目标性以最高法理依据予以确认。进一步而言，现行《宪法》在对于"国家根本任务"的表述中，提出了政治、精神、物质、社会、生态等维度的文明建设需要协调发展，这既是实现中华民族伟大复兴的前提条件，又是中华民族共同体法治建设的必然要求，从这个意义上讲，将实现中华民族伟大复兴写入《宪法》，在国家根本任务的实践维度有利于后续立法贯彻"中华民族原则"，从而更好地推进"五位一体"建设。例如，从政治维度而言，2022 年 1 月 1 日起施行的《中华人民共和国陆地国界法》第十一条提出"铸牢中华民族共同体意识，弘扬中华民族捍卫祖国统一和领土完整的精神"，2018 年 3 月 17 日起施行的《国务院机构改革方案》也提出"为实现中华民族伟大复兴的中国梦提供有力制度保障"；从精神维度而言，2022 年 1 月 1 日起施行的《中华人民共和国家庭教育促进法》第一条将制定本法的目的定为"发扬中华民族重视家庭教育的优良传统"；从生态维度而言，2021 年 3 月 1 日起施行的《中华人民共和国长江保护法》总则第一条将制定本法的目的定为"实现人与自然和谐共生、中华民族永续发展"。诸如此类的法律法规还有很多，且很多是在"中华民族"写入《宪法》之后才得以制定或修订的，这就体现了在国家根本任务的维度，正是由于中华民族的宪法地位得以确立，社会主义各项事业的建设方能以"中华民族"为建设主体，在立法目的与原则中不断得以体现，充分体现了"示范"效应。

另一方面，诠释了中华民族的法理内涵。除了将实现中华民族伟大复兴确立为国家的根本任务外，现行《宪法》第二处写入"中华民族"的表述则是

"致力于中华民族伟大复兴的爱国者"，这事实上就是在不断凝聚社会主义建设事业的行动主体，"致力于中华民族伟大复兴的爱国者"不仅"理所当然"地包括全体公民和各个民族，也可以影响到世界范围内的华人同胞。更为重要的是，现行《宪法》虽然写入了"中华民族"，但是"各族人民""各民族"的表述仍然得以保留，这就深刻反映了中华民族的内容效度和法理内涵，从内涵效度上来讲，中华民族伟大复兴，可以从公民、各民族、中华民族三个维度进行权责安排；从法理上讲，实在法秩序中，一国的法律是一个规范体系，位于规范体系金字塔顶端的《宪法》扮演着基础规范的角色，"可以从同一个基础规范中追溯自己效力的所有规范，组成一个规范体系，或一个秩序"①。因此，存在于法律法规中的"中华民族"，其法权地位的确立应有如下几种含义：首先，中华民族不仅代表着统一多民族国家的"一体"，也包含了各民族层面的"多元"；其次，在中华民族根本利益和中华民族伟大复兴语境下使用的"中华民族"概念，其基本含义等同于主权国家的"中国"；最后，中华民族代表着中华人民共和国的每一位公民②。

第二节　中华民族共同体法治建设的规范功能

从词义上来看，"规范"兼具名词、动词和形容词三种含义；从名词上看，是指约定俗成或明文规定的标准，形容其合乎规范，使其合乎规范③。根据法律的规范功能的不同对象，其规范功能可以大体上被诠释为指引、评价、教育、预测等功能。中华民族共同体法治建设的规范功能，就是基于国家制定法和少数民族习惯法，在指引、教育和评价等维度，为新时代如何妥善地处理民族关系和民族问题，协调各民族群体之间的利益树立一个明确而行之有效的规范标准，从而更为充分体现族际关系法治化的规范性价值。

一、指引各族公民树立民族认同

法律通过规定人们在法律上的权利和义务以及违反法律规定应承担的责任

---

① ［奥］凯尔森. 法与国家的一般理论 ［M］. 沈宗灵，译. 北京：中国大百科全书出版社，1995：126.
② 李占荣. 中华民族的法治意义 ［J］. 民族研究，2019（6）：1-15，139.
③ 中国社会科学院语言研究所词典编辑室. 现代汉语词典 ［Z］. 北京：商务印书馆，2016：490.

来调整人们的行为就是指引①。从历史演绎的角度上来讲，各民族群体作为中华民族的一个个社会集体存在，形成了具有共同性的中华民族的整体利益。中华民族共同体法治建设的指引功能，从制定法的层面来看，就是通过其树立的法律规范及相关条例，引导各族公民生成对"中华民族"的民族认同。

"中华民族"入宪，不仅巩固了《宪法》作为民族法治体系的核心地位，为中华民族共同体意识的铸牢奠定了法理根基，更为各族公民对中华民族认同的生成树立了基础性规范的指引，具有重大现实意义。宪法有关民族法治的原则，是中华民族共同体法治建设应当遵循的根本原则，在此基础上，一系列法律规范均有了明确的法治指引。例如，2022 年 1 月 1 日起施行的《中华人民共和国家庭教育促进法》第一条就写道"发扬中华民族重视家庭教育的优良传统"；2022 年 1 月 1 日起施行的《中华人民共和国陆地国界法》第十一条指出"国家加强陆地国界宣传教育，铸牢中华民族共同体意识，弘扬中华民族捍卫祖国统一和领土完整的精神，增强公民的国家观念和国土安全意识，构筑中华民族共有精神家园"；2021 年 6 月 1 日起施行的《中华人民共和国乡村振兴促进法》第三条提出要"传承发展中华民族优秀传统文化"；2021 年 4 月 29 日起施行的《中华人民共和国反食品浪费法》第一条就指出要"弘扬中华民族传统美德"；2021 年 4 月 29 日起施行的《中华人民共和国广告法》（2021 年修正）第三条指出广告要"符合社会主义精神文明建设和弘扬中华民族优秀传统文化的要求"……包含此类规定的法律法规浩如烟海，这一系列规定均是中华民族共同体法治建设中"指引"功能的具体体现，也是从法律实施的角度，在民族法治的执行、遵守、适用等环节指引各族公民树立中华民族认同的基础环节，从而将中华民族观的价值取向深植于每一个个体的认知之中。

二、引导各民族继承和发扬爱国主义传统

在 2021 年召开的中央民族工作会议上，习近平总书记在"十二个必须"中指出，"必须坚决维护国家主权、安全、发展利益，教育引导各民族继承和发扬爱国主义传统，自觉维护祖国统一、国家安全、社会稳定"。从这个意义上讲，教育引导各民族继承和发扬爱国主义传统，是新时代民族法治功能的重要体现。爱国主义是各民族在漫漫历史长河中形成的对统一多民族中国的真挚情感，是中华民族伟大精神的核心要义，也是中华民族共有精神家园的重要基石。正如

---

① 张文显. 法理学 ［M］. 北京：高等教育出版社，2018：78.

前文所言，铸牢中华民族共同体意识，是弘扬每一位公民爱国主义精神的重要条件，这种正确的价值取向应当如何彰显，则需要在民族法治建设的规范功能中以教育和引导的方式不断巩固。《宪法》序言中将"拥护祖国统一和致力于中华民族伟大复兴的爱国者的广泛的爱国统一战线"定位于社会主义事业的重要建设者；《民族区域自治法》第五十三条要求自治机关对本地方各族公民进行爱国主义的教育；2021年修正的《中华人民共和国教育法》第六条则指出"国家在受教育者中进行爱国主义……民族团结的教育"，一系列行政法规、部门规章、地方性法规和地方性规范文件更是针对"爱国主义"的教育和引导做了详尽诠释，为教育引导各民族继承和发扬爱国主义传统奠定了坚实的法理基础。

应当指出的是，中华民族共同体法治建设的规范功能，一个重要的体现就是教育和引导各民族对伟大祖国的认同，从而不断维护祖国统一、国家安全、社会稳定。第一，从维护祖国统一的功能上来看，《宪法》与《民族区域自治法》作为民族法律规范体系的核心与主干，通过立法规范的方式确立了维护祖国统一的基本要求，如《宪法》序言就将"拥护祖国统一"与"维护国家统一"作为社会主义事业建设的基本要求与人民政治协商会议的重要功能；《民族区域自治法》序言则将"巩固国家的统一"诠释为实行民族区域自治的巨大作用体现，第五条更是明确要求"民族自治地方的自治机关必须维护国家的统一"，第五十三条要求自治机关"教育各民族的干部和群众共同维护国家的统一和各民族的团结"。第二，从国家安全的目标来看，除了上位法制定的关于国家安全的原则性规定外，各地方性法规、自治条例等均十分重视国家安全的根本导向，如2020年修订的《玉树藏族自治州自治条例》第五十七条要求"自治机关坚持总体国家安全观，开展国家安全教育"，2019年修订的《甘肃省张家川回族自治县自治条例》第五条规定"自治县的自治机关必须维护国家安全和祖国统一"，2018年公布的《海西蒙古族藏族自治州促进民族团结进步事业条例》第二十四条规定"各级人民法院、人民检察院、公安机关、司法行政部门，应当依法打击危害国家安全、破坏民族团结的违法犯罪行为"等。第三，从社会稳定的维度而言，上级国家机关出台的一系列政策法规，着眼于民族法治的视域，均体现了"维护民族与社会稳定"的重要价值取向，如2016年公布的《国务院关于印发"十三五"促进民族地区和人口较少民族发展规划的通知》着眼于维护民族团结和社会稳定，要求发挥少数民族代表人士和知识分子在这个过程中的特殊作用；2015年公布的《国务院关于加快发展民族教育的决定》则聚焦于传承中华民族优秀传统文化，指出需要通过提高各民族群众科学文化素质从而维护民族团结和社会稳定。一系列地方性法规更是对"破坏民族团结和社会稳定"做了禁止性规定。

总体而言，中华民族共同体法治建设的规范功能，其重要体现之一就是教育引导各民族继承和发扬爱国主义传统，将社会稳定、国家安全、祖国统一作为各民族群体均须遵循的价值规范，在民族法律规范体系之中不断完善。

三、评价中华民族整体性建设的价值追求

评价功能是指法律作为一种评价尺度，能够对人的行为的法律意义进行评价。这里的人既包括自然人，也包括法人和其他社会组织①。从中华民族共同体法治建设的规范功能来看，评价功能则是指在中华民族整体性建设的角度，从公民个体到各个社会组织、党政部门、企事业单位等一切行为是否有利于践行马克思主义民族理论与政策，是否有利于铸牢中华民族共同体意识。基于此，中华民族共同体法治建设的评价功能，至少需要从如下几个维度作为衡量标准。

第一，是否有利于真正践行民族平等。"各民族一律平等"既是宪法民族法治的基本原则，又是铸牢中华民族共同体意识法治保障的基础要义。这就要求在族际关系法治化的推进过程中，充分发挥中华民族共同体法治建设的评价功能，根据法律实施的对象，树立各民族一律平等的标准，评价其是否有利于真正践行民族平等。当然，在这个过程中，尤其要注意明确区分"民族问题"和"涉及民族因素的问题"，坚决维护法律的统一性，杜绝任何民族歧视和"逆向歧视"。

第二，是否有利于把握中华民族的整体利益。中华民族共同体的法治建设，其主体对象是整个中华民族，从这个意义上讲，"民族利益"就应该包括两个维度。首先是中华民族的整体利益，在我国"多元一体"民族格局中，中华民族是"一个"，更是"一体"；其次是"各个民族"的利益，这两者之间的关系，习近平总书记在2021年召开的中央民族工作会议上做了明确答复，即要引导各民族始终把中华民族利益放在首位，各民族的具体利益，只有在实现中华民族共同体整体利益的进程中才能得以真正实现，因此，要正确把握中华民族的整体利益，将其放在首要位置。

第三，是否有利于促进民族关系的和谐。和谐的民族关系，是各民族不断交往交流交融所达成的一种"圆满"状态，而民族关系的和谐，又为各民族共同繁荣发展营造了良好稳定的氛围。同时，民族关系的调整和维护贯穿整个中华民族共同体法治建设的进程，民族法治在实际践行中，又将以法治的方式评

---

① 付子堂．法理学初阶［M］．北京：法律出版社，2021：95.

价从公民个体到各民族，再到民族自治地方和上级国家机关其所作所为是否有利于构建和谐的民族关系。例如，在民族法治的践行中，各"民族团结进步示范村""民族团结先进个人"的设立评价，都是中华民族共同体法治建设评价功能的直接体现。

第四，是否有利于铸牢中华民族共同体意识。"铸牢中华民族共同体意识"这一宏观命题的提出，具有坚实的理论基础和缜密的历史逻辑。"中华民族自古就是一个自在的民族，在近代革命斗争时期逐渐成为一个自觉的民族。"① 新时代中华民族共同体的法治建设致力于铸牢中华民族共同体意识，这就需要树立评价标准以增强各民族成员公民身份意识，明确辨析公民权利和公民义务观念，在权利保护和义务履行（如保障民族团结、维护国家统一）中增强其对"中华民族"的认同。换言之，各族公民与中华民族成员身份的统一概括，是中华民族共同体建构的基石②。

第三节　中华民族共同体法治建设的维护功能

法治是一种政治实践方式，也是经人类历史进程所证明的最文明的社会秩序化手段③。在此点明了法治的一个重要功能，即维护社会秩序。中华民族共同体的法治建设，就是要通过发挥其对社会秩序进行有效维护的功能，在马克思主义民族理论与政策的指引下，结合中国"多元一体"的民族格局，在个体层面维护公民的合法权益，在族际关系维度维护民族团结，在国家建构维度维护国家统一。

一、维护公民权益

对各族公民权利与义务的确认，是中华民族共同体法治建设的功能的重要体现，进一步而言，对各族公民权利与义务的依法确认固然重要，但通过民族法治的方式维护公民的权益则更加重要。因此，仅仅把各族公民的权利确立为"法定权利"是不够的，必须通过民族法律法规的实施和实现、民族法治调整机

① 费孝通.中华民族多元一体格局［M］.北京：中央民族大学出版社，2019：244-253.
② 王延中.铸牢中华民族共同体意识　建设中华民族共同体［J］.民族研究，2018（1）：1-8，123.
③ 庞正.法治秩序的社会之维［J］.法律科学（西北政法大学学报），2016（1）：3-15.

制的完善、人们对合法权利和权益的真正享有、对相应义务的确实承担、公民权利和人民利益的实现和完成，达成一种"自在自为"的"实有权利"①，这正是中华民族共同体法治建设维护功能的基础要义。

作为我国民族法治体系的核心，《宪法》不仅对于各族公民的权利与义务予以法理确认，同时从文本上明确要求了各行为主体应当如何维护公民的权益。例如，在总纲之中，第十三条将"国家"规定为公民私有财产权和继承权的保护主体；第十九条至第二十四条则着眼于教育、科学、文化、卫生事业等维度，强调国家采取种种方式以"提高全国人民的科学文化水平""普及科学和技术知识""保护人民健康""增强人民体质""发展文学艺术事业"等。在第二章"公民的基本权利和义务"中，除了依法确立公民各项权利和义务，还大量运用了"不得强制""不得歧视""国家保护""禁止非法拘禁""禁止非法搜查""不得压制和打击报复"等描述以体现如何对公民的合法权益进行维护。作为我国民族法律规范体系的主干，《民族区域自治法》则着眼于自治机关的职责定位，诠释其应当如何维护各族公民的权益，《民族区域自治法》第五条表明自治机关这一践行民族法治的行为主体必须遵循宪法关于民族法治的基本原则，提出"保证宪法和法律在本地方的遵守和执行"；第六条则从宏观维度要求自治机关提升各族人民的物质生活水平、社会主义觉悟和科学文化水平；第十条和第十一条要求自治机关保障各族公民的"语言文字自由""风俗习惯自由""宗教信仰自由"。在此基础上，着眼于民族法治的维度，各行政法规、部门规章、地方性法规等聚焦于公民尤其是少数民族公民权益保障的维度，进行了详尽的规定。例如，早在 1998 年公布的《国务院办公厅关于印发国家民族事务委员会职能配置内设机构和人员编制规定的通知》中，就将"监督办理少数民族权益保障事宜"设定为国家民族事务委员会的主要职责之一；在 2012 年公布的《国务院办公厅关于印发少数民族事业"十二五"规划的通知》中，则将"少数民族权益保障得到进一步加强"定位于"主要发展目标"。

需要指出的是，各民族权利与义务的依法确认，是中华民族共同体在法治建设中，通过法律制定的方式将公民个体的权利正义的价值取向予以法理确立的功能体现，而这种权利正义的价值取向如何得到有效落实，则需要在民族法治实施的进程中不断加以维护。当然，这里所说的公民权益，指的是各族公民得以依法确认并受法律保护的权利和利益，其中就包括多数民族的公民和少数民族的公民两个维度的权益，如何在民族法治的实践中达成两者之间的平衡，

---

① 付子堂. 法理学高阶［M］. 北京：高等教育出版社，2018：179.

是一个需要认真思考的问题。

二、维护各民族团结

进入新时代，民族团结不仅是法治建构的重要目标与社会和谐的重要标志，更是"各民族之间的关系应当如何维护"生动的诠释：一方面，我国各民族进入了全面建成小康社会，在迈入共同富裕的康庄大道上协力奋进，以求中华民族伟大复兴的共同目标而联合；另一方面，在铸牢中华民族共同体意识的视域下，各民族休戚与共、荣辱与共、生死与共的团结奋进状态又需要强有力的法治方式不断予以维护，"新时代的民族团结进步事业，必须用法律武器来保障和捍卫"①。

首先，《宪法》不仅将"团结"确立为社会主义民族关系的表现形式，也明确了如何保障民族团结的宏观导向和责任主体：大汉族主义和地方民族主义是在维护民族团结的斗争中需要坚决反对的错误导向，而民族团结关系也需要由国家这个行为主体来维护和发展。"民族团结"在我国民族政策中地位的奠定决定了其需要在宪法层面得到有效回应。除此之外，一方面，对于"煽动民族仇恨、民族歧视"等不利于民族团结的行为，《中华人民共和国商标法》（2019年修订）、《中华人民共和国电影产业促进法》（2017年3月1日施行）、《中华人民共和国网络安全法》（2017年6月1日施行）、《中华人民共和国邮政法》（2015年修正）、《中华人民共和国治安管理处罚法》（2012年修正）等都进行了禁止性规定或提出了惩处性措施。另一方面，除了禁止性规定和惩处性措施，中华民族共同体法治建设的功能定位，还需要通过维护民族团结以树立科学而正确的价值导向，除了前文所述的《宪法》的相关规定，《中华人民共和国全国人民代表大会组织法》（2021年修正）第三十八条指出："民族委员会可以对加强民族团结问题进行调查研究，提出建议"；《全国人大常委会2018年监督工作计划》将"民族团结教育开展情况"定位重点调研目标。"维护民族团结"这一重要的目标导向更是在历届全国人民代表大会关于《政府工作报告》的决议中得以体现，在司法解释、行政法规、部门规章、团体规定和党内法规等维度更是屡见不鲜。如2016年3月16日公布的《中华人民共和国国民经济和社会发展第十三个五年规划纲要》中提出要"深入开展民族团结进步示范区创建活动，促进各民族交往交流交融"，2021年3月12日公布的《中华人民共和国国

① 宋才发. 法治视角下的中华民族共同体建设［J］. 青海民族大学学报，2021（4）：1-7.

民经济和社会发展第十四个五年规划和 2035 年远景目标纲要》则进一步提出要"全面深入持久开展民族团结进步宣传教育和创建",从"深入开展"到"全面深入持久开展"语句的转变,体现的是维护民族团结的必要性和重要性,即"由点到面"和"持之以恒"。

其次,着眼于民族团结立法的视域,相较于国家立法层面的"宏观导向",地方立法资源更为丰富,也更能体现各地区、各民族如何以法治方式维护民族团结的重要原则。从省和自治区层面来看,2020 年 5 月 1 日起施行的《西藏自治区民族团结进步模范区创建条例》第一条就明确提出了"把西藏建成全国民族团结进步模范区"的民族法治建设目标,2021 年 1 月 1 日起施行的《宁夏回族自治区促进民族团结进步工作条例》第一条也提出"为了巩固和发展平等团结互助和谐的社会主义民族关系,铸牢中华民族共同体意识,促进民族团结进步事业,根据宪法和有关法律法规,结合自治区实际,制定本条例",内蒙古、新疆、贵州、云南等地也出台了类似的民族团结进步条例或民族团结进步工作条例。

从自治州和自治县层面来看,"维护民族团结"的立法导向更是体现得淋漓尽致,如 2020 年 9 月 29 日批准的《凉山彝族自治州民族团结进步条例》第一条就将"推进民族团结进步事业"确立为该条例制定的目标之一;为确保民族团结进步条例的有效落实,玉树藏族自治州人民政府总第十八次常务会议还审议通过了《〈玉树藏族自治州民族团结进步条例〉实施细则》(2019 年 3 月 1 日起施行),分别从适用区域、责任主体、工作部署、考核办法、条件保障、宣传教育等维度具体诠释了维护民族团结究竟"怎么做"[①];2022 年 1 月 1 日起施行的《黔西南布依族苗族自治州自治条例》则尤为注重民族团结进步的教育宣传工作,第七十条将"自治机关"确立为民族团结进步教育的责任主体,并从机制完善、基地建设、内容体系等维度提出了具体对策;2019 年 12 月 1 日起施行的《前郭尔罗斯蒙古族自治县民族团结进步条例》提出了"自治县人民政府民族宗教事务部门在民族团结进步事业各项工作中的具体职责",并列出了 11 条进行具体诠释。要而言之,以"维护民族团结"为指导思想的地方立法浩如烟海,在地方性法规、自治条例、单行条例、地方政府规章和地方规范性文件中均有体现。

---

① 《〈玉树藏族自治州民族团结进步条例〉实施细则》甚至精确到了公民个体,如第三十条第二款规定:获得州级"民族团结进步示范家庭"荣誉称号的,一次性奖励 3000 元;获得州级"民族团结进步先进个人"荣誉称号的,一次性奖励 2000 元。

需要指出的是，相较于国家层面立法的"宏观导向"，地方立法更具有可操作性，中华民族共同体法治建设的维护功能，在维护民族团结这个范畴，体现的应当是各民族和各地区"多元一体"共铸中华民族共同体意识的法律事实，在具体的法治实践中，我国不仅有南北部、东西部之间的差异，各自治区甚至各自治州之间也有很大的差异，因此，在"维护民族团结"的进程中，许多地方立法第一条均有"结合本自治区（州、县）实际"的表述，这正是科学立法的充分体现。

除了法律明文规定地致力于维护民族团结的条款外，党和政府还采取了实际的"主动性帮扶"措施来维护民族团结，如从各民族的身份属性上，通过"民族识别"确认民族团结的主体对象；通过一系列专项政策，维护有利于民族团结的外部环境；施行民族区域自治的基本政策、法律、制度，赋予各民族自治地方自治权，奠定了各民族团结的制度保障；通过"国家帮助"的形式，对民族自治地方提供政治、经济、社会、文化、生态等各维度的帮扶，使各族群众尤其是少数民族群众获得了"跨越式"发展，巩固了"五个认同"；以各种方式培养民族干部和各类人才，密切了党和国家与各族群众之间的往来。

三、维护国家统一

国家统一既是我国民族法治的基本原则，又是中华民族共同体法治建设功能的具体体现。"维护国家统一"不仅要通过教育引导各民族继承和发扬爱国主义传统，更需要以强有力的法治手段维护祖国的主权和领土完整。

一方面，我国的民族法治体系确立了维护国家统一的根本原则和国家结构的组成形式。从《宪法》的文本结构来看，为充分诠释中央与地方国家机构的职权划分，其第三条强调"中央和地方的国家机构职权的划分，遵循在中央的统一领导下，充分发挥地方的主动性、积极性的原则"，第四条指出"各民族自治地方都是中华人民共和国不可分离的部分"，这就从法理上确立了"中央统一领导"的宪法依据，同时又兼顾到了地方社会经济发展的实际，即要充分发挥地方的主动性与积极性。《宪法》第一百一十条规定的"全国地方各级人民政府都是国务院统一领导下的国家行政机关，都服从国务院"，则强调了中华人民共和国国务院作为中央人民政府是最高国家行政机关的重要领导地位。在此基础上，《民族区域自治法》在序言中就明确指出："民族区域自治是在国家统一领导下，各少数民族聚居的地方实行区域自治，设立自治机关，行使自治权"，这既凸显了民族区域自治作为我国的基本制度、基本法律、基本政策所应当秉承的"国家统一领导原则"，又诠释了具体的操作模式，即"设立自治机关，行使自治权"。同时，《民族区域自治法》第一条就明确指出："中华人民共和国民族区域自治法，根据中华人民共和国宪法制定"，这事实上再次强调了我国的民族区域自治所遵循的宪法有关民族法治的根本原则，不仅是法治统一的体现，也是维护国家统一的重申；第二条"各民族自治地方都是中华人民共和国不可分离的部分"则是对《宪法》第四条的再次确认；第五条"民族自治地方的自治机关必须维护国家的统一，保证宪法和法律在本地方的遵守和执行"以及第七条"民族自治地方的自治机关要把国家的整体利益放在首位，积极完成上级国家机关交给的各项任务"均是对"维护国家统一"与"保障中央统一领导"的正面呼应；第十五条"各民族自治地方的人民政府都是国务院统一领导下的国家行政机关，都服从国务院"则体现的是作为自治机关的民族自治地方人民政府与全国地方各级人民政府一样，都应当服从国务院的统一领导。

要而言之，从现行《宪法》和《民族区域自治法》的立法逻辑与文本结构尤其是关于序言部分的文字表述上来看，体现的是法律制定者对于"统一"与"自治"两者关系协调的仔细斟酌，同时也是在中国共产党的领导下，立法部门认真贯彻科学立法与依法立法的具体体现。

另一方面，中华民族共同体的法治建设的维护功能，既体现在制定法层面确认"我国是一个统一的多民族国家"以及"主权和领土完整不容分割"的事实，也体现在通过禁止性规定和惩罚措施对不利于甚至破坏国家统一的行为和对象进行限制和制裁。具体而言，我国《宪法》第四条规定："禁止对任何民族的歧视和压迫，禁止破坏民族团结和制造民族分裂的行为"；《民族区域自治法》第九条规定对此予以"重申"；《刑法》第一百零二条规定："勾结外国，危害中华人民共和国的主权、领土完整和安全的，处无期徒刑或者十年以上有期徒刑"；《中华人民共和国反分裂国家法》（以下简称《反分裂国家法》）着眼于维护国家主权和领土完整以及中华民族的根本利益，其第二条规定："世界上只有一个中国，大陆和台湾同属一个中国，中国的主权和领土完整不容分割。维护国家主权和领土完整是包括台湾同胞在内的全中国人民的共同义务"；《中华人民共和国香港特别行政区维护国家安全法》（以下简称《国安法》）第二十条明确规定："任何人组织、策划、实施或者参与实施以下旨在分裂国家、破坏国家统一行为之一的，不论是否使用武力或者以武力相威胁，即属犯罪"。一言以蔽之，《宪法》确立了统一多民族国家主权和领土完整的基本原则，《民族区域自治法》作为我国处理民族关系的基本政策、基本法律、基本制度秉承"维护国家统一"的重要原则，《刑法》《反分裂国家法》《国安法》《中华人民共和国境外非政府组织境内活动管理法》等为惩治破坏国家统一的行为与对象提供了具体的法理指引，而《中华人民共和国英雄烈士保护法》《中华人民共和国网络安全法》等则从民族精神和心理认同等维度为"维护国家统一"提供法理依据与保障。此外，在司法解释、行政法规、部门规章及地方性法规等维度，皆有对"破坏国家统一"的禁止性规定。

可见，在维护国家统一的道路上，中华民族共同体的法治建设从整体上彰显着其鲜明的时代功能，不仅有明确正面导向的法律条文，也有依法践行的各种惩罚性措施和禁止性规定，"禁止性规定和惩罚性措施是法律调整社会关系中最直接最有效的方式，其严厉的制裁措施有效维护着社会秩序和国家稳定"①。

第四节　法治视域下"民族习惯"的功能辨析

《宪法》第四条规定的"各民族都有保持或者改革自己的风俗习惯的自由"为中华民族共同体的法治建设奠定了"多元化保护"的宪法原则，在这其中各民族的"民族习惯"尤其是少数民族的"习惯法"成为理论界和实务界研究的重点内容，"习惯在当代国家立法中具有重要意义，在中国立法和法治建设中应当重视当代习惯的积极功能，在国家法律发展中广泛吸纳习惯的内容"②。中华民族共同体的法治建设，不能忽视民族习惯尤其是少数民族习惯法的历史作用和当代价值，特别是在"良法善治"的社会主义法治精神的核心要义引领和社会主义核心价值观的实践要求下，民族习惯应当如何更好地在法治视域下发挥作用，是一个必须认真厘清的问题。

一、约束个体行为的和谐之治

国家法是全民知识，习惯法是地方知识③。无论是国家法还是民族习惯和习惯法，对于"秩序"的维护都是其功能的重要体现，同时，这种维护功能作用到"民族"这个范畴，必须以客观存在的个体为具体作用对象，因此，绝大多数民族习惯都特别重视对于"人"这个基础单元的行为约束和利益调适，而人与人之间的交往则逐渐形成了不同层级的"社会"。进入民族法治的新时代，民

---

① 吴大华. 民族法学［M］. 北京：法律出版社，2013：111.
② 高其才. 当代中国法律对习惯的认可［J］. 政法论丛，2014（1）：23-29.
③ 王允武，王杰，廖燕萍. 中国民族法学研究概览（2008—2018）［M］. 北京：法律出版社，2020：117.

族习惯对于维护社会稳定与促进社会和谐发挥着重要功能。

（一）维护社会稳定

社会稳定是社会和谐的基础和前提，习惯作为民族地区的一种社会规范和行为准则，在广大民族地区社会生活与生产中发挥着举足轻重的作用①。从内容上来看，众多民族习惯都通过约束个体的行为以维持社会的稳定，进一步而言，"法律的力量根植于人们的社会经验中，正是由于人们凭经验感觉到法律是有益的，人民才愿意服从和支持法律，才构成和加强法律的控制力量"②。在特定地区内遵循民族习惯的少数民族成员看来，习惯法是在长期生活、生产等社会活动中总结、积累而成的，经过世世代代的继承和发展，经千百年来的适用，进而形成的社会规范，一经形成便在较长时间内规范民族成员的行为，解决矛盾和纠纷，调整社会关系，在一定程度上调整了民族内部社会关系，使社会秩序得以正常维护和发展。当然，从中华民族共同体法治建设的视域来看，民族习惯法对于"本民族地区"社会秩序的"维护和发展"需要与时俱进，因此，着眼于社会稳定的维度，民族习惯法维护的不应当是历史上特定地区的"低水平均衡发展"，而应当是新时代以人为本的全面综合发展。那么从这个意义上讲，少数民族习惯法功能的发挥，需要以国家制定法统一的规则标准为指引，又需要立足于维护中华民族的整体利益，坚决反对那些不利于族际交往的行为。

从内容上看，有很多民族习惯以通俗易懂的形式传递了其维护社会稳定的理念。例如，通过总结苗族习惯法之一的《议榔词》，可发现其重要内容有如下几点：其一，保护家畜、森林等财产所有权；其二，维护社会秩序，打击盗匪、禁止偷盗；其三，提倡人伦道理，建立道德规范；其四，维护婚姻家庭，反对奸情；其五，提倡诚信交易，反对欺诈行为③。不难发现，这些规定着眼于约束个体的行为，保护人的权益，树立道德指引，进而促进了社会的稳定，其中确实有很多内容和理念与新时代的社会主义核心价值观以及公序良俗"不谋而合"，为社会基层治理领域中的"德治"与"自治"提供了很好的借鉴。再如，深刻影响瑶族社会生活的习惯法《石牌律》，其重点内容有如下几个部分：其一，保护财产，保护产权；其二，调整婚姻，维护婚姻家庭关系；其三，维持公共安全和社会秩序；其四，联防匪乱，维护瑶境安宁；其五，保护商贩合法

① 熊文钊. 民族法学［M］. 北京：北京大学出版社，2012：343.
② ［法］孟德斯鸠. 论法的精神：上册［M］. 张雁深，译. 北京：商务印书馆，1982：104.
③ 胡兴东. 中国少数民族法律史纲要［M］. 北京：中国社会科学出版社，2015：481.

贸易，维护瑶区商业秩序；其六，规范社会纠纷的解决机制①。这就与《议榔词》有异曲同工之处，即都是通过民族习惯法来维护"本民族地区"的社会稳定。需要指出的是，这里所说的维护社会稳定，应当是在以铸牢中华民族共同体意识为主线的民族工作框架内，适应民族事务治理能力和治理体系现代的需要，同时融入社会主义核心价值观与公序良俗的社会稳定。从这个意义上讲，为充分发挥新时代民族习惯法维护社会稳定之功能，那么陈旧的、落后的甚至不适合新时代民族关系与民族发展的民族习惯法的理念与方式就应当被摒弃。例如，作为维护社会稳定的"利剑"，不少民族习惯法都规定了惩戒或处罚形式，小到道德谴责，大到私刑处死；再如，旨在维护婚姻家庭，一些民族习惯法鼓励或维护族内婚姻等，这些历史传统不仅不利于各民族交往交流交融，也与现代法治精神相悖。因此，新时代的民族习惯法，应当坚持以铸牢中华民族共同体意识为主线，在民族事务治理现代化和法治化的背景下不断推进，在符合社会主义核心价值观与公序良俗的前提下充分发挥其维护社会稳定的重要功能。

（二）促进社会和谐

社会和谐是通过维护社会稳定所达到的一种理想的社会状态。从宪法文本来看，"和谐"被列为国家建构的重要目标和民族复兴的基本前提，同时又是新时代已经确立的社会主义民族关系的具体体现②。新时代以来，"和谐"从不同维度充分融入法治建设的方方面面。例如，2022 年 6 月 5 日施行的《中华人民共和国噪声污染防治法》总则第一条提出："维护社会和谐，推进生态文明建设"；2022 年 1 月 1 日起施行的《中华人民共和国工会法》第六条指出："维护职工劳动权益，构建和谐劳动关系"；2022 年 6 月 1 日起施行的《中华人民共和国湿地保护法》第一条指出："促进生态文明建设，实现人与自然和谐共生"；2021 年 6 月 1 日起施行的《中华人民共和国乡村振兴促进法》第四条提出："坚持人与自然和谐共生"，诸如此类的国家制定法层面的"和谐"要义比比皆是。

进入新时代，民族习惯同样在促进社会和谐层面发挥着重要功能，众多民

① 胡兴东. 中国少数民族法律史纲要［M］. 北京：中国社会科学出版社，2015：487-489.

② 《宪法》序言指出："平等团结互助和谐的社会主义民族关系已经确立，并将继续加强。"

族习惯都具有"维护社会稳定"的功能，而要将这种稳定的社会状态持续下去，则需要一个和谐的社会环境，这既包括人与人之间的和谐，也包括人与自然的和谐。例如，着眼于人与人之间的"和谐"，即社会交往范畴，傣族习惯法规定外人不能进入内室，违反者罚双方款项；景颇族习惯法反对本民族成员"游手好闲"，否则会被村民歧视；德昂族习惯法禁止在竹楼内大声喧哗、歌唱、吐痰、踩火塘上的柴火或擅自拿主人之物；黎族习惯法规定，为防止疾病扩散传染，要在村寨路口挂树叶，表示禁止外地人进入本村寨；赫哲族习惯法认为有客人到家时，儿媳妇要给客人装烟倒茶；鄂温克族尊敬老人和长辈，遇见老人和长辈必须屈膝请安，并给他们敬烟；蒙古族习惯法规定妇女迎接客人时，须戴帽子或包上头巾，穿上靴子以示尊重；藏族"献哈达"以示礼节。① 总体而言，众多习惯法都体现了一种朴素的"以人为本"的和谐思想，在人与人之间的社会交往层面，尊敬老人儿童、重视礼节、自力更生等理念均有所体现，其中固然有受制于生产力发展水平和社会经济发达程度而导致的因素，然而，其绝大多数民族习惯法始终试图通过约束人的行为从而达到一种和谐的状态，这是应该值得肯定的。再如，在人与自然相处的层面，众多民族习惯则以生动而具体的方式进行了演绎：苗族习惯法规定，在10月初过第一个苗年的第一天早晨，在吃早饭前，要先以一小口酒倒在牛的鼻梁上，表示对牛的慰劳和感谢；傣族习惯法规定，一些地区在农业生产前，要由街长在集市进行口头通知生产季节已到，同时为了保护庄稼，要围好田地篱笆，牛要穿鼻子，猪狗也要管起来；哈尼族习惯法规定，每条水沟都要有看沟人，做到合理分水、科学用水；鄂伦春族习惯法规定，在狩猎期间不得射击正在交配的野兽；瑶族习惯法规定，每年捕鱼期是二月春社以后至八月秋社止等。② 诸如此类的民族习惯还有很多，这一方面体现了众多民族群体"靠山吃山""靠水吃水"的农业生产特点；另一方面也体现出为了保护生产、繁衍后代，各民族通过自身生产经验总结出的一些自然规律和应当遵循的"生产法则"，其中有很多就体现出了人与自然"和谐"的思想。

进入新时代，民族习惯的功能定位被赋予了新的时代内涵，也以更为具体的方式得以体现。例如，当前国家积极推动自治、法治、德治相结合，逐步形成"三治"融合的乡村治理体系，村规民约成为推动基层民主发展的重要载

---

① 高其才. 中国习惯法论［M］. 北京：社会科学文献出版社，2018：292-295.

② 高其才. 中国习惯法论［M］. 北京：社会科学文献出版社，2018：296-306.

体①，也是通过约束和引导公民个体的行为从而促进和谐社会建设的重要基石。例如，云南文山壮族苗族自治州麻栗坡县的村规民约就从"团结互助"与"移风易俗"两个维度深刻体现了新时代的民族习惯应当如何具体发挥促进社会和谐的功能，诸如此类的村规民约在新时代如雨后春笋般涌现，在以人为本的基础上再现了民族习惯的"和谐之治"。

二、引导群体发展的规则之治

法治是一种规则之治，习近平总书记在 2021 年中央民族工作会议上指出："要依法保障各族群众合法权益，依法妥善处理涉民族因素的案事件，依法打击各类违法犯罪行为，做到法律面前人人平等。"在各民族交往交流交融不断加深的背景下，各群体族际的往来应当遵循何种准则，是一个必须明确答复的问题。如果说"民族习惯"以及"习惯法"代表的是本民族的"特性"，那么族际关系法治化所遵循的"法"则是各民族群体均应当遵循的"共性"规则，从这个意义上讲，定位新时代民族习惯的功能，应当不断引导各民族群体在族际交往的进程中走向规则之治。

（一）指引各民族群体维护统一的社会规范

高其才教授指出，习惯法通过鼓励或防止某种行为，从而维护特定的民族地区的社会秩序②，这就点明了民族习惯的"指引"功能。然而，也应当看到，这种"社会秩序"具有鲜明的"民族性"与"区域性"。作为社会秩序塑造的主体，从法律多元主义的解释而言，民族习惯与国家制定法均扮演着这个"主体"的角色。从各民族地区历史进程的演绎来看，某些民族地区确有大量的国家制定法并不直接规范的具体社会关系需要规范调整，"习惯"因而作为一种社会权力支持的调整民族地区的具体社会关系的规范系统，是民族地区社会秩序塑造的重要参与者。当然，这里说的"民族习惯"指的是一个历史范畴，长期以来，民族地区因其生产力水平、现代化进程以及社会发展状态相对落后于发达地区，被认为是国家制定法难以"直接适用"的重要理由，也是民族习惯长期具有影响力的原因之一。然而，时至今日，脱贫攻坚战已经取得了伟大胜利③，乡村振兴正在如火如荼地开展。在这种情况下，倘若再以"生产力水平

---

① 陈柏峰. 法理学［M］. 北京：法律出版社，2021：307.
② 高其才. 中国习惯法论［M］. 北京：社会科学文献出版社，2018：407.
③ 全国 832 个国家级贫困县全部脱贫摘帽［EB/OL］. 新华网，2020-11-26.

低下""社会发展水平不高"甚至"交通闭塞"① 等"理由"诠释民族习惯在特定时空维护特定群体和区域的社会规范的重要性和必要性，则不符合新时代中华民族共同体法治建设的要求。

因此，在全面依法治国的背景下，需要科学发挥各民族习惯关于社会秩序的维护功能，一方面，立足于马克思主义唯物辩证观，需要认识到各民族习惯在历史演绎中维护了特定区域和群体的内部安定，制定了一套隶属于"本民族地区"的生产法则和社会秩序；另一方面，进入社会主义现代化的新时代，在市场经济蓬勃发展、法治社会不断健全的基础上，各民族习惯需要不断融入新时代中国特色社会主义法治体系之中，明确在中华民族共同体法治建设中的地位，充分发挥其维护社会统一规范的功能。

（二）引导各民族群体树立共同的法律认同

各民族群体遵循统一的社会规范，是新时代民族习惯发挥指引功能的重要导向，而要将这种统一的社会规范深植于各族公民的内心，则需要引导各族群众树立共同的法律认同。因此，着眼于中华民族共同体的法治建设，需要用"扬弃"的态度去审视各民族习惯的指引功能，其中符合"良法善治"的民族习惯是可以继承和发扬的，其中与宪法和国家法律相违背的方向指引，就应当用恰当的方式予以纠正。同时，从法的效力上来看，民族习惯的适用对象很多情况下是"本民族内部"与"本民族地区"，这里的"本民族"，指的是多元一体中"多元"的各个民族，而非代表中华人民共和国全体国民的中华民族，因此，在不同的民族群体发生族际关系交往的过程中，势必会出现"习惯法适用之冲突"，在这种情况下，就应当以国家制定法为指引标准。

进一步而言，民族习惯法将本民族的需求模式和利益诉求予以确认和规定，为本族成员个体发展创造了基础条件②，这里的"民族成员"，指的是信仰"本民族"习惯法的民族成员。然而，中华民族共同体，是一个政治共同体、经济共同体、文化共同体，也应当是一个法律共同体，从这个意义上讲，应当充分认识到基于民族需求层面，各民族习惯对于中华法系的重要价值：习惯的合理制度只有上升为国家（中华人民共和国）法才具有生命力；国家法通过汲取习

---

① 2013 年 10 月 31 日，西藏自治区林芝市墨脱县公路开通，"中华人民共和国最后一个不通公路的县城"成为历史，2019 年 2 月 6 日，西藏自治区人民政府决定墨脱县退出贫困县。

② 熊文钊. 民族法学［M］. 北京：北京大学出版社，2012：362.

惯的养分，才能滋润到社会需求的方方面面①。一方面，从社会治理的角度而言，需要把体现国家意志的法律规范与体现社会主体（各民族群体）自治意志的各种社会规范（包括民族习惯）结合起来，把法律法规与市民公约、乡规民约、行业规章、团体章程等其他社会规范结合起来，充分发挥法律的他治规范与乡规民约等社会自治规范相互补充、相辅相成的作用②。另一方面，从法律信仰的角度而言，各民族习惯法的生成机制对于中华民族共同体的法治认同也具有重要参考意义。法律需要老百姓去信仰③，习惯具有地域性、群体性和持久性等特点，其来源于生活实践的经验总结，人们在长期的世俗生活中受其影响，并自发地巩固对习惯的"认同"，具有很强的自觉性。

因此，新时代中华民族共同体的法治建设，需要借鉴各民族习惯中符合社会主义核心价值观的"共性"因素，引导各族公民树立共同的法律认同。

三、生成整体公序良俗的文明之治

从民族习惯的社会功能和规范功能来看，其具有维持社会秩序、传递民族文化、制裁"违法"行为等功能。前文所述的基于个体行为的和谐之治与基于群体发展的规则之治，其根本目标是要在这两者之上，通过社会主义核心价值观的共性介入，从而生成一种适用于整个中华民族的"习惯"，这便是在公序良俗指引下的"文明之治"。

（一）维系中华民族的历史记忆

马克思指出："人们的想象、思维、精神交往在这里还是人们物质行动的直接产物。表现在某一民族的政治、法律、道德、宗教、形而上学等的语言中的精神生产也是这样。"④ 这就充分论证了政治、法律、道德等"上层建筑"必须建立在具体的社会生产方式之上。

各民族的"习惯"亦是如此，其来源于由各民族自身的生产力水平与社会

---

① 陶钟灵．法史新裁：民族与历史视野中的法律［M］．北京：中国社会科学出版社，2016：141.

② 全国干部培训教材编审指导委员会．建设社会主义法治国家［M］．北京：人民出版社，党建读物出版社，2019：193.

③ 杜文忠．历史·习惯·逻辑：论当代中国法学研究的基本方法［J］．贵州民族学院学报（哲学社会科学版），2000，（S2）：84-86.

④ ［德］马克思，恩格斯．马克思恩格斯文集：第1卷［M］．北京：人民出版社，2009：524.

生产方式，又通过"耳目渲染""约定俗成""口口相传"等方式予以继承和发扬，最终在特定的地区和群体间产生重要的影响，为其经济社会的发展建立了一种得以被认可的"规范"。"民族习惯的文化在今天的民族地区并没有消亡，其观念还深深扎根于各民族成员的头脑之中，在当今的民族地区还有极为重要的影响，对民族地区的人们还有较强的约束力，国家从整体上并不否定民族习惯法的这种现实力量，它仍然是一种'活'的文化。"① 在中华民族共同体建设的视域下，民族习惯这种"活"的文化与中华民族文化之间是何关系，应当充分辨析，作为中华文化的重要组成部分，各民族符合"公序良俗"的民族习惯和习惯法文化应当得以充分保障，在此基础上，各民族群体对于具有"共同性"的文化，即中华民族文化的认可与认同就更加重要，加强中华民族大团结，长远和根本的是增强文化认同，建设各民族共有精神家园，积极培养中华民族共同体意识②。习近平总书记更是在 2021 年召开的中央民族工作会议上用"根与叶"的关系诠释了中华文化与各民族文化之间不可分离的关系。

民族习惯的诞生本身就是一项值得关注的文化现象，它是各民族文化的传承和具体体现，随着各民族的发展，基于民族习惯产生的习惯法最终成为中国法律文化和社会现象的重要组成部分，深深烙入各族人民的内心。"它可以保持一个民族的创新精神，可以不知不觉地以习惯的力量代替权威的力量。"③ 在全面依法治国的新时代，党的十九大要求"提高全民族法治素养和道德素质"，事实上就是强调无论是哪一个民族，都应当在法律面前"一视同仁"，增强中国特色社会主义法治道路的自信，而各民族习惯法的当代功能之一，就是通过不断传承和发展共同守护了中华民族的历史记忆，使各族群众明白，中华民族有着光辉灿烂的法治文明，如春秋时期法家学派强调的"不别亲疏，不殊贵贱，一断于法"，也有着先进科学的中国特色社会主义法治体系，在不断建设和完善中助力于实现中华民族伟大复兴。

（二）促进现代国家的道德教育

德国哲学家黑格尔曾经指出："在中国，道德构成了法律的内容。"④ 我国历史上长期存在的民族习惯，其内容有很多都是立足于伦理道德的范畴，通过

---

① 高其才. 论中国少数民族习惯法文化 [J]. 中国法学，2002（6）：71-80.
② 国家民族事务委员会. 中央民族工作会议精神学习辅导读本 [M]. 北京：民族出版社，2015：252.
③ [法] 卢梭. 社会契约论 [M]. 何兆武，译. 北京：商务印书馆，1980：73.
④ [德] 黑格尔. 历史哲学 [M]. 王造时，译. 北京：商务印书馆，1963：209.

说教、惩罚等具体的方式发挥其指引、教育、评价的功能，并通过执行和传播得以传承和发展，逐渐形成一种法文化。换言之，"民族习惯法的教育功能是帮助民族全体成员正确认识个人与他人、个人与社会的关系，明确自己的责任与义务，让人们区分善恶，学会做人的道德"①。当然，这里所说的教育，不是指促进公民个人"能力"提升的手段，更多的是指在本民族内部维护其"和平共处"的一种言传身教的方式。这是因为，在促进本民族生存和发展的范畴上，几乎所有民族都达成了"不断团结发展向上走"，而不是"等待消亡"的共识。纵观众多民族习惯法，鲜有鼓励其成员在本民族内部"好逸恶劳""坐吃山空"的。例如，在中国的宗族习惯法中，对于习惯法的重要裁判者"族长"人选的确立，就有明确的要求，"不许恃族长名声，做事不端、处事不公，以致家法絮乱"；在中国村落习惯法中，则体现为"劝善惩恶广教化厚风俗、禁偷治抢维持村落秩序、保护山林农业生产、举办公益事业维护公益设施、保护公有财产、生产生活互助"等具体措施；中国行业习惯法，则可追溯到春秋时期的范蠡，后人归纳出根据其历史经历和商业经验总结出"经商十八忌"："生意要勤快、价格要定明，用度要节俭，用人要方正……工作要精细，说话要规矩"等②。这一系列民族习惯背后的道德意蕴，即便在全面依法治国的今天，仍然具有跨时代的价值，更是"以德治国"重要的思想渊源。

同时，也应当指出，受制于生产发展的水平和现代化进程的不均，民族习惯法也有一些是违背现代道德伦理的，有的习惯法甚至与国家制定法的精神相悖。例如，有的民族习惯法将"社会等级"不同的男女通婚加以限制，甚至动用民族成员团体的力量进行干涉，这不仅违背了一系列部门法如《中华人民共和国妇女权益保障法》的规定，也不符合新时代公序良俗的道德要求。再如，从民族习惯法的调解功能上来看，"惩处""惩罚"成为其重要而具体的手段。从对象上看，有处罚行为者本人的，也有牵涉家庭成员乃至整个家族村寨的；从方式上看，有经济的、物质的处罚，也有精神、名誉、人格的处罚，更有摧残肉体、剥夺生命的处罚。每一种处罚种类又有若干种具体处理方法。而对于执行处罚和制裁，有的是由父兄亲属等执行，也有的由违法者自我处罚③。由于生产力和社会发展的限制，在案事件的评判调解中，很多时候依靠人力无法达到满意目标或者让众人信服，这时候，"神判"这一颇具民族和宗教特色的方式

① 吴宗金. 中国民族法学［M］. 北京：法律出版社，2004：77.
② 高其才. 中国习惯法论［M］. 北京：社会科学文献出版社，2018：21，66-72，121.
③ 高其才. 中国习惯法论［M］. 北京：社会科学文献出版社，2018：410.

则发挥了重要作用。应当指出的是，其中有很多理念不利于公共秩序与善良风俗的生成，也与现代法治文明相悖。

进入新时代，各民族习惯法在重现其优良道德教化功能的同时，也应当审时度势，摒弃其不利于现代法治文明的一面，在不断交融和革新的基础上逐渐生成适用于整个中华民族法治文明的公序良俗。

本章小结

中华民族共同体法治建设的功能定位，是指在民族法治的视域下，以宪法相关原则为核心，以民族区域自治法为主干，结合各部门法、行政法规、部门规章、地方性法规、自治条例、单行条例等有关族际关系法治化的相关规定，以及被国家法律认可的"民族习惯"共同形成法律法规体系，通过规范国家立法、执法、司法、行政机关的活动来实现民族事务的法治化与现代化，进而促进中华民族共同体法治建设之价值目标的实现。

第一，对各族公民的权利与义务、新时代平等团结互助和谐的民族关系以及中华民族的宪法地位进行了确认。第二，通过指引、教育与评价等规范功能的发挥，指引各族公民树立民族认同，教育引导各民族继承和发扬爱国主义传统，进而评价中华民族整体性建设的价值追求。第三，通过维护公民权益、民族团结、国家统一，从而巩固中华民族伟大复兴的价值基础。同时，新时代的"民族习惯"，也应当按照增进共同性的方向发挥其时代功能，体现出其约束个体行为的和谐之治、引导群体发展的规则之治以及生成整体公序良俗的文明之治。

当然，本章对中华民族共同体法治建设的功能进行分析定位，更多的是基于其价值意蕴的彰显和法律文本的制定所进行的"静态"分析。需要指出的是，中华民族共同体法治建设价值取向的兑现，铸牢中华民族共同体意识价值内容的彰显，离不开法治功能的发挥，而法治功能得以有效发挥，就必须有一套科学又完整的法治制度作为支撑，"不仅涉及静态的一般规则，而且包含了动态的规则制定过程"①。换言之，检验中华民族共同体法治建设功能发挥的实效，必须立足于当下民族法治实践的现实状况，在民族法治体系这一"动态"的制度建设中考量。

---

① 江必新，王红霞.国家治理现代化与制度构建［M］.北京：中国法制出版社，2016：11.

第五章

中华民族共同体法治建设的当代实践

　　法国社会学家迪尔凯姆（涂尔干）曾指出："应当从社会现象对社会环境的关系来评价社会现象的功能，只有适合社会环境所处的状况的变化才是有用的，因为社会环境是集体生存的根本条件。"① 因此，中华民族共同体法治建设的功能定位的准确程度，必须以具体的制度实践成效作为考量依据。党的十八大以来，面对世界"百年未有之大变局"、向第二个百年奋斗目标奋斗的关键之机遇，党和政府高瞻远瞩，全面推进依法治国，不断建设社会主义现代化的法治强国。从这个意义上讲，中华民族共同体法治建设的当代实践，必须立基于我国民族法治体系的系统性建设进行深入分析。本章立足于民族法治体系建设的视域，从法律规范、法治实施、法治监督与法治保障四个维度深入诠释党的十八大以来中华民族共同体法治建设所取得的现实成效与完善空间。

第一节　民族法律规范体系的现状与问题

　　一般认为，法治是法制的动态及现代化追求，法制则是法治的前提，完善的社会主义法制为法治奠定了基础②。从这个意义上讲，探析新时代民族法治体系的制度实效，应当厘清现行民族法律规范体系的逻辑结构和基本内容。

一、民族法律规范体系的建设现状

　　截至 2021 年 8 月底，我国现行有效法律 286 件、行政法规 613 件、地方性

---

① ［法］迪尔凯姆．社会学方法的准则［M］．狄玉明，译．北京：商务印书馆，1995：133.

② 江必新．新时代公民法治素养［M］．北京：人民出版社，2019：58.

法规12000余件，具有中国特色的社会主义法律体系已经形成①。从2015年全国人大常委会关于《民族区域自治法》的实施情况检查报告来看，全国范围内涉及民族事务的法律有115件，行政法规有47件，截至2018年6月，各自治地方共制定了近900件的自治条例单行条例以及变通和补充规定②。从结构框架上来看，则可更为直观地体现新时代我国民族法律规范体系的建设与完善。

第一，《宪法》确立了"中华民族"法权地位，也是从法理上构建新时代民族法治体系的根本依据。总体而言，现行《宪法》为族际关系法治化提供了根本的价值遵循、确立了基本的原则约束和具体的规则保障。

除了体现我国是一个"统一多民族国家"的基本国情和"多元一体"的民族格局，根据现行《宪法》第四条的规定，"民族平等""国家帮助""民族区域自治"和"多元化保护"成为我国践行民族法治的所必须遵循的基本原则。

第二，《民族区域自治法》是新时代我国民族法律规范体系的主干。"民族区域自治"是我国的基本政策、基本法律与基本制度，同时也是宪法关于民族法治的基本原则之一，其对于具体诠释宪法关于民族事务与民族问题的规定、细化上级国家机关对于民族自治地方的帮助措施、促进少数民族和民族地区的经济社会发展、维护新时期社会主义的民族关系发挥了重要的作用。在新时代的民族法治工作中，如何更加充分发挥《民族区域自治法》的功能，更加体现其针对性与有效性，是一个值得认真思考的问题。应当指出，在以铸牢中华民族共同体意识为主线的民族法治工作中，根据《民族区域自治法》的原则性规定及其配套立法，由自治机关根据该地方的经济社会发展情况制定相应的自治法规，是完善民族法律规范体系的必然选择③。

第三，各部门法就有关调整民族关系和民族事务治理法治化等方面进行了具体规定，这也是在实践中对民族区域自治制度进行了必要补充。例如，《中华人民共和国全国人民代表大会和地方各级人民代表大会选举法》中第十七条体现的是从民族成分维度对人大代表保障名额的特殊规定；《刑法》第九十条体现的对少数民族的"特殊保护"；《中华人民共和国国旗法》《中华人民共和国国籍法》《中华人民共和国兵役法》《中华人民共和国教育法》《中华人民共和国城市居民委员会组织法》《中华人民共和国劳动法》《中华人民共和国行政诉讼

---

① 习近平法治思想概论编写组 . 习近平法治思想概论 ［M］. 北京：高等教育出版社，2021：159.

② 我国现行立法体制 ［EB/OL］. 中国人大网，2020-10-23.

③ 田钒平 .《民族区域自治法》配套立法探讨 ［J］. 民族研究，2015（2）：1-14，123.

法》等都规定民族自治地方有结合民族特点制定变通、补充规定的权利或涉及民族问题的相关规定①。值得一提的是，在十三届全国人大三次会议表决通过，并自 2021 年 1 月 1 日起施行的《民法典》中，既体现了"各民族皆凝聚为中华民族，遵循统一的法治规则"的指向，又体现了国家对于各民族风俗习惯的尊重与保护，如《民法典》第一千零一十五条规定："少数民族自然人的姓氏可以遵从本民族的文化传统和风俗习惯。"

第四，国务院制定的行政法规充分体现了"铸牢中华民族共同体意识"的原则与理念。例如，2017 年 11 月 22 日中华人民共和国国务院令第 692 号公布并自公布之日起施行的《中华人民共和国反间谍法实施细则》第八条明确指出："制造民族纠纷，煽动民族分裂，危害国家安全的"属于"间谍行为以外的其他危害国家安全行为"；2017 年 11 月 22 日国务院第 193 次常务会议通过，于 2018 年 10 月 10 日中华人民共和国国务院令第 704 号公布，并自 2019 年 1 月 1 日起施行的《行政区划管理条例》，其中第二条、第九条、第十三条、第十四条均体现了行政区划的管理工作非常重视维护民族团结和铸牢中华民族共同体意识的原则。

第五，国务院各部委制定的部门规章，充分贯彻民族事务法治化的理念，在坚持法治理念的原则下，保障各民族的合法权益的同时维护中华民族的整体利益。例如，专门针对民族工作的有 2013 年 9 月 24 日起施行的《全国民族团结进步教育基地评审命名办法》、2017 年 12 月 20 日起施行的《民族统计工作管理办法》。再如，2017 年住房和城乡建设部发布实施的《城市设计管理办法》第三条体现了对"民族特色和时代风貌"重视和保护的理念；2020 年修正的《公安机关办理刑事案件程序规定》第十一条指出："在少数民族聚居或者多民族杂居的地区，应当使用当地通用的语言进行讯问和对外公布的诉讼文书"，则体现了《宪法》对于少数民族语言文字的使用尊重和保护的重要原则。

第六，地方性法规和规章致力于铸牢中华民族共同体意识。各地方性法规和地方政府规章在维护民族团结、合法保障少数民族权益、共同促进中华民族共同体建设等方面起着重要作用。从地方性法规上来看，《黑龙江省城市民族工作条例（2018 年修正本）》（2018 年 6 月 28 日发布）、《广西壮族自治区少数民族语言文字工作条例》（2018 年 5 月 31 日发布）、《湖南省人民代表大会常务委员会关于修改〈湖南省散居少数民族工作条例〉的决定》（2017 年 11 月 30 日发布）、《吉林省乡、民族乡、镇人民代表大会工作条例》（2017 年 7 月 28 日发

---

① 郎维伟，陈玉屏，王允武，等．民族理论与政策要论［M］．北京：民族出版社，2017．

布）、《海南省散居少数民族权益保障规定》（2016年11月30日发布）、《北京市少数民族权益保障条例（2016年修正本）》（2016年11月25日发布）、《内蒙古自治区民族教育条例》（2016年9月29日发布）等；从地方政府规章上看，有《海北藏族自治州民族团结进步条例实施办法》（2017年11月29日发布）、《贵州省人民政府关于向民族自治州下放部分省级经济社会管理权限的决定》（2016年9月3日发布）、《广西壮族自治区少数民族习惯节日放假办法》（2014年1月18日发布）等，其中既重视"民族团结"这一重要原则，又体现了对民族自治地方自治权的依法保护的重要理念。

第七，最高人民法院和最高人民检察院的司法解释，充分体现了"依法治理民族事务"的重要理念。例如，2014年9月21日由最高人民法院、最高人民检察院、公安部联合下发的《关于办理暴力恐怖和宗教极端刑事案件适用法律若干问题的意见》着眼于"明确区分宗教极端违法犯罪与正常宗教活动的区别"，要求严格执行党和国家的宗教与民族政策，特别强调"严禁歧视少数民族群众"，"尊重犯罪嫌疑人、被告人的民族习俗"；2016年10月1日起施行的《最高人民法院关于人民法院在互联网公布裁判文书的规定》第九条关于互联网裁判文书中指出："对于少数民族姓名，保留第一个字，其余内容以'某'替代"，体现了对少数民族风俗习惯的尊重与保护；2017年3月1日起施行的《最高人民法院关于审理商标授权确权行政案件若干问题的规定》第五条指出："将政治、经济、文化、宗教、民族等领域公众人物姓名等申请注册为商标，属于前款所指的'其他不良影响'。"

此外，根据《宪法》《民族区域自治法》《中华人民共和国立法法》（以下简称《立法法》）等相关法律，国家赋予了民族自治地方一定的立法变通权和自治立法权，自治条例和单行条例的制定就是具体体现，这既是民族自治地方法行使自治权的具体体现，又是民族法律规范体系的重要组成部分。全国155个民族自治地方制定了数量繁多、内容丰富的单行条例、自治条例、变通及补充规定。仅以2020年10月至11月这一个月为例，25个省级人大常委会通过召开26次常委会会议批准地方性法规和自治条例、单行条例共计298件。其中，新制定167件、修正116件、修订2件、废止13件①，其主题和内容充分覆盖了城乡建设与管理、生态环境保护与历史文化保护的领域。

---

① 陶慧. 地方立法统计分析报告：2020年10月至11月［J］. 地方立法研究，2021（1）：95-121.

二、民族法律规范体系存在的问题

党的十八大以来，我国的民族法律规范体系取得了卓越的成效，然而，与新时代以铸牢中华民族共同体意识为主线的民族工作的要求还有一定差距，这具体体现在三个维度。

第一，从个体层面来看，一些政策措施不利于公民身份的塑造。在民族法律规范的制度设计下，一系列通过上级国家机关帮助的政策措施陆续出台，旨在通过实质性的"优惠照顾"致力于"各民族一律平等"。其中，为落实宪法"民族平等"与"国家帮助"的民族法治原则，一些照顾政策和优惠措施的制定和落实侧重于"民族身份"的甄别而忽略了社会发展的客观现实。例如，广为人知的"少数民族高考加分"与"少数民族高层次人才骨干计划"基于"民族身份"对少数民族群体或民族地区进行了差异性的优惠照顾，落实到受众个体层面则引起了一些争议：由于在落实中侧重于优惠政策的享有，淡化了法定义务的履行，导致众多受惠者将这些措施理解为促进自身个体发展的"砝码"，客观上强化了自身"民族身份"的认知，却忽略了同为公民应尽的义务，有悖于"各民族一律平等"的宪法原则。

第二，从群体层面来看，一些地方性法规有待按"共同性"的方向进行修订。例如，一些自治条例的制定侧重于"本民族"和"本地区"的"差异性"，却淡化了中华民族的"共同性"，不利于在群体层面树立统一的法治认同。进一步而言，长期以来，"五大自治区尚未出台自治条例"成为理论界和实务界的研究重点，现行自治条例和单行条例本身是否存在问题却没有得到应有的重视。以自治条例为例，从形式上看，相当数量的自治条例存在对上位法的简单重复、彼此之间相互套用的现象；从内容上看，一些自治条例对不能变通的法律规定进行变通、违背宪法和自治法的要求对相关法律规定进行细化，甚至设定"上级国家机关"的职责；从理念上看，一些自治条例侧重于"差异性"的传导，淡化了"共同性"的生成，诸如此类的问题应当引起重视。对此，在2022年3月5日发布的《中华人民共和国地方各级人民代表大会和地方各级人民政府组织法（修正草案）》的说明释放了明确的信号，将"铸牢中华民族共同体意识""促进各民族广泛交往交流交融"等内容增加到地方人大和政府的职责之中，同时将"保障少数民族的权利"修改为"保障少数民族的合法权利和利益"。

第三，从整体层面来看，"中华民族观"的传递有待进一步加强。"中华民族入宪"是新时代民族法律规范体系建设所取得的重要成效，也是铸牢中华民族共同体意识法治保障的根本法理依据。然而，作为民族法律规范体系的主干，《民族区域自治法》自2001年修正以来，至今尚未将"中华民族"纳入法律规范的表述，进一步而言，"中华民族共同体""铸牢中华民族共同体意识"也仍未在现行《宪法》中加以完善。应当指出，《宪法》和《民族区域自治法》作为我国民族法律规范体系的核心与主干，其立法价值的导向会对后续立法和下位法的制定产生重要影响，如果"中华民族共同体""铸牢中华民族共同体意识"等关键概念在上位法长期缺位，整体上对于中华民族共同体的法治建构是有着制约作用的。

第二节　民族法治实施体系的现状与问题

民族法的实施是民族法治体系的生命所在，也是其权威的重要体现，高效的法治实施体系需要确保纸面上的规范成为实践的行为和立法目的如期实现①。从这个意义上讲，新时代民族法治的实施体系是否完善，是对民族法律规范体系能否有效践行的直接实践，这又包括执行、遵守与适用三个维度。

一、民族法治实施体系的建设现状

从执行上来看，各地区通过制定地方性法规、地方政府规章以及地方规范性文件等方式先后出台或修订了《民族区域自治法》的实施细则，且在不断完善之中。具体如表5-1所示（部分）。

表5-1　《民族区域自治法》实施细则（部分）

名称	时间	属性
四川省实施《中华人民共和国民族区域自治法》若干规定	2006.11.9	地方政府规章
海南省实施《中华人民共和国民族区域自治法》若干规定	2015.12.1	地方规范性文件

---

① 李其瑞，邱昭继，王金霞，等．马克思主义法治理论中国化70年［M］．北京：中国法制出版社，2019：146.

续表

名称	时间	属性
乐山市实施《中华人民共和国民族区域自治法》若干规定	2007.12.29	地方规范性文件
湖南省实施《中华人民共和国民族区域自治法》若干规定	2020.7.30	地方性法规
吉林省实施《中华人民共和国民族区域自治法》办法	2017.7.28	地方性法规
重庆市实施《中华人民共和国民族区域自治法》办法	2007.7.29	地方性法规
辽宁省实施《中华人民共和国民族区域自治法》办法	2008.9.25	地方性法规

数据来源:"法信"数据库

换言之,这体现的是享有立法权的行政机关科学制定了有关贯彻实施《民族区域自治法》等基本法律的配套行政法规、规章和办法,并在不断完善之中。在此基础上,各级行政机关严格落实法律、行政法规、行政规章等确定的保障各民族生存与发展权益的各项具体措施,从宏观上讲,前文所提到的少数民族权益得以依法保障就是直接体现,具体而言,又可以从四个方面予以概括。第一,各民族的政治权利得到有效保障。各少数民族均有本民族的全国人大代表和全国政协委员,十三届全国人大代表中,少数民族代表 438 名,占人大代表总人数的 14.7%,以此实现各民族成员对于国家事务管理的共同参与。第二,少数民族和民族地区生活水平大幅提升。如宁夏、新疆、西藏、广西、内蒙古五个自治区和青海、云南、贵州 3 个多民族交融省份 2018 年至 2020 年的总体经济增长幅度超过全国平均增长水平,居民人均可支配收入从 1978 年的 150 多元大幅提升至 2020 年的 24534 元。第三,少数民族和民族地区的教育文化事业蓬勃发展。国家依法促进教育公平,通过法治实施保障各民族受教育的权利,同时依法保障各民族使用和发展自己的语言和文字,促进民族团结和社会和谐。第四,民族地区各民族生活安宁祥和。在各族人民的共同支持下,国家依法打击"三股势力",维护民族团结和社会稳定,各族群众的安全感、获得感、幸福感显著提升①。

司法机关在司法过程中是否正确适用民族法律法规，是民族法治实施成效的"试金石"，也是民族法律法规在执行中的直接实践。总体而言，新时代以来，我国在司法领域通过确保审判权检察权依法独立公正行使、保障当事人获得公正审判的权利、深化司法公开、保障犯罪嫌疑人及被告人等特定群体的合法权益、建立健全权利救济和救助制度、提供优质便捷的公共法律服务等维度不断加强新时代人权保障法治化②。具体而言，以我国践行民族法治成效显著的新疆维吾尔自治区为例，自治区司法机关牢牢把握社会公平正义这一法治价值追求，推进以审判为中心的诉讼制度改革，将民族法治的执行落到实处：建成旅游巡回法庭 74 个，打造"枫桥式法庭" 103 个，设立法官工作室、便民服务站、巡回审判点 1645 个，平均审理周期缩短 21.6 天，一审服判息诉率达90.79%以上，2020 年全年结案率 97.11%，办结国家赔偿与司法救助案件 545件，为生活困难群众缓、减、免诉讼费共计 2606.11 万元③，兼顾"公平"与"高效"，真正践行了新时代民族法治的理念。从更为具体的角度而言，作为民族法律规范体系的最重要组成部分，民族自治地方的自治法规在司法实践中发挥着重要的作用。有学者通过对比 106 份裁判文书，发现法院在司法过程中既将自治法规作为"说理"的依据，也通过援引自治法规作为裁判的依据，同时以自治法规司法适用的"共性"为分析视角，指出法院适用自治法规进行"说理"直接影响案件的判决结果④。这体现的则是民族法律规范在司法实践的过程中，不仅对诉讼双方争议和纠纷的解决起着重要作用，也在一定程度上推进了各族群众对于民族法治实施的理解。

从民族法律规范的遵守与适用上来看，一切国家机关、企事业单位、人民团体以及其他社会组织和全体公民都应当依照民族法律法规的规定，在行使民族权利的同时履行民族义务，在民族法律规范体系允许的范围内进行活动，从而致力于中华民族共同体的法治建设。党的十九大提出要"提高全民族法治素养和道德素质"，这既是中华民族共同体法治建设的必然要求，也是民族法治实

---

① 中华人民共和国国务院新闻办公室. 全面建成小康社会：中国人权事业发展的光辉篇章 ［M］. 北京：人民出版社，2021：47-49.

② 中华人民共和国国务院新闻办公室. 不断发展进步的中国人权事业：中国人权白皮书汇编（2016—2019）［M］. 北京：五洲传播出版社，2020：221-223.

③ 中华人民共和国国务院新闻办公室. 新疆各民族平等权利的保障 ［M］. 北京：人民出版社，2021：5.

④ 郭丽萍. 民族自治地方自治法规司法适用的时政考查：以 106 份裁判文书为分析样本 ［J］. 民族研究，2016（5）：47-64.

施体系的充分体现。为此，党和政府付出了不懈努力，并采取了种种专项措施以提升全民族的法治素养，总体而言，上级国家机关从三个方面加强了"法治社会"的建设：一是推动法治宣传教育，从实践来看，自 1985 年以来，我国已经实施了 7 个五年普法计划，30 多年的法治宣传教育在实践中已经逐渐浸润各族公民的信仰，公民的法治意识与素养也明显提升；二是创新社会治理模式，各地区在创新社会治理的实践中走出了一些符合本地实际的新模式，如"枫桥经验""民主法治村""四前工作法""三治融合"等均是典型代表，2008 年以来，司法部与全国普法办开展的法治城市创建活动，已经覆盖 93%的地（市、自治州、盟）和 86.6%的县（市、区、旗）；三是惠及人民群众的法律服务，法律援助工作取得较大进步，援助范围不断扩大、援助质量显著提升，基本能够保障群众在遇到法律问题或者权利受到侵犯时获得及时有效的法律援助①。

与此同时，由中共中央办公厅、国务院办公厅于 2017 年 5 月 17 日印发并实施的《关于实行国家机关"谁执法谁普法"普法责任制的意见》是新时代提升全民族法治素养的顶层设计和民族法治宣传教育的制度保障，从 2021 年 6 月 7 日发布的《国务院关于"七五"普法决议贯彻落实情况的报告》来看，该意见得到了充分的执行，一系列重大主题普法活动扎实开展，在成立落实普法责任制部际联席会议基础上，在中央和国家机关维度公布了两批"普法责任清单"，在立法、执法、司法的过程中不断践行广泛听取全社会意见、全过程普法和办案各环节宣讲法律。而早在 2016 年 10 月 20 日，国家民族事务委员会就印发了《关于组织实施法治宣传教育第七个五年规划的通知》，该通知明确指出："编制实施全国民委系统'七五'普法规划……对进一步提高全国民委系统依法管理民族事务能力、增强各族干部群众法律素质、为推动我国民族团结进步事业奠定良好法治基础具有重要意义"，全民族法治的遵守和适用体系不断得以完善。

二、民族法治实施体系存在的问题

民族法治的实施，是族际关系法治化的关键环节，也是依法治理民族事务的核心要义，我国的民族法治实施体系在执行、遵守与适用等维度取得了卓越的建设成效，然而在实施中，也存在一些制约因素。

第一，从实施依据来看，作为我国民族法治体系的主干，《民族区域自治法》在法律文本制定中大量使用了一些较为"宏观""模糊"的术语，如"合

---

① 徐显明. 当代世界法治与中国法治发展 [M]. 北京：中共中央党校出版社，2020：248-251.

理配备""适当""照顾"等，这就导致在法律实施中缺乏统一的标准。如着眼于"国家帮助"的宪法原则，对于其帮助主体"上级国家机关"所指为何就有待进一步厘清，倘若对于这一基本概念没有科学厘清，就会造成在法治实践中帮助主体不明确、落实载体易泛化的问题。进一步而言，在法律规范体系本身有待进一步完备的前提下，对于相关概念和术语的法律解释就是必要的，然而，在现行的民族法治实施体系中，不仅对于抽象的概念缺乏解释，对于法律规则的适用与立法目的的解释均有待加强。应当指出的是，倘若在实施依据层面对于重要的概念没有厘清，就会导致民族法律规范体系在实践之中存在主体不明、必要性认知不足、权责划分不清等一系列问题，进而制约民族法治的实施成效。

第二，从实施机制来看，在日趋完备的民族法律规范体系指引下，民族法治的实施采取的更多是自上至下的"垂直型"决策程序。以上级国家机关依据宪法民族法治的原则制定的诸多针对特定群体和特定地区的差异性帮扶措施的实施为例，许多措施的实施在执行中由于对立法者意愿的理解存在偏差，从而导致实施效果不理想，"针对性"与"有效性"没有得以充分体现，"国家帮助"的种种措施没有很好地满足特定群体和特定地区的需要，2015年全国人民代表大会常务委员会执法检查组关于检查《民族区域自治法》实施情况的报告就提出了"一些民族地区十分关注的问题长期没有得到解决"，这正是民族法治实施体系"针对性"与"有效性"不足的客观反映。另外，"自治权"是民族法治在民族地区践行的具体体现，而在民族自治地方内部，民族法治实施的价值取向长期侧重于"少数人权利保护"和"积极性行动"，却忽略了自治权的行使针对的并不仅仅是"本民族内部事务"，而应当是"本地区各族事务"，这就导致民族自治地方的协商民主机制没有很好地发挥作用，距"按增加共同性的方向改进当前民族工作"还有不小差距。

要而言之，从民族法治的实施依据和实施机制上看，存在政策的有效性需要进一步发挥、一些本应当执行的法规和政策有待落实以及相关措施执行不到位的问题。

第三节　民族法治监督体系的现状与问题

习近平总书记指出，公权力姓公，也必须为公。只要公权力存在，就必须有制约和监督①。党和政府高度重视我国民族法律法规的立法与执行的监督工作，并建立了严密而具体的民族法治监督体系，有力地推进了民族法治的实施。

一、民族法治监督体系的建设现状

着眼于监督主体的维度，可从以下三个方面②概括民族法治监督体系的建设成效。

第一，党内监督。2016 年 10 月 27 日中国共产党第十八届中央委员会第六次全体会议通过的《中国共产党党内监督条例》，第五条明确规定："贯彻落实党的理论和路线方针政策，确保全党令行禁止情况"，这就为践行新时代民族理论与政策、民族事务法治化的推进的党内监督提供了直接的法律法规依据。同时，2019 年修订的《中国共产党党内法规制定条例》第三条提出："党章是最根本的党内法规，是制定其他党内法规的基础和依据"，2017 年修改的《中国共产党章程》（以下简称《党章》）又指出："中国共产党维护和发展平等团结互助和谐的社会主义民族关系……铸牢中华民族共同体意识，实现各民族共同团结奋斗、共同繁荣发展"，这就为民族法治的党内监督提供了根本的党内法规准绳。

第二，上级国家机关的监督。上级国家机关的监督包括各级人民代表大会常务委员会的立法监督和民族工作部门（如国家民族事务委员会）的行政监督。

一方面，备案审查工作取得了实质性的成效：从 2017 年 12 月 24 日全国人大常委会听取的备案审查工作报告来看，从 2012 年至 2017 年共接受报送备案的规范性文件 4778 件，并主动审查 188 件行政法规和司法解释，还对地方性法规（包括民族自治地方的自治条例和单行条例）重点开展专项审查，对 1527 件审查建议进行认真研究以保障宪法法律实施，维护国家法制统一③。进一步而言，从 2021 年全国人民代表大会常务委员会法制工作委员会关于备案审查工作情况的报告来看，着眼于铸牢中华民族共同体意识，不断推进民族事务治理法治化的理念得以充分践行，其在"切实维护国家法治统一"章节中，着眼于"合宪性审查"的维度，第一条就指出了一些民族自治地方的民族教育条例存在的合

---

① 习近平法治思想概论编写组．习近平法治思想概论［M］．北京：高等教育出版社，2021：165.

② 刘玲．中国民族法制建设 70 年：历程、成就与展望［J］．贵州民族研究，2019（10）：28-36.

③ 全国干部培训教材编审指导委员会．建设社会主义法治国家［M］．北京：人民出版社，党建读物出版社，2019：83.

宪性问题，针对"宪法和有关法律已对推广普及国家通用语言文字作出明确规定，包括民族地区在内的全国各地区应当全面推行国家通用语言文字教育教学，而有关法规中存在不利于促进民族交往交流交融的内容"的实际情况，做出"有关法规中的相关内容应予纠正"的通报①，这正是新时代民族法治监督体系不断进步和完善的具体体现。

另一方面，全国人大于 2006 年和 2015 年先后组织了两次大规模的民族区域自治法执法检查，有力推动了民族法治监督体系的健全与完善。同时，根据 2008 年国务院批准的国家民委"定职责、定机构、定编制"（"三定"规定）和《国务院办公厅关于进一步加强督促检查切实抓好工作落实的意见》的要求，国家民族事务委员会于 2009 年 3 月 25 日出台了《关于加强民族法规和民族政策执行情况监督检查工作的意见》，该意见强调了加强民族法规和民族政策执行情况监督检查工作的必要性和重要性，对民族法规和民族政策执行情况监督检查工作的指导思想、主要任务、总体目标、工作细则、领导机制等维度进行了具体的诠释。在此基础上，各部委、地区还进行了关于《民族区域自治法》施行状况的专项监督和检查工作。

从 2015 年 12 月 22 日全国人民代表大会常务委员会关于检查《民族区域自治法》实施情况的报告来看，民族地区的基础设施建设、生态环境保护、少数民族干部人才培养以及配套法规制定情况等方面成为此次监督与检查的重要内容。检查结果表示，截至 2015 年，民族地区的经济、文化、社会、生态以及民生等方面获得了迅速的发展，民族团结进步事业和民族法治建设也日趋完善，同时也存在自治法部分规定落实不到位的实际问题，并从加强自治法配套法规建设等方面提出了具体的对策建议，强调要"进一步加强对民族区域自治法实施情况的监督检查"。

从各部委采取的专项监督检查行动来看，以 2007 年《商务部关于落实全国人大常委会〈民族区域自治法〉执法报告有关情况的函》为例，该报告详尽介绍了商务部在扶持民族地区经济贸易、落实各项帮扶政策、促进民族地区商务事业发展等方面取得的成效，也提出了后续将"认真落实中央民族工作会议精神和《中华人民共和国民族区域自治法》《国务院实施〈中华人民共和国民族区域自治法〉若干规定》要求"的具体目标。从各地区落实关于贯彻《民族区域自治法》的实际情况来看，以 2012 年广东省人民政府办公厅关于开展《广东

---

① 全国人民代表大会常务委员会法制工作委员会关于 2021 年备案审查工作情况的报告［EB/OL］. 中国人大网，2021-12-21.

省实施〈中华人民共和国民族区域自治法〉办法》执行情况检查的通知为例，该通知明确规定了检查内容、检查方式和检查时间，并要求"省民族宗教委汇总整理检查结果，形成书面报告分别报省人大常委会和省政府"；广东省于2009年还开展了对《广东省实施〈中华人民共和国民族区域自治法〉办法》和《广东省散居少数民族权益保障条例》执法检查报告的审议，并对省人大常委会进行了专项报告，类似的监督检查工作还有很多，在此不一一列举。

此外，2016年10月20日国家民族事务委员会印发的《关于组织实施法治宣传教育第七个五年规划的通知》也明确要求："推动监督检查工作与法治宣传教育工作有机结合，把加强民族法律法规的学习、宣传和教育作为督查内容，进一步加大督查力度，增强监督检查工作的权威性"，体现了民族法治监督体系的严密性和时代性。

第三，民主监督、社会监督、群众监督和舆论监督等形式形成合力，不断健全，共同致力于构建严密的民族法治监督体系。从2021年4月16日发布的《全国人大常委会2021年度监督工作计划》来看，着眼于"少数人权利保护"的范畴，其在第二条的"民生"维度，就重点诠释了"围绕促进人口较少民族经济社会发展情况进行专题调研"，并要求围绕人口较少民族聚居地区的基础设施建设、公共服务水平、优势产业发展、乡村振兴建设、民族文化传承及铸牢中华民族共同体意识等情况进行重点监督检查，并要求在2021年10月底之前完成专项调研报告，明确责任主体为民族委员会。需要指出的是，新时代的民族法治监督体系，不仅要依靠党内监督和上级国家机关和相关职能部门的监督，也需要将践行监督权利和职责的重心逐渐下沉至民族法治建设的最终载体——人，从"公民"个体的角度、社会参与的广度、舆论监督的力度逐渐完善民族法治监督体系。从2021年8月1日印发的《法治政府建设实施纲要（2021—2025年）》来看，着眼于行政权力制约和监督体系的健全，明确提出"鼓励开展政府开放日、网络问政等主题活动，增进与公众的互动交流"，这就为公民监督、社会监督、网络监督等新时代的监督主体提供了法理依据。而早在2015年，宁夏回族自治区就发布了《宁夏回族自治区法治政府建设指标体系（试行）》，着眼于行政监督的范畴，提出要接受权力机关、政协民主、司法机关、社会群众、行政层级等的监督，并特别强调"支持人民政协履行职责，畅通民主监督渠道""公众举报投诉和保障新闻舆论监督制度建立健全"等具体要求，为新时代构建严密而具体的民族法治监督体系提供了法理依据。

二、民族法治监督体系存在的问题

民族法监督体系的存在，是确保日趋完备的法律规范体系通过法治发挥关键作用，从这个意义上讲，民族法治监督体系的运转成效如何，决定了民族法治的实施结果。

从立法监督的角度来看，前文所述的一系列民族法律法规尤其是自治条例和单行条例存在的立法水平不高，没有很好地体现"共同性"的时代价值，这既与民族法律规范体系自身建设的状况有关，也与立法监督的效果欠佳有关。在备案审查方面，备案审查工作虽然取得了卓越的成效，但是仍存在许多待改进之处，例如，一些地方性法规存在"备而不查"的现象，同时，从人大常委会专项工作组关于历年来的备案审查工作情况报告来看，关于"开展依申请审查和移送审查工作的情况"几乎都是公民和社会组织层面提出的审查建议。进一步而言，很难有公开资料表明国务院曾向全国人大常委会提出过关于某项地方性法规的审查要求或建议，这就需要从备案审查的主体职责与机制设定进行反思。另外，五大自治区至今尚未正式出台"自治条例"一直是理论界和实务部门关注的重点问题，其中与民族法律规范体系本身的建设有关，同时也需要深入分析其中的立法机制和监督程序，例如，自治条例的制定和最终公布需要经过"报批机制"这一关键监督程序，这就与民族自治地方的"自治立法权"存在着博弈，即相较于一般的地方性法规，由于报批机制的存在，自治立法权被学界认为是"半个立法权"，即除了备案审查外，报批机制对自治立法权的行使产生了重要影响，这种机制的存在应当如何与自治立法权共存，以及机制本身是否需要进一步优化，是一个必须认真思考的问题。

从实施监督的角度来看，一是对于落实民族法治的必要性认知存在不足，《民族区域自治法》虽然规定了"上级国家机关"的宏观职责和任务导向，然而对于践行帮助责任的主体并未做进一步诠释，同时对于责任主体帮助职责"履行不到位"也没有明确的追责依据和督促措施。同样，自治机关践行自治权，是宪法民族法治原则的重要体现，然而，倘若自治权行使不充分或者行使"越级"，没有充分发挥出"区域自治"的效果，相关法律法规也没有明确的规定和有针对性的办法，这就导致对于践行民族法治的必要性认知难以有效提升。二是责任设定不全，前文已经提出，对于上级国家机关的种种帮助措施，落实到公民个体层面存在"侧重权利享有，淡化义务履行"的问题，这从背后说明了践行帮助职责的主体遵循"少数人保护"的民族法治理念，对于诸多帮助措施的侧重点也在于"优惠照顾"层面，从而淡化了对这些享有优惠照顾政策客体的监督，最终导致政策受惠的个体在认知层面对于这些优惠措施的理解产生了偏差，不利于其公民身份的塑造。三是执法检查有待进一步加强，对于民族法治的监督，在全国范围内较有影响力的是全国人大于2006年和2015年先后组织的两次大规模的《民族区域自治法执法》检查，从这两次检查的结果来看，各地区关于《民族区域自治法》虽然取得了重要的成就，然而其仍然存在一些"共性"问题，这就应当进一步反思对于这种"执法检查"本身是否需要改进，如监督的形式是否仍是传统的"听证汇报"，通过监督了解的诉求是否更加具有针对性与真实性等一系列问题，都是今后民族法治监督体系建设的发力点。

第四节　民族法治保障体系的现状与问题

法治保障体系在中国特色社会主义法治体系中具有基础性地位①，形成有力的法治保障体系，是宪法法律得以贯彻实施的重要手段②。从这个意义上讲，构建有力的民族法治保障体系，是践行民族事务法治化的基础支撑，也是巩固中华民族共同体的法治建设、以法治方式铸牢中华民族共同体意识的前提基础。

一、民族法治保障体系的建设现状

新时代以来，我国已经建立起了强有力的民族法治保障体系，主要体现在以下三个方面。

第一，党对民族法治工作的领导得以不断加强和改进，这也是民族法治保障体系不断健全的根本保证。现行《宪法》在序言中规定，"把我国建设成为富强民主文明和谐美丽的社会主义现代化强国，实现中华民族伟大复兴"是国家的根本任务，而这个目标的实现，必须是各族人民在中国共产党的领导下不断奋斗才能完成，这就为党对民族法治工作的领导提供了最高的法理依据。实现中华民族伟大复兴，不仅是国家的根本任务，也是民族法治的最高目标。党的十九届四中全会指出，"党是领导一切的，坚决维护中央权威，健全总揽全局、协调各方的党的领导制度体系，把党的领导落实到国家治理各领域各方面各环

---

① 习近平法治思想概论编写组．习近平法治思想概论［M］．北京：高等教育出版社，2021：167.

② 徐显明．当代世界法治与中国法治发展［M］．北京：中共中央党校出版社，2020：148.

节。"从这个层面上讲，坚持党的领导不仅是中华民族共同体法治建设的引领核心，也是民族法治体系的根本保障。

习近平总书记高度重视中国共产党在民族工作中的领导作用和核心地位，分别在 2019 年全国民族团结进步表彰大会与 2021 年中央民族工作会议上提出："坚持加强党对民族工作的领导，不断健全推动民族团结进步事业发展的体制机制""加强和完善党的全面领导，是做好新时代党的民族工作的根本政治保证"。从实践上看，中国共产党通过完善法治实践的党内法规体系支撑、促进民族政策和法律规范的协调、强化民族事务治理的党员干部队伍建设等不断完善民族法治保障体系。可以说，在民族法治保障体系的建设中，中国共产党发挥着统领全局、协调各方的核心作用①，不断将铸牢中华民族共同体意识的精神动能转化为民族法治建设实效。

第二，不断加强民族法治专门人才培养和队伍建设。"全面推进依法治国，必须着力建设一支忠于党、忠于国家、忠于人民、忠于法律的社会主义法治工作队伍。"② 从这个意义上讲，民族法治工作的专业人才和行业队伍，是民族法治保障体系得以不断健全和发展的"生力军"，也是新时代铸牢中华民族共同体意识的一线"园丁"。

从理论研究和学科建设上来看，作为民族法治的"理论摇篮"，"民族法学"既是一门法学学科，又是指导民族工作的重要基础理论，我国民族法学自20 世纪 80 年代起逐步发展，现已成为一门法学学科，为新中国的法治建设和依法治理民族事务提供了强有力的理论和实务支持③。新时代以来，我国民族法学的发展坚持问题导向，突出时代脉络，针对"各民族交往交流交融""中华民族多元一体格局""族际关系法治化""用法律保障民族团结""铸牢中华民族共同体意识"等热点问题进行了深入的理论探讨，提出了很多切实可行的对策，不断推动民族事务治理的法治化和现代化进程。仅从著作上看，2012 年至 2018年我国民族法学领域的著作就有 30 余册，其中既有关于少数民族法制史、古代民族法制相关问题的研究，又有民族法学学科的专门教材，还有针对民族地区和谐社会、民族法学理论与热点问题等的实证研究，可称之为民族法治工作的

---

① 杨宇泰，王允武. 铸牢中华民族共同体意识的法治实践路径研究［J］. 西昌学院学报（社会科学版），2021（4）：47-53.

② 习近平法治思想概论编写组. 习近平法治思想概论［M］. 北京：高等教育出版社，2021：168.

③ 王允武，王杰，廖燕萍. 中国民族法学研究概览（2008—2018）［M］. 北京：法律出版社，2020：2.

"文本智库"。从各民族法学界的专家学者会晤交流的重要形式——学术会议上看，2012 年至 2018 年，全国范围内（国家级）的学术会议每年召开 3 次至 5 次，其中有针对当代民族法治工作的专门会议，如 2018 年 6 月 21 日在武汉召开的"中国法学会民族法学研究会会员代表大会暨学术研讨会"，此次会议以"学习贯彻党的十九大精神，推进民族事务治理法治化"为主题进行了学术探讨；有针对民族法治人才干部队伍培养进行深入交流的研讨会，如 2017 年 4 月 16 日在广西民族大学召开的"全国民族院校法学院院长（系主任）联席会议暨民族法学法律人才培养模式创新研讨会"①。

从干部人才队伍的培养建设上来看，2021 年 5 月 14 日发布的《全国人大常委会 2021 年度监督工作计划》明确提出要对"培养选拔使用人口较少民族干部、加强人才队伍建设情况"进行专项调研，从 2016 年统计的数据来看，全国各有关领域共有 300 多万名少数民族干部②，无论是从数量还是质量上，距新时代高质量民族法治保障体系的要求还有很大距离，也亟须向"四重人才"（应用型法律人才、复合型双语人才、创新型能动人才和定向型服务人才）③ 的要求不断靠齐。为此，着眼于民族法治人才队伍建设，上级国家机关开展了形式多样的培训活动和卓有成效的专项计划。例如，最高人民法院联合国家民族事务委员会于 2015 年 4 月 3 日出台了《关于进一步加强和改进民族地区民汉双语法官培养及培训工作的意见》，要求"推动将优秀双语法官培养纳入当地民族干部队伍建设总体规划"；最高人民检察院于 2013 年 12 月 10 日出台了《2014—2018 年基层人民检察院建设规划》，要求"健全少数民族干部跨地区、跨层级选派挂职、交流锻炼工作机制"，在此基础上，各相关职能部门、各地区进行了专项培训计划，截至 2018 年 5 月，国家民族事务委员会先后组织了七届全国民委系统监督检查工作专题研讨班，极大地提高了民委系统干部做好执法检查工作的能力水平④；内蒙古自治区高级人民法院于 2012 年设立了全国蒙汉双语法官培训基地；"全国藏汉双语法官西藏培训基地揭牌仪式"于 2014 年 8 月 6 日在国家法官学院西藏分院隆重举行；由最高人民法院与国家民委联合主办的新疆人民

①　王允武，王杰，廖燕萍．中国民族法学研究概览（2008—2018）［M］．北京：法律出版社，2020：181-201．

②　刘勇，张娇．新常态下民族工作的组织人才保障：加强民族地区党组织和少数民族干部队伍建设［J］．黑龙江民族丛刊，2016（6）：9-13．

③　卢桂．"四重定位"视域下民族法治人才培养路径研究［J］．民族教育研究，2020（5）：154-160．

④　潘红祥，张星．中国民族法治七十年：成就、经验与展望［J］．民族研究，2019（3）：1-18．

法院"维汉双语法官培训班"于 2015 年 10 月 10 日在西北民族大学开班①；2018 年，最高人民法院组织内蒙古、四川、云南、广西、西藏、甘肃、青海、新疆、吉林 9 个省（区）的高级人民法院及新疆生产建设兵团分院开展了首批双语法官评定工作，评定人数达 1000 多人②。总体而言，着眼于民族法治保障体系不断健全的角度，党和国家十分重视民族法治干部人才队伍的建设。

　　第三，持续加强科技和信息保障。全面推进依法治国，要适应信息化发展大趋势，新时代民族法治保障体系的完善，应当愈发重视"互联网+法治""大数据""数字法治"等具有时代特色和科技发展的工具和方式，从而不断推进民族事务治理的法治化和现代化水平。截至 2020 年 12 月底，我国的网民规模为 9.89 亿人，其中使用手机上网的网民达到 9.86 亿人③，"互联网+"和"民族大数据"时代的到来，为民族法治保障体系的不断健全提供了很好的时代机遇，也对民族事务治理法治化和现代化提出了更高的要求。从民族事务治理创新变革的角度来看，大数据视域下的民族法治保障体系具有治理主体多元化、治理结构扁平化、治理方式数据化与治理能力现代化等特点④。中共中央、国务院于 2021 年 8 月 11 日印发的《法治政府建设实施纲要（2021—2025 年）》明确提出了要"健全法治政府建设科技保障体系，全面建设数字法治政府"，而早在 2018 年 9 月 18 日，司法部就下发了《关于深入推进公共法律服务平台建设的指导意见》，其明确提出要将"数字法治、智慧司法"信息化体系建设统筹推进。着眼于民族工作法治化和治理能力现代化的视域，2021 年 4 月 1 日发布的《国家民委 2020 年法治政府建设年度报告》第四部分聚焦于"政务信息公开"与"数字信息化建设"，对"发布政府信息、加强平台建设"的情况做了专项汇报。

　　从各地区、各职能部门来看，为不断推进民族法治保障体系，推进民族事务治理能力现代化，各地区和相关职能部门采取了种种措施，成立相关机构，制定具体办法。例如，典型的"多民族聚居省份"贵州省民族古籍整理办公室以本省大数据云建设为依托，于 2021 年 11 月 29 日启动实施"贵州民族古籍数

①　王允武. 语言习惯与民族地区双语司法人才队伍建设［J］. 原生态民族文化学刊，2016（3）：56-65.

②　国家民族事务委员会. 铸牢中华民族共同体意识：全国民族团结进步表彰大会精神辅导读本［M］. 北京：民族出版社，2021：53.

③　第 47 次《中国互联网络发展状况统计报告》［EB/OL］. 中华人民共和国国家互联网信息办公室，2021-02-03.

④　石亚洲. 大数据时代民族事务治理创新研究［J］. 中央民族大学学报（哲学社会科学版），2015（6）：5-12.

字资源发布平台"项目以保障各民族的文化权；四川省于 2019 年就启动了"四川省少数民族古籍相关数字化平台"上线项目；8 月 12 日，福建省于 2021 年 8 月 16 日启动了"民族宗教文化信息数字基地"项目；广东省"数字政府"少数民族服务专区于 2019 年 4 月 1 日正式上线；宁夏回族自治区人民政府在 2021 年 3 月 1 日印发了《宁夏回族自治区数字政府建设行动计划（2021 年—2023 年）》，提出了"网络化办公、数字化执法、智能化治理、智慧化服务"等科学理念。

需要特别指出的是，作为我国首个"大数据综合试验区"，多民族聚居省份贵州省在民族法治保障体系的大数据数字化建设上迈出了很大步伐，出台了《贵州省大数据发展应用促进条例》（2016 年 3 月 1 日执行）、《贵阳市政府数据共享开放条例》（2017 年 5 月 1 日施行）、《贵州省政府数据共享开放条例》（2020 年 12 月 1 日施行）等数个地方性法规，还于 2017 年成立了全国首家省厅级大数据管理机构——贵州省大数据发展管理局，从该局 2020 年 12 月 4 日发布的《2020 年法治政府建设工作完成简况》来看，在法治机关建设、法治政府建设、大数据法规制度创新、行政决策规范化管理、干部职工法治思维培养等方面取得了卓越成效①，这正是民族地区"智慧司法"建设的生动演绎。

二、民族法治保障体系存在的问题

铸牢中华民族共同体意识的法治保障，其研究基点归根到底是"人"的问题，民族法治体系的高效运转，离不开每一个现实存在的个体。这就要从民族法治基础理论研究和人才队伍建设两个方面进行分析。

从基础理论的研究来看，前文所述的诸多自治立法存在立法水平有待进一步提高的问题，这就说明自治立法的水平不高并非"特例"，而是诸多民族自治地方的共性问题，对此问题的分析亦不能仅仅停留在"立法质量"的层面，必须更深层次地探讨立法者作为"人"的层面，其背后反映的事实是立法者立法能力的欠缺。然而，立法能力的塑造，既源自立法者和团队先天的法治素养，又与其后天所接受的民族法治相关教育有密切关系。从这个意义上讲，关于自治立法的基础理论支撑就尤为重要。然而，现阶段关于宪法民族法治基本原则之一的"民族区域自治"理论研究仍有很多理念尚未达成共识，如将"本民族内部事务"局限于"该民族"内部，从而在自治立法中侧重于差异性的体现而

---

① 贵州省大数据发展管理局 2020 年法治政府建设工作完成简况［EB/OL］. 贵州省大数据发展管理局，2020-12-04.

淡化了共同性的遵循。同时，对于民族法治的宣传教育，从理念上看，长期以来对于"中华民族观"的传递没有上升到重要位置；从方式上看，更加侧重于"全面普及""全民推广"却忽略了民族工作的特殊性和针对性，诸如此类的现象还在一定范围内大量存在，制约了民族法治保障体系的不断健全。

从人才队伍的建设上来看，支撑民族法治体系的重要学科"民族法学"长期以来没有得到相应的重视，仅在为数不多的民族类高校进行了专项建设，而相应的师资力量、学生质量以及学科建设等都亟须进一步加强。同时，关于民族工作的基础类民族理论课程也多以"公共课"的形式予以"大水漫灌"，导致诸多受过高等教育的应届毕业生对于民族理论与政策要论所知甚少，相应的教材体系建设也亟须更新。这就直接导致了民族法治人才队伍建设不足：一方面，对于如何定义"民族法治人才"，长期以来理论界和实务界更多关注的是其是否具备"少数民族身份"，从而导致在实践中倾向于"干部民族化"与"自治民族化"的推进；另一方面，民族法治人才队伍建设虽然取得了卓越的成效，但仍与新时代高质量的民族工作要求有不小差距，例如，相较于长期以来关注民族法治人才的"数量"，新时代的民族工作既需要高质量的法治人才，如何培养应用型法律人才、复合型双语人才、创新型能动人才与定向型服务人才是新时代民族工作长远发展必须面对的实际问题。

第五节　民族法治实践的卓越成效

在民族法治体系的全方位建设下，我国的民族法治实践取得了辉煌的成就。立足于"三位一体"的分析框架，可以从公民权利得到有效保障、各民族共享发展成果、中华民族的整体性建设不断加强三个方面进行详尽论述。

一、公民权利得到有效保障

着眼于各族公民的权利保障维度，习近平总书记曾指出："中国坚持把人权的普遍性原则和当代实际相结合，走符合国情的人权发展道路，奉行以人民为中心的人权理念，把生存权、发展权作为首要的基本人权，协调增进全体人民的经济、政治、社会、文化、环境权利，努力维护社会公平正义，促进人的全面发展。"① 我国是一个统一的多民族国家，各族公民在党的领导下向着共同富裕的道路不断迈进，在这个过程中，保障公民的人权既是中国特色社会主义法治原则的必然要求，即坚持人民主体地位，保障人民合法权益，又是中华民族共同体法治建设成效的具体体现，即宏观的历史叙事必须以微观具体的个体为充分体现。具体而言，可从生存权、发展权、人权保障的法律体系三个维度②进行诠释。

（一）通过精准脱贫保障公民的生存权

从宏观上来看，生存权可以理解为包含生命权在内的诸多权利的总称，如家庭权、教育权、劳动权等，而从微观上来看，则旨在解决贫困人口的温饱问题。具体而言，生存权的保障需要政府帮助贫困个体和弱势群体获得有尊严地生存和发展的机会。习近平总书记在2021年中央民族工作会议上提出的"要支持民族地区实现巩固脱贫攻坚成果同乡村振兴有效衔接，促进农牧业高质高效、乡村宜居宜业、农牧民富裕富足"，事实上就为新时代各族公民尤其是民族地区公民生存权如何更好地得到保障指明了方向。

1. 正确制定脱贫政策

贫穷是各族公民迈向共同富裕道路上的"拦路虎"，也是中国人民实现人权的巨大障碍。党和政府着眼于消除绝对贫困的目标，力求以"精准脱贫"的强有力的方式保障各族公民的生存权。《中共中央 国务院关于打赢脱贫攻坚战的决定》明确指出："确保到2020年农村贫困人口实现脱贫，是全面建成小康社会最艰巨的任务"，该决定还从加大财政扶贫投入力度，加大金融扶贫力度，完善扶贫开发用地政策，发挥科技、人才支撑等方面提出了健全脱贫攻坚支撑体系的具体措施；2016年11月23日，国务院印发的《"十三五"脱贫攻坚规划》则更进一步将打赢"脱贫攻坚战"的目标和价值诠释为"促进全体人民共享改革发展成果、实现共同富裕的重大举措，促进区域协调发展、跨越'中等收入陷阱'的重要途径，促进民族团结、边疆稳固的重要保证，全面建成小康社会

---

① 习近平. 走符合国情的人权发展道路［M］//习近平谈治国理政：第3卷［M］. 北京：外文出版社，2020：288.

② 从广义上讲，全面建成小康社会的进程，也是中国人权事业全方位发展的进程，始终体现和包含解放人、保障人、发展人的战略、目标和任务。全面建成小康社会要先保障生存权，"发展"则是在生存权得以有效保障的基础上，增进公民经济社会文化权利的根本方式。因此，在此从生存权、发展权、人权保障的法律体系三个维度论述公民权利的法治保障。中华人民共和国国务院新闻办公室. 全面建成小康社会：中国人权事业发展的光辉篇章［M］. 北京：人民出版社，2021：5.

的重要内容"，同时提出"到 2020 年，稳定实现现行标准下农村贫困人口不愁吃、不愁穿，义务教育、基本医疗和住房安全有保障"即"两不愁三保障"的较为直观可量化的保障公民生存权的重要指标；2018 年 6 月 15 日下发的《中共中央　国务院关于打赢脱贫攻坚战三年行动的指导意见》则更加具有针对性，其根据精准脱贫的实施进程找准了扶持区域、对象的发力点，直面现实问题，即"特别是西藏、四省藏区、南疆四地州和四川凉山州、云南怒江州、甘肃临夏州（三区三州）等深度贫困地区，不仅贫困发生率高、贫困程度深，而且基础条件薄弱、致贫原因复杂、发展严重滞后、公共服务不足，脱贫难度更大"，将扶持的重点地区定位于"深度贫困地区"，避免了"大水漫灌"。从帮扶举措上，科学地提出了"强化到村到户到人精准帮扶举措"，真正将生存权的保障聚焦于客观存在的"人"，更为重要的是，《中共中央　国务院关于打赢脱贫攻坚战三年行动的指导意见》结尾还提出了"统筹衔接脱贫攻坚与乡村振兴"，"抓紧研究制定 2020 年后减贫战略，研究推进扶贫开发立法"体现的是党和政府审时度势的研判公民生存权应当如何更好地保障，在这基础上公民的发展权又应当以何种方式践行，最终以法治的方式予以巩固和完善。

需要特别指出的是，新冠肺炎（2022 年 12 月 26 日更名为"新型冠状病毒感染"）疫情肆虐全球，对人类命运共同体的和谐发展造成了极大的冲击，也为世界各地经济社会的发展蒙上了阴霾，对于每一个个体的生存权更是带来了挑战。国务院扶贫开发领导小组于 2020 年 2 月 12 日下发了《关于做好新冠肺炎疫情防控期间脱贫攻坚工作的通知》，该通知重申"2020 年是决胜全面建成小康社会、决战脱贫攻坚之年"，同时真正体现了"以人为本"的正确理念，如提出"解决贫困群众外出务工难题"，这就从民生就业的角度出发，为非常时期如何完成脱贫攻坚的任务、保障公民个体的生存权指明了方向，而"要关注贫困群众生产生活和疫情防控，加强心理干预和疏导，有针对性做好人文关怀"的提出，不仅从物质维度关注公民生存权的保障，还特别重视从心理维度关爱贫困群体，真正体现了社会主义法治国家坚持人民主体地位的具有中国特色社会主义的法治原则。

2021 年 2 月 25 日，习近平总书记在全国脱贫攻坚总结表彰大会上宣布我国脱贫攻坚战取得了全面胜利，这一人类历史上的伟绩是全党全国各族人民共同努力完成的，这就标志着在中国共产党的领导下，通过精准脱贫的科学帮扶措施，全体公民的生存权得以有效保障，并向着共同富裕的康庄大道不断迈进。

2. 科学践行帮扶措施

在中国共产党的领导下，各脱贫攻坚相关部门根据国家层面的法律法规和脱贫政策，从各个维度开展了具体的帮扶措施，以最大力度保障贫困群众的生存权。从内容和方式上来看，有特色产业脱贫、易地搬迁脱贫、生态保护脱贫、教育脱贫、医疗保障脱贫、农村兜底脱贫、资产收益扶贫探索等，由于帮扶范围广泛，帮扶方式具体多样，受制于篇幅，在此以"教育脱贫"进行举要。

"再穷不能穷教育，再穷不能穷孩子"是习近平总书记在全国脱贫攻坚总结表彰大会上的重要论述，这一方面强调的是受教育对于阻断贫困代际传递重要意义，另一方面也是通过提升教育水平不断改善公民生存权的经验总结。换言之，在精准脱贫的进程中，"扶智"的一个重要手段，就是要通过优化教育质量来提升人们的综合素质，从而提高其改造客观世界的能力。从具体措施上来看，加强教育设施建设、提升乡村教师待遇、优化中等职业学校发展、缩小城乡教育差距等成为必选之策。例如，从 2012 年至 2015 年，中央财政下达中等职业院校免学费补助资金 417 亿元，旨在免除农村（含县镇）学生、城市涉农专业和家庭经济困难学生的学费，同时立足于加强职业教育的指导方针，从定向招录、奖助学金等维度进行了帮扶。

表 5-2 中央财政教育扶贫投入情况 (2011—2015) ①

年度	资金数量（亿元）	用途	说明
2012—2015	831	对义务教育环节薄弱的学校进行改造	
2012—2015	140	建设边远艰苦地区农村教师周转宿舍	共建设 24.4 万套农村学校教师周转宿舍，可入住教师 30 万人
2013—2015	43.85	支持连片特困地区对乡村教师发放生活补助	受益教师 100 多万人

---

① 截至 2022 年 3 月 17 日，从国家统计局"国家数据"一栏的检索来看，其将"教育经费"分为国家财政性教育经费、国家财政预算内教育经费、民办学校办学经费、社会捐赠经费、事业收入、学杂费、其他教育经费七类，为更为直观地体现上级国家机关对教育的财政投入，在数据对比上选取了中华人民共和国国务院新闻办公室汇编的《不断发展进步的中国人权事业——中国人权白皮书汇编（2016—2019）》。

续表

年度	资金数量（亿元）	用途	说明
2012—2015	417	中等职业教育免学费补助资金	重点对符合条件的中职学生免除学费或给予补助
2011—2015	200	中西部贫困地区和民族地区普通高中建设	支持中西部集中连片特困地区1860所学校（不含新疆生产建设兵团）改善办学条件
2012—2015	643	中央财政支持学前教育发展专项奖补资金	重点支持中西部的农村地区新建、改建幼儿园，开展学前教育巡回支教活动，多种形式鼓励企事业单位设立普惠性幼儿园，资助家庭困难幼儿、孤儿等弱势群体完成学前教育

数据来源：《不断发展进步的中国人权事业中国人权白皮书汇编（2016—2019）》

从表5-2中可知，中央财政在教育扶贫维度的投入较为明显地体现了其科学性与具体性："改造义务教育薄弱学校"事实上就是加大承载义务教育学校场所的基础设施建设，完善其硬件环境，缩小与经济发达地区的差距；"建设教师周转宿舍"与"发放生活补助"则真正体现了对教育扶贫的核心环节——教师的关心，也是以人为本的具体体现：在保障生存权的维度上，教师和学生同样重要；大力发展中等职业教育与加强中西部贫困地区和民族地区普通高中建设，旨在不留余力地促进教育平等，符合新时代国家职业教育改革的需要；"支持学前教育发展"不仅是对贫困地区学前教育阶段的高度重视，也是立足于生存权保障的角度，有效缓解生育焦虑、养育负担的具体措施。

（二）多方并举维护公民的发展权

中国是世界上最大的发展中国家，发展是中国共产党治国理政的首要目标，也是中华民族伟大复兴实现的根本前提。发展权与生存权均为首要的基本人权，发展权可以理解为在生存权得以保障的基础上，以更高水平、更高质量"生存"，从而获得不断发展的机会，这也是全面建成小康社会、不断实现中华民族伟大复兴中国梦的具体体现。党和政府更是采取了种种措施，致力于维护各族公民的发展权。

1. 日臻完备的法制保障

在《宪法》序言规定的"国家的根本任务"中，"发展"之要义处于核心位置，即"发展社会主义市场经济，发展社会主义民主，健全社会主义法治，贯彻新发展理念"；第二条体现了"国家一切权力属于人民"，其庄严诠释了享有发展权的主体；第四条正是宪法民族法治基本原则之一的"国家帮助"之具体体现，其聚焦于历史上经济社会相对欠发达的地区和群体，通过加速其现代化的进程维护其从公民个体到群体发展权的实现；第十四条"兼顾国家、集体和个人的利益，在发展生产的基础上，逐步改善人民的物质生活和文化生活"科学诠释了国家、集体与个人之间的关系，同时聚焦于"发展生产力"这个核心，在物质文明和精神文明两个维度为发展权的实现指明了方向。总体而言，"发展权"是一个较为宏观的范畴，现行《宪法》从公民的政治、经济、文化、社会生活等诸多范畴明确了公民全面发展的权利，明确了"国家尊重和保障人权"的基本原则。需要指出的是，发展权是一个涉及全体公民的范畴，其中就包括少数民族、老人、妇女、儿童以及残疾人等相对弱势群体权利的保障，为此，国家针对特定的对象，制定了一系列旨在于保障其发展权的法律法规。例如，《民族区域自治法》序言中就指出："国家根据国民经济和社会发展计划，努力帮助民族自治地方加速经济和文化的发展"，第六条体现的是自治机关这一主体在遵循宪法法律的前提下自主发展本地方经济事业的"灵活性"，这事实上就从"上级国家机关"与"民族自治地方"两个维度就民族地区公民的发展权如何更好地实现指明了方向，也是"一切从实际出发"原则的科学体现；《中华人民共和国妇女权益保障法》（2018 年修订）第二条则从法律层面宣告了"男女平等"；《中华人民共和国未成年人保护法》（2020 年修订）第三条直接指出："国家保障未成年人的生存权、发展权、受保护权、参与权等权利"，并从家庭、学校、社会、网络、政府、司法等维度明确了责任主体；《中华人民共和国老年人权益保障法》（2018 年修正）第三条具体诠释了"老年人"这一特殊群体在社会服务、社会优待、社会发展等维度所应当共享发展的权利内容，同时第七章还明确要求政府和倡导社会帮助老年人"参与社会发展"，以更好地实现其发展权。需要特别指出的是，为了促进公民尤其是弱势群体公民的发展权更好地实现，《中华人民共和国法律援助法》自 2022 年 1 月 1 日起开始施行，该法律对"法律援助"进行了明确定义，其第三十一条和第三十二条均详细规定了适用法律援助的当事人范围，是在"实质平等"的理念下践行发展权的具体体现。

除此之外，从主体分类来看，各类民法商法、行政法、经济法、社会法、诉讼与非诉讼程序法、党内法规等都从不同层面规定了对于发展权的保障，从法治保障的维度生动体现了发展权的主体是广大人民，奉行人民至上的价值取向。

2. 卓见成效的专项行动

为使每一位公民的发展权得到更好保障，从而落到实处，党和政府在国家发展战略和总体发展规划的指引下，实施了各种专项计划。从国家发展战略来看，"两个一百年"的奋斗目标正在逐步实现，在 2021 年 11 月 11 日中国共产党第十九届中央委员会第六次全体会议通过的《中共中央关于党的百年奋斗重大成就和历史经验的决议》中提到的"人民对美好生活的向往就是我们的奋斗目标"，事实上就是聚焦于"发展"的维度，以"人民对美好生活的向往"为第一目标，提出的综合发展战略。从总体发展规划来看，2020 年 10 月 29 日中国共产党第十九届中央委员会第五次全体会议通过了《中共中央关于制定国民经济和社会发展第十四个五年规划和二〇三五年远景目标的建议》，该建议将"坚持以人民为中心"与"坚持新发展理念"置于首要位置，并确立为新的发展阶段所必须遵循的原则理念，"更高质量、更有效率、更加公平、更可持续、更为安全的发展"事实上就是新时代发展权在宏观层面得以践行所应当遵循的基本原则和具体要求。同时，为将公民的发展权更有针对性地落到实处，我国制订了数部《国家人权行动计划》，在最新制订的《国家人权行动计划（2021—2025 年）》中，回答了"发展为谁，发展依靠谁"的时代之问，这一答案便是人民。

表 5-3　公民生活水平提升情况（2021）

名称	过去	现在	备注
粮食总产量	11318 万吨（1949 年）	68285 万吨（2021 年）	粮食权得到有效保障
国内生产总值/人均国内生产总值	679 亿元/119 元（1952 年）	1143669.7 亿元/80976 元（2021 年）	人民生活水平大幅提升
住宅商品房销售面积	23702.31 万平方米（2002 年）	156532 万平方米（2021 年）	居住条件显著改善
医疗卫生机构数	1005004 个（2002 年）	1031000 个（2021 年）	国民健康水平持续提高

续表

名称	过去	现在	备注
全国城乡就业人员/城镇（登记）失业率	18082 万人/23.6%（1949 年）	74652 万人/4%（2021 年）	就业状况不断改善
社区服务机构数	206743 个（2002 年）	492670 个（2020 年）	社会服务更好惠及人民

数据来源：《不断发展进步的中国人权事业——中国人权白皮书汇编（2016—2019）》、国家统计局-国家数据

　　受制于篇幅，以上仅是部分政府通过各类专项计划促进公民发展权的重要成效，除此之外，聚焦于"三农"问题，政府出台了农民创业创新行动计划（2015）、科技特派员农村科技创业行动（2002 年试点开始）、科技富民强县专项行动计划（自 2005 年起）等；着眼于全面发展教育的维度，政府出台了面向 21 世纪教育振兴行动计划（1998）、特殊教育提升计划（2014—2016）、"春蕾计划（自 1989 年始)① "和东部城市对口支援西部地区人才培养计划（2001 年教育部启动）等；侧重于公民就业、社会保障、食品医疗、生态环境等维度，提出并实施了关于社会保障的全民参保计划（2014）、促进就业的"春风行动"（2019）、预防与控制医院感染行动计划（2012）、水污染防治行动计划（简称"水十条"，2015）、生物多样性保护战略与行动计划（2010，规划 2011—2030）等②。

二、各民族共享发展成果

　　我国是一个统一的多民族国家，各民族间平等团结互助和谐的社会主义新型民族关系已经确立，并在民族事务法治化的进程中不断完善和巩固。进入新时代，统一多民族国家的法治建设再上台阶，随着小康社会的全面建成，各民族共享发展成果，向着共同富裕的康庄大道不断前行。

---

① 截至 2019 年，该项目累计筹集社会爱心捐款 21 亿元，捐赠人数达 2784 万人次，在全国范围内资助春蕾女童超 369 万人次。"春蕾计划"30 年筹款 21 亿元资助女童超 369 万人次［EB/OL］. 光明网，2019-09-06.

② 中华人民共和国国务院新闻办公室. 不断发展进步的中国人权事业：中国人权白皮书汇编（2016—2019）［M］. 北京：五洲传播出版社，2020：45-50.

（一）少数民族权益保障不断推进

一般认为，"少数民族"是相较于"多数民族"而言的词汇。在我国，除了汉族以外，其余 55 个法定民族均是少数民族。在中华民族共同体构建的进程中，党和政府通过"聚居、杂居、散居"的政策安排与法治实践保障了各民族的权益，在促进各民族间交往交流交融的同时不断铸牢中华民族共同体意识，也充分印证了"民族权利保护既是民族法学研究的逻辑起点，也是中国民族法学的核心话语"。①

1. 法治建设日趋完善

少数民族的权利是一个十分宽泛的范畴，按照权利内容，民族法学界一般将其划分为政治权利、经济权利、文化权利、语言权利、宗教权利、受教育权②或政治权利、经济权利、社会权利、文化教育权利等③。同时，亦有学者对少数民族权利保护所体现的价值意蕴④以及特定的少数民族类型的权利保障⑤做了深入研究。进入新时代，伴随着全面依法治国的不断推进，少数民族权益的保障在国家法治建设中得到了充分的体现。

从法律及立法解释来看，《中华人民共和国科学技术进步法》（2021 年修订）第六十六条规定："少数民族科学人员"在竞聘专业技术职务、参与科学技术评价、承担科学技术研究开发项目、接受继续教育等方面享有平等权利；《中华人民共和国民事诉讼法》（2021 年修订）第十一条充分考虑到民族地域因素，规定人民法院在进行审理和发布法律文书时应当采用当地民族的"通用语言文字"；《中华人民共和国人口与计划生育法》（2021 年修正）第十五条规定："各级人民政府应当对欠发达地区、少数民族地区开展人口与计划生育工作给予重点扶持"；《中华人民共和国教育法》（2021 年修正）第十条、第十二条、第十五条都规定了国家对少数民族和民族地区教育帮助的具体措施；2021 年 6 月 1 日起施行的《中华人民共和国乡村振兴促进法》第三十二条强调了对"少数民

---

① 王允武，王杰，廖燕萍．中国民族法学研究概览（2008—2018）［M］．北京：法律出版社，2020：15.

② 熊文钊．民族法学［M］．北京：北京大学出版社，2012：213-324.

③ 王允武，王杰，廖燕萍．中国民族法学研究概览（2008—2018）［M］．北京：法律出版社，2020：5-32.

④ 周少青．权利的价值理念之维：以少数群体保护为例［M］．北京：中国社会科学出版社，2016：12-18.

⑤ 陆平辉．散居少数民族权利保障：理论、制度与对策［M］．北京：法律出版社，2016：36-38.

族特色村寨"的保护，并规定责任主体为县级以上地方人民政府；自 2021 年 1 月 1 日起施行的《中华人民共和国民法典》第一千零一十五条规定："少数民族自然人的姓氏可以遵从本民族的文化传统和风俗习惯"；《中华人民共和国公务员法》（2018 年修正）第二十三条以及《中华人民共和国电力法》（2018 年修正）第八条针对少数民族和民族地区的群体就业和区域电气优惠，规定了"适当照顾"和"重点扶持"的立法原则。针对少数民族群体权益保障的部门法规浩如烟海，受制于篇幅，在此不一一列举，需要指出的是，这些法律及立法解释从不同维度出发，旨在保障和促进少数民族的政治权、经济权、社会权、受教育权、文化权等各项权利。

从司法解释上来看，最高人民法院、最高人民检察院、国家民族事务委员会等部门出台了一系列通知、意见、办法均对少数民族权益保障有所涉及。

从行政法规上来看，国务院印发了众多通知、意见以保障各少数民族的合法权利，例如，自 2021 年 9 月 14 日起施行的《国务院办公厅关于全面加强新时代语言文字工作的意见》明确提出要"确保少数民族初中毕业生基本掌握和使用国家通用语言文字、少数民族高中毕业生熟练掌握和使用国家通用语言文字"，自 2021 年 8 月 23 日起施行的《国务院关于印发"十四五"就业促进规划的通知》提出要"做好少数民族劳动者和失地农民等困难群体就业帮扶"，自 2019 年 1 月 24 日起施行的《国务院关于印发国家职业教育改革实施方案的通知》提出要"办好内地少数民族中职班"，等等。这些行政法规更有前瞻性和针对性地保障了少数民族的文化权、受教育权和社会权等重要权利。

各部门规章则是基于责任主体，数量最多的是旨在保障少数民族各项权益的规范性文件，司法部、中宣办、国家版权局、国家税务总局、教育部、财政部等职能部门均从不同维度出发，制定了数量众多的与少数民族权益保障有关的文件。以我国法治建设的重要成果之一，2021 年 12 月 31 日印发的《法律援助志愿者管理办法》为例，该办法明确指出法律援助志愿者根据自身专业知识和技能情况，可以为受援人提供"少数民族语言翻译"，这亦是维护少数民族语言文字权利的具体体现。

同时，不少党内法规均涉及了少数民族权益保障的内容，以《中国共产党地方组织选举工作条例》（2020 年修订）为例，第十二条就规定"民族自治地方少数民族代表占代表总数的比例一般不少于本地区少数民族党员占党员总数的比例"，事实上就是对少数民族政治权利的进一步诠释。

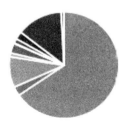

图5-1 "少数民族权益保护"相关法规（2022）

数据来源："法信"数据库

除此之外，着眼于各少数民族政治、经济、文化、社会、生态等权利的保护与利益的调适，从效力等级来看，各军事法规、团体规定、行业规定、监察法规等均有涉及，且在法治建设的进程中不断完善。

2. 帮扶措施体现实效

少数民族群体的权益保障，是指少数民族群体受法律保障的权利和利益，其中既涉及少数民族的各项基本权利保护，又关系到各民族具体的利益调适，从这个意义上来讲，除了有各个层级的法治保障外，各种具有针对性的具体帮助措施就显得尤为重要。

从生存权来看，作为最基本的人权，各少数民族生存权落实的好坏直接关系到其后续权利能否充分享有，从国家统计局、国务院第七次全国人口普查领导小组办公室2021年5月11日公布的《第七次全国人口普查公报（第二号）——全国人口情况》来看，相较于2010年第六次人口普查的数据，各少数民族人口的总量增加了113792211人①，从增幅来看远超于同时期汉族人口的增幅，这一权威数据本身反映的就是我国各少数民族生存权得以有效保障，也是我国坚持马克思主义民族理论政策、践行"实质平等"的具体体现，更是对国际社会上极个别国家打着"人权保护"的虚伪旗号无端指责我国民族政策的有力回击。

---

① 第七次全国人口普查公报（第二号）[EB/OL]．国家统计局，2021-05-11.

从政治权来看，我国是一个人民民主专政的社会主义国家，其中少数民族群体能否有效参与国家事务管理，是其政治权利能否保障到位的充分体现。改革开放 40 年来，各少数民族参与国家事务管理的权利得到充分保障，各民族群体均有本民族的全国人大代表和全国政协委员，155 个民族自治地方的人民代表大会常务委员会中，均有实行区域自治民族的公民担任主任或者副主任。① 各少数民族政治权利的保障愈发完善。

从发展权来看，根据《宪法》与《民族区域自治法》的原则性规定，结合相关配套立法，上级国家机关采取了种种措施对各少数民族的发展进行了帮助。例如，从 2012 年至 2017 年，国家投入中央财政扶贫专项资金少数民族发展方向 244.97 亿元，充分体现了国家对于少数民族群体在脱贫攻坚战中关键地位的认知；从《中华人民共和国国民经济和社会发展第十二个五年规划纲要》到《中华人民共和国国民经济和社会发展第十三个五年规划纲要》，针对各少数民族的发展，均提出了"西部大开发""兴边富民行动""扶持人口较少民族"等专项计划，并在不断坚持和完善。

从教育权来看，早在 1986 年施行的《第六届全国人民代表大会第四次会议关于第七个五年计划和第七个五年计划报告的决议》中就提出要"加强民族教育和文化设施建设"，在"十二五"规划纲要和"十三五"规划纲要中分别提出"重视和支持民族教育发展"与"积极推进民族教育发展"，在此基础上，国务院于 2002 年 7 月 7 日发布了《关于深化改革加快发展民族教育的决定》，其中就提出了有关民族教育的具体帮助措施，其中广为人知的"少数民族高层次骨干人才计划"就是具体体现。从具体措施来看，各类民族院校在上级国家机关的帮助下迅速发展，举办内地民族班、预科班，在升学方面适当照顾少数民族考生，还根据有些具有游牧民族生活特点的地区开展寄宿制教育。九年义务教育在各民族地区均已普及，而从学前阶段到高中的十五年免费教育在西藏自治区和新疆维吾尔自治区的南疆等地区已经实现，以新疆维吾尔自治区为例，截至 2018 年，该区域学前三年毛入园率已达到 96.86%，小学净入学率达到 99.94%②。

从文化权来看，对于各少数民族文化事业的发展，既是我国坚持马克思主义各民族一律平等的具体体现，又是我国宪法对于各民族文化"多元化保护"

---

① 中华人民共和国国务院新闻办公室. 不断发展进步的中国人权事业：中国人权白皮书汇编（2016—2019）[M]. 北京：五洲传播出版社，2020：133.

② 中华人民共和国国务院新闻办公室. 不断发展进步的中国人权事业：中国人权白皮书汇编（2016—2019）[M]. 北京：五洲传播出版社，2020：133.

的具体要求。一方面，国家依法保护各少数民族语言文字的传承与使用：2015 年通过启动"中国语言资源保护工程"，设立中国语言资源保护研究中心等专业机构从而明确了责任主体，截至 2018 年，有 6251 所中小学共建立了"双语教学"机制，接受双语教育的在校生多达 309.3 万人，专任教师 20.6 万人①。另一方面，国家特别重视对少数民族文化遗产与文物古迹的多样化保护，西藏自治区的布达拉宫历史建筑群、云南红河哈尼梯田文化景观等具有显著民族的特色的景点或遗址被列入联合国教科文组织《世界遗产名录》，国家加大力度发掘、保护、传承与开发了众多非物质文化遗产，在五批 3068 名国家级非物质文化遗产项目代表性传承人中，各少数民族传承人占比近 30%；《国务院办公厅关于印发少数民族事业"十二五"规划的通知》中就明确提出要"进一步做好少数民族特色村寨保护与发展工作"，《国务院关于印发"十三五"促进民族地区和人口较少民族发展规划的通知》则进一步提出要"遴选 2000 个基础条件较好、民族特色鲜明、发展成效突出、示范带动作用强的少数民族特色村寨，打造成为少数民族特色村寨建设典范"；对于民族文化的"活化石"——各少数民族的古籍文书，国家还于 1997 年正式立项，着手编纂了《中国少数民族古籍总目纲要》，共收书目 30 多万种②。

（二）民族地区社会事业全面发展

"少数民族"与"民族自治地方"是一对既有区别又有密切联系的术语。一般认为，民族自治地方是指一个或数个少数民族聚居的地区，依照宪法和法律规定，实施民族区域自治的行政区域。习近平总书记在 2021 年召开的中央民族工作会议上明确指出："必须坚持和完善民族区域自治制度，确保党中央政令畅通，确保国家法律法规实施，支持各民族发展经济、改善民生，实现共同发展、共同富裕"，事实上就是再次重申民族区域自治作为统一多民族国家的基本政策、基本法律、基本制度之重要性。从这个意义上讲，民族自治地方社会事业的发展状况，是中华民族共同体建构的"大后方"，也是铸牢中华民族共同体意识法治保障的核心阵地。

1. 科技事业稳定发展

习近平总书记在 2018 年 5 月 28 日召开的中国科学院第十九次院士大会上指

---

① 中华人民共和国国务院新闻办公室. 不断发展进步的中国人权事业：中国人权白皮书汇编（2016—2019）［M］. 北京：五洲传播出版社，2020：217.

② 中华人民共和国国务院新闻办公室. 不断发展进步的中国人权事业：中国人权白皮书汇编（2016—2019）［M］. 北京：五洲传播出版社，2020：217.

出："我们比历史上任何时期都更接近中华民族伟大复兴的目标，我们比历史上任何时期都更需要建设世界科技强国。"科技事业的发展关乎中华民族伟大复兴的历史进程，更是综合国力中最重要的一环。党和政府对于民族地区的科技事业更是进行了大力帮扶，早在 1983 年的《关于加强边远地区科技队伍建设若干政策问题的报告的通知》中，就提道"要努力造就一支以本地少数民族和汉族人员为主要成员的科技队伍，担负起建设边远地区的重任"。从政策法规来看，各行政法规、部门规章、团体规定和党内法规均有重视民族地区科技事业发展的条文。例如，2002 年 4 月 30 日发布的《建设西部地区建设人才开发工作计划》在"工作任务"中就提出要"进一步做好西部地区培养少数民族科技骨干工作"；2007 年 2 月 14 日印发的《关于进一步加强西部地区人才队伍建设的意见》中着眼于西部地区人才队伍建设的现状与对策，有针对性地提出了"统筹西部其他地区少数民族科技骨干特殊培养工作，实现工作的制度化"；2010 年12 月 22 日公布的《国务院关于加快少数民族和民族地区经济社会发展工作情况的报告》中则提出"在新疆、西藏开展少数民族科技骨干特殊培养工作，实施青海三江源人才培养工程"，有针对性地指出了特殊区域是帮助民族地区科技事业发展的具体体现；2016 年国务院下发的《"十三五"促进民族地区和人口较少民族发展规划的通知》中，则提出了继续实施各类人才援藏援疆援青、博士服务团、"西部之光"访问学者、少数民族科技骨干特殊培养、文化名家暨"四个一批"人才工程等"一揽子"计划。

在这一系列政策法规和专项计划的帮助下，民族地区的科技事业获得了稳定的发展，为中华民族伟大复兴贡献出重要的力量。从 2020 年年初的数据来看，全国各民族自治地方在科技研究与开发机构总数、科技从业人员总数、科技活动经费总量、科学研究与技术开发成果数量等方面均保持了稳定增长。

表 5-4　全国各民族自治地方科研发展情况（2020）

研究机构	从业人员	活动经费	发明专利	科技论文	科技著作
760 个	4.7 万人	112 亿元	2739 件	9532 篇	336 种

数据来源：《中国民族统计年鉴（2020）》

2. 教育事业稳步发展

受教育权既是各族公民依法享有的基本权利，又是少数民族权益保障的重要组成部分，相较于国家对少数民族群体受教育权的保障，民族地区教育事业的全面发展则更为宏观地展现了中华民族共同体法治建设的伟大成效。针对民族地区教育事业的发展,《宪法》与《民族区域自治法》均做了原则性规定。《宪法》第十九条指出:"国家发展社会主义的教育事业",第一百一十九条则规定:"民族自治地方的自治机关自主地管理本地方的教育",事实上就从"国家总体帮助"与"地方自主管理"两个维度确立了民族地区教育发展的宏观方针,《民族区域自治法》对此进行了进一步诠释,第五十五条指出:"上级国家机关应当帮助各民族自治地方加速发展教育事业。"在此基础上,根据民族地区教育发展的实际情况,国务院于 2015 年 8 月 11 日发布了《关于加快发展民族教育的决定》,既肯定了我国民族教育发展所取得的重大成就,也指出了"民族教育发展仍面临一些特殊困难和突出问题,整体发展水平与全国平均水平相比差距仍然较大"的客观事实。同时,还提出了"到 2020 年,民族地区学前两年、三年毛入园率分别达到 80%、70%,义务教育学校办学条件基本实现标准化,九年义务教育巩固率达到 95%"的可供量化的具体目标。通过上级国家机关和民族自治地方的共同努力,在民族法治的视域下,民族地区的教育事业获得了稳步的发展,圆满地完成了目标。

从全国总体(包含民族地区)来看,以小学学龄儿童净入学率为例,可看出其净入学率自 2010 年起均在 99%以上。

表 5-5　全国小学学龄儿童净入学率（2010—2020）①

年份	全国学龄儿童数（万人）No. of School-age Children（10,000 persons）	已入学学龄儿童数（万人）No. of School-age Children Enrolled（10,000 persons）	净入学率（百分比）Net Enrollment Ratio（%）
2010	9606.6	9548.6	99.40
2011	9501.5	9473.3	99.70
2012	9522.4	9502.5	99.79
2013	9296.8	9282.7	99.85
2014	8962.1	8935.7	99.71
2015	9107.1	9090.1	99.81
2016	9368.2	9356.7	99.88
2017	9583.6	9575.9	99.92
2018	9779.2	9770.2	99.91

---

① 截至 2022 年 3 月 17 日,国家统计局-国家数据检索中尚未公布 2021 年学龄儿童净入学率(%)。

续表

年份	全国学龄儿童数（万人）No. of School-age Children（10,000 persons）	已入学学龄儿童数（万人）No. of School-age Children Enrolled（10,000 persons）	净入学率（百分比）Net Enrollment Ratio（%）
2019	10021.8	10016.8	99.95
2020	10426.9	10422.9	99.96

数据来源：http：//www. moe. gov. cn/jyb_ sjzl/moe_ 560/2020/quanguo/202108/t2021 0831_ 556355. html.

以西藏自治区为例，可发现其自 2013 年以来，全区小学学龄儿童入学率历年来也均已超过 99%。

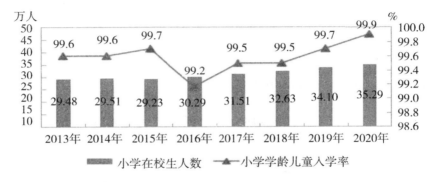

图 5-2 2013—2020 年西藏自治区小学在校生人数及小学学龄儿童入学率

数据来源：2020 年西藏自治区国民经济和社会发展统计公报［EB/OL］https：//www. neac. gov. cn/seac/xxgk/202108/1150390. shtml.

此外，从横向年份的对比来看，通过对比普通高等学校、普通中学与普通小学的在校学生数，可更为直观地体现民族地区教育事业的逐年稳步发展。

表 5-6 1995—2019 年民族自治地方在校学生总数

单位：万人

年份	普通高等学校	普通中学	普通小学
1995 年	18.6	632	1889
2000 年	34.2	873	1886
2005 年	100	1082	1668
2010 年	161.9	1050	1536

年份	普通高等学校	普通中学	普通小学
2017 年	223.4	1031	1539
2019 年	246	1006	1626

数据来源：2018 年民族自治地方国民经济与社会发展主要指标［EB/OL］. 2021-11-12. 中华人民共和国国家民族事务委员会；《中国民族统计年鉴（2020）》

3. 文化事业继续推进

在新时代，各少数民族群体的文化权利得以充分保障并不断得以完善，对于各少数民族的语言文字、文化遗产等保护力度不断加大，真正体现了宪法对各民族文化"多元化保护"的原则。

从《宪法》文本上看，第四条规定的"国家根据各少数民族的特点和需要，帮助各少数民族地区加速经济和文化的发展"，事实上就是从物质文明和精神文明的高度诠释了民族地区文化事业发展的重要性，也体现了"国家扶持"的宏观方针；《民族区域自治法》第六条则更加细致地规定了"自治机关根据本地方的情况，在不违背宪法和法律的原则下，有权采取特殊政策和灵活措施，加速民族自治地方经济、文化建设事业的发展"，事实上就规定了基于各少数民族文化传统的特点所采取的更加灵活的发展措施；《立法法》既规定了"民族自治地方的人民代表大会有权依照当地民族的政治、经济和文化的特点，制定自治条例和单行条例"的以充分体现自治机关自治权的条款，也规定了设区的市和自治州人民政府根据本条第一款、第二款制定的地方政府规章，限于城乡建设与管理、生态文明建设、基层治理等方面的事项。这也是用法律保障文化事业发展的具体体现；《全国人大常委会 2021 年度监督工作计划》则将"保护和传承优秀民族文化遗产"的实施情况列为重点调研目标。

在此基础上，各部门根据自身职责范围制定了大量关于民族文化事业发展的法律、司法解释、行政法规、部门规章以及地方性法规和地方政府规章等，也包括各民族自治地方制定的自治条例与单行条例，地方规范性文件则是数量最多的涉及民族地区文化事业发展的范畴。从主题分类来看，涉及宪法及宪法相关法、民法商法、行政法、经济法、社会法等多个领域。为更加具体地诠释民族地区文化事业的建设与发展，需要以更为直观和可供量化的指标进行衡量，如文化机构数量、从事文化事业人数以及报刊专著发行数量等。

从全国范围来看，截至 2019 年年末，全国各民族自治地方共有各种艺术表演团体 1317 个、公共图书馆 769 个、文化馆 800 个、博物馆 661 个。全年报纸出版 17.2 亿份，各类杂志出版 0.9 万册，图书出版 14.8 亿册（张）。共有广播电视台 692 个，民族自治地方广播综合人口覆盖率 97.4%，电视人口综合覆盖率 98.7%①。从民族地区的发展成效来看，以宁夏回族自治区为例，全区 2019 年文化产业增加值 101.65 亿元，同比增长 12.4%；文化产业值占全区地区生产总值的比重为 2.71%，比上年提高 0.13 个百分点②。

4. 卫生事业持续改进

民族地区卫生事业的建设状况，既是各少数民族生存权与发展权践行的重要基础，又是各民族进入全面建成小康社会的必然要求。早在 1951 年，国家就颁发了《全国少数民族卫生工作方案》。1984 年 11 月 23 日，卫生部和国家民委下达的《关于加强全国民族医药工作的几点意见》聚焦于民族医药在社会主义建设事业中的地位和作用，从民族医药的发掘与整理、医疗机构的建设、人才队伍的培养等维度提出了具体的要求。从法理依据上看，《宪法》第四十五条规定"国家发展为公民享受这些权利所需要的社会保险、社会救济和医疗卫生事业"，这就为民族地区的公民享有医疗卫生的保障进行了最高法律位阶的诠释，第一百一十九条规定："民族自治地方的自治机关自主地管理本地方的卫生事业"则在赋予自治机关自治权的基础上给予了其"自主发展"卫生事业的灵活性；《民族区域自治法》对于卫生事业发展的规定则更为详尽，从第四十到第四十二条着眼于"自主发展"的前提，从民族传统医药、传染病和地方病的预防控制工作、医疗卫生条件的改善等均做出了规定，并在第五十五条指出："上级国家机关应当从财政、金融、物资、技术和人才等方面，帮助各民族自治地方加速发展各项事业"，其中就包含卫生事业，再一次明确了民族地区卫生事业发展帮助的责任主体。着眼于民族医疗与民族卫生事业的全面发展，2017 年 7 月 1 日起施行的《中华人民共和国中医药法》第五十二条专门提出："国家采取措施，加大对少数民族医药传承创新、应用发展和人才培养的扶持力度，加强少数民族医疗机构和医师队伍建设，促进和规范少数民族医药事业发展"，同时，相应的地方性法规、地方政府规章、地方规范性文件以及单行条例和自治条例都不约而同地聚焦民族地区卫生事业的持续发展，具有代表性的如 1993 年 9 月 15 日起施行的《民族乡行政工作条例》，第十七条指出："县级以上地方各级人民政府应当积极帮助民族乡发展医药卫生事业"；2007 年 2 月 27 日起施行的

---

① 国家民族事务委员会经济发展司，国家统计局国民经济综合统计司. 中国民族统计年鉴（2020）[M]. 北京：中国统计出版社，2021：6.

② 宁夏回族自治区 2020 年国民经济和社会发展统计公报 [EB/OL]. 中华人民共和国国家民族事务委员会，2021-08-13.

《国务院办公厅关于印发少数民族事业"十一五"规划的通知》中要求"扎实推进少数民族医疗卫生事业";2000年9月1日施行的《重庆市散居少数民族权益保障条例》第二十二条提出:"少数民族人口较多和设有民族乡的区、县(自治县、市)人民政府应当有计划地发展少数民族医疗卫生事业,大力培养少数民族医务人员,逐步改善医疗卫生条件";等等。

在民族地区卫生事业法治建设不断完善的基础上,上级国家机关采取了各种帮助措施以提升民族地区医疗卫生保障水平,如实施"母亲水窖"供水工程和"母亲健康快车"医疗卫生健康项目,着力解决西部民族地区,尤其是干旱地区妇女安全饮水以及贫困地区妇女儿童健康服务等问题①。从全国范围来看,截至2019年年末,全国各民族自治地方卫生事业条件均得到不同程度的改善,其中共有医院、基层医疗卫生机构、专业公共卫生机构5.5万个,卫生机构床位110万张,卫生技术人员120万人,实现了逐年增长。

表5-7　全国民族自治地方医疗卫生机构及床位数（2000—2019）

时间	2000年	2005年	2010年	2016年	2017年	2019年
医疗卫生机构数（万个）	1.25	1.18	1.20	4.72	4.87	5.5
医疗卫生机构床位（万张）	36.1	38.4	55.7	86.5	93.7	110

数据来源:2018年民族自治地方国民经济与社会发展主要指标［EB/OL］.2021-11-12.中华人民共和国国家民族事务委员会;《中国民族统计年鉴(2020)》

图5-3　2016—2020年年末宁夏回族自治区卫生技术人员人数

数据来源:宁夏回族自治区2020年国民经济和社会发展统计公报［EB/OL］. https://www.neac.gov.cn/seac/xxgk/202108/1150388.shtml.

---

①　中华人民共和国国务院新闻办公室.不断发展进步的中国人权事业:中国人权白皮书汇编(2016—2019)［M］.北京:五洲传播出版社,2020:219.

从践行卫生事业发展的直接载体——卫生技术人员的配置来看，以宁夏回族自治区和内蒙古自治区为例，均实现了逐年稳定增长。

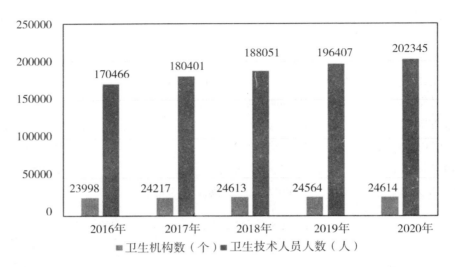

图 5-4　2016—2020 年年末内蒙古自治区卫生机构和卫生技术人员数

数据来源：内蒙古自治区 2020 年国民经济和社会发展统计公报［EB/OL］．2021-09-11．中华人民共和国国家民族事务委员会．

三、中华民族的整体性建设不断加强

在新时代民族法治的卓越实践中，公民的权利得以有效保障，各个民族不断共享发展成果，这一切均指向伟大的历史的民族——中华民族的整体性建设不断加强。着眼于法治建设的维度，这主要又体现在"物质"和"精神"两个层面。

（一）奠定中华民族伟大复兴的物质基础

中华民族伟大复兴绝非"轻轻松松，敲锣打鼓"就可以实现，而是需要在中国共产党的领导下，通过全体中华儿女共同的努力奋斗才能得以实现。经济基础决定上层建筑，没有坚定的物质基础，中华民族的整体性建设只能是空中楼阁、雾里看花。在民族法治的有力践行中，国家通过大力发展社会主义事业和有针对性的"脱贫攻坚"，带领全体中华儿女走向了小康之路，并不断向着共同富裕的康庄大道迈进，为中华民族的整体性建设打下了坚实的物质基础。

1. 小康社会全面建成

2021 年 7 月 1 日，习近平总书记在北京代表党和人民庄严宣告："我们实现了第一个百年奋斗目标，在中华大地上全面建成了小康社会。"小康社会的全面建成，不仅是中国共产党和中国政府为增进人民福祉、提高全体人民人权保障水平、实现国家现代化而实施的一项重大国家发展战略①，也是新时代民族法治基于中华民族整体性建设所取得的历史性成果。从 2016 年 3 月 16 日第十二届全国人民代表大会第四次会议批准的《中华人民共和国国民经济和社会发展第十三个五年规划纲要》来看，其对"小康社会"的全面建成提出了"六个坚持"的原则要求，同时着眼于"法治"的维度，将"法治政府基本建成"与"全社会法治意识不断增强"确立为经济社会发展的重要目标。从这个意义上讲，小康社会的全面建成，亦是新时代民族法治的实践结果，其深刻体现了中国的法律文化，"法文化具有鲜明的时代性与前瞻性，这是文化超前于社会经济基础和政治发展，对社会生活起到指导作用的特殊功能之所在，是全面建设小康社会法文化需求的重要内容"②。在此基础上，一系列司法解释、行政法规、部门规章、地方性法规以及自治条例与单行条例聚焦于"全面小康"的范畴，从法治层面具体诠释了"应当怎么做"。例如，从司法解释来看，2020 年最高人民法院发布的《关于为抓好"三农"领域重点工作确保如期实现全面小康提供司法服务和保障的意见》提出"确保农村同步全面建成小康社会提供有力司法服务和保障"；从行政法规来看，《国务院关于印发"十四五"残疾人保障和发展规划的通知》（2021 年 7 月 8 日公布并施行）指出"全面建成小康社会，残疾人一个也不能少"目标已经实现；从部门规章来看，《国家广播电视总局关于开展智慧广电服务乡村振兴专项行动的通知》（2021 年 6 月 23 日公布并施行）要求通过"广泛宣传中国脱贫攻坚和全面建成小康社会取得的伟大历史性成就"，"讲好乡村振兴故事"；从地方性法规来看，早在 2004 年修正的《海北藏族自治州自治条例》就提出"不断提高各族人民的物质和文化生活水平，全面实现建设小康社会的目标"。

一言以蔽之，小康社会的全面建成，不仅是民族法治整体性建设的重要成效，也是中华民族迈向伟大复兴的关键一步。

---

① 中华人民共和国国务院新闻办公室. 全面建成小康社会：中国人权事业发展的光辉篇章[M]．北京：人民出版社，2021：1.

② 王立民，高珣. 法文化与全面建设小康社会［C］//当代中国：发展·安全·价值——第二届（2004 年度）上海市社会科学界学术年会文集（上）. 2004：306-319.

2. 共同富裕有序推进

"共同富裕"这一概念，具有深厚的马克思主义理论底蕴，在马克思第一部公开发表的政治经济学著作《政治经济学批判》中，就提出"生产将以所有的人富裕为目的"①，这可看作对共同富裕这一概念的重要诠释。共同富裕是人类孜孜以求的梦想，也是中国共产党人毕生追求的重要目标。在小康社会全面建成的基础上，共同富裕如何有序推进，既是中华民族整体性建设的价值追求，也是社会主义的奋斗目标，新时代中华民族法治的建设成效，正是从整体上回应如何践行共同富裕的正确答卷。

从现行生效的法律规定及政策文件来看，1987 年第六届全国人民代表大会第五次会议关于《政府工作报告》的决议就明确提出"鼓励一部分人依靠辛勤劳动先富裕起来，引导人们充分认识这样做有利于促进社会生产力的发展，从而也将有利于实现全社会共同富裕的目标"。党的十八大以来，国家通过各种法律规定从各个维度有序推进共同富裕的践行，例如，《中华人民共和国农业法》（2012 年修正）聚焦于农业发展的角度，第五条通过对经营体制和服务体系的规定，强调"引导农民走共同富裕的道路"；《中华人民共和国国民经济和社会发展第十三个五年规划纲要》（2016 年 3 月 16 日公布并施行）则提出"共享是中国特色社会主义的本质要求"，并提出了"全体人民朝着共同富裕方向稳步前进"的历史使命；《全国人大常委会 2021 年度立法工作计划》（2021 年 4 月 22 日公布并施行）更是将共同富裕上升到了立法维度，提出"扎实推动共同富裕，修改妇女权益保障法，制定法律援助法、社会救助法等"。此外，从制定主体来看，全国人民代表大会、全国人大常委会、中国共产党中央委员会、党中央部门机构、国务院、最高人民法院、最高人民检察院等部门制定了大量的政策措施以有效推进共同富裕的践行。总体而言，上级国家机关在推动共同富裕进程中十分注重法治的作用，逐渐形成了以宪法为核心，以调整初次分配关系、再分配关系、三次分配关系为主干的促进共同富裕的法律体系的雏形②。

从具体实践来看，经济较为发达省份如浙江省已经确立了如何衡量共同富裕的基本标准，如从文化和旅游部、浙江省政府 2021 年 11 月 3 日印发的《关于高质量打造新时代文化高地推进共同富裕示范区建设行动方案（2021—2025年）》来看，其将"社会文明程度达到新高度""城乡一体的现代公共文化服

---

① 中共中央马克思恩格斯列宁斯大林著作编译局 . 马克思恩格斯全集：第 46 卷：下册 [M] . 北京：人民出版社，1980：222.

② 孙佑海 . 论构建和完善促进共同富裕的法律体系 [J] . 中州学刊，2022（1）：45-54.

务体系全面覆盖""文化事业、文化产业和旅游业高质量发展的体制机制更加完善"等作为行动目标,在明确重点建设的任务的同时诠释了保障措施,在法治体系和配套措施的不断完善下有力地推进了共同富裕。

(二)建设中华民族共有精神家园

习近平总书记在 2014 年召开的中央民族工作会议上指出:"解决好民族问题,物质方面的问题要解决好,精神方面的问题也要解决好。"着眼于中华民族整体性建设的维度,民族法治的有力实践,不仅体现在物质上为中华民族伟大复兴奠定了坚实的基础,也体现在精神层面,不断丰富各民族共有精神家园的内涵。

1. 中华民族文化历久弥新

"文化认同是最深层次的认同",这里所言的"文化",指的是中华民族文化。长期以来,对于"民族文化"的理解曾存在一些误区,如将中华文化直接等同于"汉文化"、将民族文化等同于"少数民族文化"、认为认同中华文化与认同本民族文化相悖等,这些错误观点不利于中华民族共有精神家园的建设,也与"按增加共同性的方向改进当前民族工作"的精神相悖。应当指出的是,在新时代民族法治的建设中,中华文化得以以法治的方式不断弘扬,历久弥新。

党的十八大以来,以习近平同志为核心的党中央推动各民族优秀传统文化在创造性转化和创新型发展方面迈出了关键一步,习近平总书记更是精辟地指出了建设中华民族共有精神家园的实现路径:在各族群众中加强社会主义核心价值观教育,推动各民族文化的传承保护和创新交融,加强民族地区各级各类教育,全面加强国家通用语言文字的教育和学习①。从法律立法解释来看,第十一届和第十二届全国人民代表大会关于中央和地方的预算会议均指出"提升重点媒体国际传播能力,促进中华文化'走出去'",《中华人民共和国国民经济和社会发展第十三个五年规划纲要》(2016 年 3 月 16 日公布并施行)和《中华人民共和国国民经济和社会发展第十四个五年规划和 2035 年远景目标纲要》(2021 年 3 月 12 日公布并施行)则分别提出了"中华文化影响持续扩大"和"中华文化影响力进一步提升"的目标规划;从行政法规来看,国务院各部委制定了大量法规从各个维度来推动中华文化的整体性建设,如《国务院关于印发"十四五"旅游业发展规划的通知》(2021 年 11 月 22 日公布并施行)立足于旅

---

① 国家民族事务委员会. 铸牢中华民族共同体意识:全国民族团结进步表彰大会精神辅导读本 [M]. 北京:民族出版社,2021:50-51.

游事业的建设，提出要让"旅游成为传承弘扬中华文化的重要载体"，《国务院办公厅关于全面加强新时代语言文字工作的意见》（2021 年 9 月 14 日公布并施行）立足于新时代学术和文化的外译工作，指出"提高用外语传播中华文化的能力"，《国务院关于加快发展民族教育的决定》（2015 年 8 月 11 日公布并施行）则立足于发展民族教育的维度，指出"中华文化是包括 56 个民族的文化，中华文明是各民族共同创造的文明"，从法治维度诠释了中华文化和中华文明的深刻内涵；从部门规章来看，中央宣传部、商务部、教育部、文化和旅游部、国家广播电视总局等部门更是出台了大量的政策法规以具体践行"坚守中华文化立场""推动中华文化繁荣兴盛""提升对中华文化的理解""彰显中华文化持久魅力""提升中华文化的国际影响力和竞争力"等。相应的自治条例、地方性规范文件则不计其数，充分体现了新时代以法治的方式保护、传承和开发中华文化的巨大作用。

总体而言，新时代中华文化的传承与发扬，离不开民族法治的不断健全，而中华民族共有精神家园历久弥新，则促进了各民族群体的文化认同，进而从"共同性"建设的维度巩固了中华民族共同体的法治建设。

2. 以法治促进共同体意识的培育

从中华民族整体性建设的角度而言，不仅要重视物质基础的夯实，也要注重精神力量的推动，"维护民族团结，反对民族分裂，要重视少数民族和民族地区经济发展，但并不是靠这一条就够了"①。因此，中华民族的整体性建设，必须有一条旗帜鲜明的精神脉络，即不断铸牢中华民族共同体意识。

铸牢中华民族共同体意识，是新时代民族工作的主线，而"如何铸牢"则成为理论界和实务界探讨的重要议题，以法治的方式铸牢中华民族共同体意识，是本书的研究核心，而在新时代民族法治的践行成效中，共同体意识的显著增强就是充分体现。从法律立法解释来看，"铸牢中华民族共同体意识"已经出现在《中华人民共和国家庭教育促进法》（2021 年 10 月 23 日公布，2022 年 1 月 1 日起施行）、《中华人民共和国陆地国界法》（2021 年 10 月 23 日公布，2022 年 1 月 1 日起施行）、《全国人大常委会 2021 年度监督工作计划》（2021 年 5 月 14 日公布并施行）之中；从司法解释来看，早在 2015 年 4 月 3 日，最高人民法院和国家民委联合印发的《关于进一步加强和改进民族地区民汉双语法官培养及培训工作的意见》针对双语法官的培训明确提出要"积极培育国家意识和中华民

① 国家民族事务委员会. 中央民族工作会议精神学习辅导读本［M］. 北京：民族出版社，2015：250-251.

族共同体意识"；从行政法规来看，国务院出台了大量的规划、通知以从不同维度促进共同体意识的增强，如从城乡社区服务体系建设的维度，提出"推进建设各民族相互嵌入式的社会结构和社区环境，铸牢中华民族共同体意识"，聚焦于妇女儿童发展的角度，提出"深化民族团结进步教育，铸牢中华民族共同体意识"，立足于发展国家教育事业，倡导"促进各族学生交往交流交融，筑牢各族师生中华民族共同体思想基础"。值得一提的是，前文所述的民族法律规范体系日趋完备，诸多民族地区都制定了"促进民族团结进步条例""促进民族团结进步工作条例""民族团结进步模范区创建条例"等，从文本内容上来看，绝大部分都将"铸牢中华民族共同体意识"写入。要而言之，以法治促进中华民族共同体意识的培育，是新时代民族法治建设成效的卓越体现。

本章小结

党的十八大以来，我国的民族法律规范体系日趋完备、民族法治实施体系高效运转、民族法治监督体系更加严密、民族法治保障体系有力推进，这是中华民族共同体制度建设发挥实效的充分体现。在民族法治体系不断健全的进程中，公民个体、各民族群体、中华民族整体的获得感与幸福感不断提升，公民权利得到有效保障、各民族共享发展成果、中华民族的整体性建设不断加强就是民族法治实践成效的生动写照。也正是在高效有力的法治制度实施之下，中华民族共同体法治建设的价值取向得以牢牢把握，法治功能得以有效发挥。

70多年来，民族关系、民族地区、少数民族和中华民族的面貌均发生了耀眼的巨变，这离不开中国共产党民族工作的伟大成效，也离不开中华民族共同体法治建设的制度落实。当然，习近平总书记在2021年召开的中央民族工作会议上也明确指出"要提升民族事务治理体系和治理能力现代化水平"，这背后所指事实上就是民族工作的践行"没有最好，只有更好"，也意味着中华民族共同体的法治建设绝非"轻轻松松，敲锣打鼓"就可以顺利实现的。从这个意义上讲，铸牢中华民族共同体意识的法治保障，既面临着有利条件，也需要客观面对从理论研究到法治实践中的制约因素。

第六章

铸牢中华民族共同体意识法治保障的制约因素

中华民族共同体的法治建设取得了伟大的成就，同时从民族法治体系的建设来看也仍有巨大的完善空间。前章所述的种种问题，倘若没有得到有效处理，则会在法治保障层面对铸牢中华民族共同体意识造成制约作用。前文已经提出，中华民族共同体的法治建设，要充分贯彻宪法规定的民族法治基本原则。习近平总书记在 2021 年召开的中央民族工作会议上提出的"十二个必须"，其中"坚持各民族一律平等""支持各民族发展经济、改善民生""坚持和完善民族区域自治制度""构筑中华民族共有精神家园"等论述既是基于宪法民族法治的基本原则的生动诠释，又是新时代民族工作的具体要求。从这个意义上讲，归纳铸牢中华民族共同体意识法治保障的制约因素，必须追溯到宪法关于民族法治的基本原则的践行层面。因此，本部分立足于《宪法》第四条规定的"各民族一律平等""国家帮助""民族区域自治""多元化保护"的民族法治基本原则，归纳铸牢中华民族共同体意识法治保障的制约因素及具体表现。

第一节　公民身份的认知

身份的本质是由特定历史条件确定的社会成员个体在社会中的地位，也是一种重要的社会机制①。《宪法》第三十三条规定："任何公民享有宪法和法律规定的权利，同时必须履行宪法和法律规定的义务。"铸牢中华民族共同体意识的法治保障，其基础载体必须是每一个具体的中国公民，而每一个个体对自己"中国公民"身份的认知，则应当是中华民族共同体法治建设的研究基点。

---

① 周平. 国民对现代国家的意义［J］. 武汉大学学报（哲学社会科学版），2021（2）：135-146.

一、公民是落实民族平等的基础载体

对于"中华民族共同体意识"这一重要概念，既有研究从不同的学科背景、研究方法、思维视角出发，对其具体内涵、铸牢路径等问题发表自己的观点，虽然观点各异，学界在"中华民族共同体意识的核心就是认同问题"这一重要论断上有着较强共识①。从这个意义上讲，中华民族共同体的法治建设，其研究基点同样离不开对"认同"的研究。着眼于"认同"的视域，学界分别从民族认同、国家认同、文化认同、历史认同、政治认同等维度诠释了中华民族共同体意识的内涵意蕴和培育路径，具有重要的实践价值与理论意蕴。然而，无论是何种认同模式，均离不开作为"认同"这一主观行为的直接主体——人，作为个体的"人"对中华民族共同体这一客观存在的主观认知，才是所有认同模式得以存在和发展的研究基点。从中华民族共同体法治建设的维度而言，这里所说的"人"，事实上就是中华人民共和国全体公民。

（一）公民是中华民族共同体建构的宪法表现形式

在我国，"公民"和"人民"是一对既有密切联系又有所区别的概念，两者从范畴、范围和后果上来讲存在明显区别，而从法理上来讲，公民表达的是个体的概念，人民表达的是群体的概念②。从习近平法治思想的核心要义来看，习近平法治思想本质上是人民的理论，人民性是其最鲜明的特征，人民立场是其根本政治立场③。要将这种"人民立场"落到法治保障的实处，则必须重视各族公民的权利维护与义务要求。现行《宪法》在总纲中明确规定："公民的合法的私有财产不受侵犯"，在第二章中详尽规定了公民的权利与义务，在第三章"国家机构"的相关规定中，也使用了"公民"的称谓，如第七十一条"（全国人民代表大会和全国人民代表大会常务委员）调查委员会进行调查的时候，一切有关的国家机关、社会团体和公民都有义务向它提供必要的材料"；《民族区域自治法》则明确指出："民族自治地方的自治机关保障本地方内各民族公民都享有宪法规定的公民权利，并且教育他们履行公民应尽的义务"，这事实上体现的就是"公民"这一政治法律身份是一种超越差异，同时也是所有民族成员共

---

① 王文光，徐媛媛. 中华民族共同体意识形成与发展的历史过程研究论纲 [J]. 思想战线，2018（2）：70-74.

② 周叶中. 宪法学 [M]. 北京：高等教育出版社，2011：246.

③ 习近平法治思想概论编写组. 习近平法治思想概论 [M]. 北京：高等教育出版社，2021：10.

同拥有的宪法表现形式和认同体现①。

进一步而言，如何统筹每一个个体的"族性"与"国民性"，是一个值得认真思考的问题，这就意味着中华民族共同体的法治建设，需要培育以"公民权"为基础的身份意识，以法治推进民族传统的转型，培育民族成员作为公民对国家法律体系的认同与遵守②。这种认同与遵守，最根本也是最关键的就是对我国宪法的遵守，这种超越族际关系中"差异性"因素的遵守，也是不断增进"共同性"的具体体现，"公民"作为中华民族共同体法治建设的最终载体与权利享有主体，则是宪法关于中华民族共同体法治建设原则和规则的表现形式。

（二）公民身份是铸牢中华民族共同体意识的宪制基础

宪法确立了"各民族一律平等""国家帮助""民族区域自治""多元化文化保护"四项关于民族法治的基本原则，这也是中华民族共同体法治建设着眼于族际关系法治化所遵循的基本要求和最高准则。落实"各民族一律平等"的宪法原则，不仅需要对各民族成员的"本民族"身份予以充分确认和法治保障，更重要的是赋予其属于"中华民族"公民的权利，并通过教育明确其履行公民应尽的义务。在这里就有一对关系需要明晰，即在国家建构的视域下，在"本民族"与"中华民族"之间如何实现认同的统合，换言之，"各民族一律平等"不仅意味着宪法文本上的各民族群体之间的平等，也意味着在中华民族大家庭中，每一个公民权利与义务的对等。

从这个意义上讲，各民族成员隶属于"本民族"的民族身份并受统一多民族国家的政治法律保障十分重要，而各民族成员自觉认可自身皆属于"中华民族"的一员、自觉维护中华民族的利益则更为重要。其中，有一个身份是各民族成员在不断铸牢中华民族共同体意识的进程中实现好"本民族成员"权益的充分体现，这个身份便是中国公民。加拿大研究少数群体问题的知名学者威尔·金里卡认为，基于少数人（族群）群体的语言权、族群代表权等权利并不会对其公民身份造成冲击，同时还力求在个体的"族群身份"与"公民身份"之间找到一种和谐的路径，以使"公民身份"能够覆盖并包容"族群身份"③，事实上就是认为各民族成员基于本民族历史文化群体的身份认同与基于国家建

① 高成军．中华民族共同体意识的公民身份建构［J］．宁夏社会科学，2018（6）：80-85．

② 苏泽宇．认同视域下中华民族共同体意识的建构［J］．学术研究，2020（9）：65-70．

③ 张慧卿．金里卡少数族群权利理论研究［M］．北京：人民出版社，2016：14．

构公民身份的认同是并行不悖的。当然，这二者之间并非能够"自然而然"地耦合，有学者就明确指出："族源上的同质性并不能确保国家共同体的持久聚合，除非在其族群与国家建构之间具有牢固的利益纽带和制度表达机制。"① 换言之，只有当其公民的正当权利得到宪法法律的有效保护，真正厘清群体和个体间的"民族平等"，基于"国家帮助"和"多元文化保护"的原则，少数人权利的保障才得以实现，其对于国家共同体的认可与认同才能实现，并自觉维护这个"更大"的共同体的利益。这里所说的国家共同体，就是中华民族共同体，这就要求维护平等的公民身份、保障合理的利益诉求、树立普遍的行为规范，从而在统一多民族国家中，不断夯实中华民族的宪制基础，实现各民族成员个体对其公民身份的不断认同。

二、公民身份的认知有待进一步明晰

不同于西方民族国家"一国一族"乌托邦式的愿景，在中国特殊"民族二元性"构成的客观背景下，对于自身公民的身份与自身所属国内任一具体"民族"的身份如果存在张力而缺乏有效地纠正机制与正向的教育引导，长此以往对于铸牢中华民族共同体意识显然是不利的。需要指出的是，着眼于宪法规定的"各民族一律平等"的民族法治基本原则，当前理论界存在没有将群体性的民族平等与个体性的各民族公民平等厘清的问题，在处理群体平等和个体平等的关系之间存在误区，从而导致在实践之中将维护民族平等而制定的差别支持措施直接等同或间接解读为保障少数民族个体权利的优惠对待措施，这就造成分属国内不同民族的每一位公民在通过其"民族成分"享有差异性优惠措施时认可"本民族"这个群体而淡化对自身"中国公民"的认知。进一步而言，在对于党和政府出台的各项差异性帮扶措施时重点关注可以通过"本民族身份"享有的权利，却忽视了同属"中国公民"应尽的义务。

（一）对于教育优惠政策的解读存在误区

《民族区域自治法》第五十五条明确了帮助各民族自治地方加速发展教育事业的主体——上级国家机关；"十二五"规划纲要和"十三五"规划纲要分别提出要"重视和支持民族教育发展"和"积极推进民族教育发展"；2015 年 8月 11 日发布并施行的《国务院关于加快发展民族教育的决定》更是着眼于"切实提高少数民族人才培养质量"，明确提出"保留并进一步完善边疆、山区、牧

---

① 任军锋. 地域本位与国族认同 [M]. 天津：天津人民出版社，2004：76-77.

区、少数民族聚居地区少数民族考生高考加分优惠政策"。

应当看到，为践行教育公平，党和政府以及各相关职能部门从资金、政策、人才培养等各个方面对民族地区予以全方位帮助，是践行民族法治宪法原则中的"各民族一律平等"和"国家帮助"的具体体现。通过教育实现自身能力的不断塑造，进而追求更加美好的生活，也早已经成为各族群众的共识。具体而言，"高考"作为国家选拔和培养人才的一项制度，牵动着万千个体的神经，从政策角度而言，以广为人知的"少数民族高考优惠政策"为例，长期以来，关于"少数民族加分"的问题一直是社会热议的话题，在教育部 2021 年 1 月 31 日发布的《2021 年普通高等学校招生规定》中，第四十六条明确指出："边疆、山区、牧区以及少数民族聚居地区的少数民族考生，可在文化统考成绩的总分基础上增加一定分数投档"，其中最高可以加到 20 分，各省、自治区、直辖市也在此原则规定之上进行了详尽规定①。当然，也有一些省份陆续宣布降低以至于取消少数民族高考加分，如安徽省在 2020 年宣布将在 2022 年取消"少数民族聚居地区的少数民族考生"加分项目。

需要指出的是，从宏观层面来看，高考加分政策旨在通过差异性帮助措施，弥补特需地区（民族地区）及群体（少数民族）与发达地区在教育发展层面的差距，以"降低标准"的方式给予措施受惠客体更大的入学机会，力求实现"实质公平"。这也符合现行《中华人民共和国教育法》（2021 年修正）第十条"国家根据各少数民族的特点和需要，帮助各少数民族地区发展教育事业"的具体要求。进一步而言，无论是从该项加分政策的法理基础抑或具体执行措施来看，其针对和体现的都应当是"地区性加分"而非着眼于少数民族个体的"民族身份"加分，也正因为如此，"少数民族聚居地区"才得以不断被强调，也应当是其前提。要而言之，在"各民族一律平等"这个方面，通过针对少数民族高考优惠的政策，其对象应当是民族地区及少数民族群体，而非仅仅是作为个体拥有"少数民族"身份。然而，理论研究者和实务工作者对于加分政策的理解聚焦于但凡具有"少数民族身份"便可以加分。从理论研究上来看，众多研究者也是聚焦于"保障少数民族成员接受高等教育权"对此项展开研究，如有学者就直接指出少数民族高等教育降分优惠政策（"投档线"加分）的最终目的是实现真正的教育平等，体现"个体"的平等，实现人人享有受教育的平等

---

① 如安徽省规定："少数民族聚居地区的少数民族考生，2021 年高考可加 5 分。"四川省规定："三州十七县两区的少数民族考生，报考本科一批加 25 分，其他高校加 50 分。"

权利的原则①，这固然看到了该项政策对于"少数人权利保护"的重要意义，然而却可能间接导致优惠政策的享有主体淡化相应的法律责任，制约了民族地区人才队伍建设的实效。从实践中看，该项政策在具体执行中的确是参照"民族身份"进行享有优惠资格主体的审核，这也导致了在有的民族地区，同样是不同民族身份的参加高考的考生，其生活条件和受教育水平高度相似，仅因为个体民族身份不同在高考加分政策上受到了差别性对待，这也是社会对此长期高度热议的重要原因②。

（二）对于就业帮扶措施的认知存在偏差

除了高考加分政策，《国务院关于深化改革加快发展民族教育的决定》（国发〔2002〕14 号）提出了广为人知的"少骨计划"（少数民族高层次骨干人才培养计划），针对高等教育阶段的硕士研究生招生和博士研究生招生，该计划从2006 年起按照"定向招生、定向培养、定向就业"的要求，采取"单列指标、降分录取"的方式，旨在通过建设民族人才队伍以促进民族地区经济社会发展、增强民族团结和维护国家统一中的重要战略作用。《国务院办公厅关于印发少数民族事业"十二五"规划的通知》（2012 年 7 月 12 日公布并施行）、《国务院关于加快发展民族教育的决定》（2015 年 8 月 11 日公布并施行）、《国务院关于印发"十三五"促进民族地区和人口较少民族发展规划的通知》（2016 年 12 月 24日公布并施行）等相关行政法规也都提出要"继续实施少数民族高层次骨干人才培养计划"，这一专项计划在 2021 年 8 月 30 日教育部印发的《2022 年全国硕士研究生招生工作管理规定》中得以具体体现。相较于"少数民族高考加分"政策，该政策直接聚焦于少数民族成员考生的硕士研究生和博士研究生阶段的入学考试，同时提出了"就业服务期限"这一旨在要求享有优惠政策的考生毕业后服务于民族地区经济社会发展的重要原则，可以看作从教育和就业两个维度，通过落实到个体民族成员的帮扶措施促进民族地区经济社会的发展。

从理论研究上来看，众多学者都充分肯定了该专项计划对于少数民族成员享受高质量教育发展权利的重要意义。如有学者就基于"民族地区整体教育发展不足，需要大批量高素质的少数民族人才"的现实原因，提出高等教育招生

---

① 滕星，马效义．中国高等教育的少数民族优惠政策与教育平等［J］．民族研究，2005（5）：10-18.

② 是时候取消少数民族高考加分了［EB/OL］．光明网，2021-03-31.

中在优惠政策落实层面"受益主体的资格严格限定为少数民族身份"①，这固然有其合理之处，然而却忽略了"享有高等教育优惠政策的少数民族考生如何服务民族地区经济社会发展"这一关键问题。从本质上看，"少骨计划"是践行国家"科教兴国"和"西部大开发"战略的重要举措，在这个过程中，接受了高等教育的民族人才通过"就业"这一具体举措返回民族地区为其经济社会发展做出自己的贡献，是该项政策的根本目的，在享有该专项计划之前签订"定向协议书"② 就是具体体现。

在实践之中，该计划在招生和培养环节执行得比较到位，也广受好评，而在"就业"这个层面则引起了一些争议。事实上，相当数量享受"少骨计划"的硕士研究生和博士研究生毕业后并未按照"协议"所约定的"硕士服务期限为5年，博士8年"返回考生所在的民族地区就业③，而"协议"所规定的"毕业生不能按约就业者，要向培养单位和定向地区、单位支付违约金"也由于责任主体不明、执行力度不强、单位审核不严等种种因素在执行层面大打折扣。要而言之，旨在通过培养少数民族人才促进民族自治地方经济社会全方位发展的群体帮扶性优惠措施，由于种种原因被异化为享有"少数民族身份"个体的公民获取优质教育资源的"跳板"。

除此之外，对于少数民族就业这个范畴，《民族区域自治法》第二十二条、第二十三条、第六十七条，《中华人民共和国劳动法》第十四条，《就业促进法》第二十八条，《中华人民共和国公务员法》第二十三条均针对"民族自治地方"和"少数民族人员"做出了"优惠照顾"的规定。从立法者的原意来

---

① 李乐. 高等教育招生的民族政策与少数民族教育平等［J］. 广西民族大学学报（哲学社会科学版），2008（1）：33-35.

② 通称"四方协议"（有的是三方），即考生本人、考生就读院校、考生报考院校以及考生所在省、自治区、直辖市教育厅各有一份协议。

③ 以湖北省教育厅2020年10月15日发布的《2021年少数民族高层次骨干人才研究生湖北籍生源报考指南》为例，该指南第六条"签订定向协议"明确指出："骨干计划学生毕业后，必须履行协议，不得违约"，从"定向协议书（非在职考生）"的内容上看，"协议"规定："丙方（考生）必须在定向省份或内蒙古、广西、贵州、云南、西藏、青海、宁夏、新疆（含兵团）等定向地区就业，硕士毕业服务年限不得少于5年（含5年，其中内地西藏班、新疆班教师和管理人员为8年），博士毕业服务年限不得少于8年（含8年）。"从执行情况上来看，并未有专门的研究机构对这些考生的就业情况做过详细统计，如以该省某民族自治地方为例，笔者通过实地调研，发现相当多的享有该计划的考生毕业之后前往了省会城市或其他"一线"城市，同时也未有专门的法律法规诠释不同性质的单位机构在招聘录用人员时对于享有该计划的考生应当如何进行专项审核。

看，这一系列政策法规旨在通过加强少数民族人才队伍的建设而促进民族地区经济社会的全方位发展，其根本目的在于解决少数民族人才匮乏的现状，从而推进民族区域自治制度的有效实施，在族际关系法治化的进程中巩固和发展平等团结互助和谐的民族关系以铸牢中华民族共同体意识。显然，这一系列制度体系针对的也应当是"民族地区"这个区域和"少数民族人才队伍"这个群体，然而，无论是在理念认知还是客观实践中，以《民族区域自治法》有关规定为核心构成的少数民族就业优惠法律制度被诠释为保障少数民族个体就业权的主张①，体现的是一种"个体"平等。

要而言之，上述问题反映了从各层级部门机构到受惠者个人对于究竟是针对"民族地区""民族群体"还是"个体"差异性帮扶措施的理解存在分歧，其实质体现的则是在法治视野下，各民族成员对于自身的"公民身份"尤其是应当履行哪些公民义务缺乏明确的认知，对于"民族平等"的实质与内涵理解不明。倘若这种观点不加以扭转，则会在不同层次的民族认同（"本民族"与"中华民族"）之间形成张力，对铸牢中华民族共同体意识产生消极影响。

第二节　帮助措施的实施

在中国共产党的领导下，上级国家机关采取的种种帮助措施（以下简称"国家帮助"），既是通过差异化帮扶的手段践行各民族"实质平等"的客观需要，也是宪法关于民族法治基本原则的现实体现。在这个过程中，上级国家机关制定的帮助政策、支援措施是否科学，决策机制是否健全，民族自治地方能否充分受用就决定了国家帮助措施实际成效的高低。

一、"国家帮助"的法理依据与实施理念

《宪法》第四条及第一百二十二条为"国家帮助民族地区经济建设和文化发展"确立了法理依据，而《民族区域自治法》第六章的具体诠释，则为上级国家机关"应当从哪些方面做"指明了方向。除此之外，从法律立法解释来看，

①　李昊. 少数民族就业纠偏行动：宪法平等原则的实施机制［J］. 法学论坛，2015（2）：128-137.

《中华人民共和国电力法》（2018 年修正）①、《中华人民共和国公路法》（2017年修正）②、《中华人民共和国畜牧法》（2015 年修正）③ 等均有"国家帮助"的具体规定，相应的行政法规及地方性法规等对于"国家帮助"的相关议题多有提及。要而言之，上级国家机关采取种种措施促进民族自治地方经济社会的全方位发展，有着明确的法理依据，同时各部门法规也详尽规定了这种帮扶的对象与范围。

进一步而言，宪法规定的"国家根据各少数民族的特点和需要，帮助各少数民族地区加速经济和文化的发展"作为"国家帮助"的法理依据，其本身包含了三层意蕴：其一，"国家"是践行帮助职责的主体；其二，接受帮扶的对象（各少数民族）的"特点和需要"是前提；其三，"加速经济和文化的发展"是方针和目标。换言之，国家之所以要对少数民族地区经济建设和文化发展进行帮扶，其根本原因在于由于历史客观因素导致的民族地区经济文化的发展长期处于相对欠发达的状态，如果不根据其自身特点和需要给予必要的帮扶，则很难走出低水平均衡发展的恶性循环，也与全面建成小康社会，不断走向共同富裕的总体目标相违背。

从具体的帮助措施来看，其也确实体现了"针对性"帮扶的实施理念。例如，从宏观层面而言，设立民族自治地方、成立自治机关行使自治权，这是在制度层面为民族地区经济社会的发展奠定"自治"的基础；从中观层面而言，上级国家机关制定了大量的法律法规、政策文件、专项计划扶持民族地区的经济发展，如专项财政转移支付④、基础设施建设的大力投入、"西部大开发""兴边富民"等专项计划的开展；从微观层面而言，各少数民族成员更是在个体的角度成为帮扶的受惠者，无论是生活水平的提高、交通出行的便利、医疗卫生事业的进步，还是个体在政治、经济、教育维度的政策受惠都是具体体现。

然而，也需要指出，"帮助"不仅是政策制定层面的宏观研判，也是措施实

---

① 《中华人民共和国电力法》第八条规定："国家帮助和扶持少数民族地区、边远地区和贫困地区发展电力事业。"

② 《中华人民共和国公路法》第五条规定："国家帮助和扶持少数民族地区、边远地区和贫困地区发展公路建设。"

③ 《中华人民共和国畜牧法》第三条规定："国家帮助和扶持少数民族地区、贫困地区畜牧业的发展，保护和合理利用草原，改善畜牧业生产条件。"

④ 在财政转移支付这个范畴，我国现阶段已经精确到了"民族乡"这一层面，如 2018 年2 月 22 日发布的《浙江省人民政府办公厅关于进一步支持民族乡村加快发展的意见》，就明确提出"省财政每年安排每个民族乡（镇）200 万元少数民族财政转移支付资金，作为一般性转移支付给予支持，纳入省与市县年均衡性转移支付结算"。

施层面的具体操作。换言之，上级国家机关践行"国家帮助"职责的直接目标是促进帮扶客体经济社会的全方位发展，而这种"发展"到达一定程度以后，帮助措施又当如何调整，是一个必须认真思考的问题。例如，从一个较为直观的个体层面数据来看，即"城镇居民人均可支配收入（2020 年）"，在 5 个自治区中，内蒙古自治区和西藏自治区 2020 年的城镇居民人均可支配收入分别达 41353.1 元和 41156.4 元，已经极为接近全国平均水平（43833.8 元），分别位居全国第十位与第十一位①，在这种情况下，倘若简单地以"民族地区经济社会发展落后"作为上级机关帮助的"持续性"理由就有待商榷。更为重要的是，我国疆域广大、幅员辽阔，不仅是东中西部之间，各民族地区内部发展差异也较大，那么基于国家帮助的实施理念就应当更多地从差异化措施入手，不断体现"好钢用在刀刃上"的思路。事实上，习近平总书记在 2021 年召开的重要民族工作会议上提出的"针对特定地区、特殊问题、特别事项制定实施差别化区域支持政策"也为这一系列帮助措施指明的方向。

因此，随着扶持力度的不断加大和社会主义现代化建设的稳步推进，各民族地区是否处于"落后"的状态，或者说处于何种"发展"状态，就构成了国家履行帮助职责的前提和边界，这也要求作为帮助主体的上级国家机关和具体落实的部门机构在践行帮助对策时，科学而客观地遵循"国家帮助"的宪法原则，合理评价民族地区是否真正达到需要帮助的"标准"，从而对帮助措施进行动态调整。

二、帮助措施有待进一步细化

在明确了"国家帮助"的法理依据与实施理念之后，必须依托科学的实施机制将政策进行落实。然而，现阶段的帮助机制仍有待进一步优化，这主要体现在两个方面。

（一）帮助主体有待明确

为更加体现国家帮助措施的科学性与针对性，就应当明确践行国家帮助措施的具体职责部门，即"上级国家机关"。

一方面，理论研究对于"上级国家机关"的内涵理解并不明晰，导致许多

---

① 中国统计年鉴：2021［EB/OL］. 国家统计局，2022-01-27.

政策制定和措施实践问题解决不畅①。具体而言，从文本上看，《民族区域自治法》从标题到内容直接包含"上级国家机关"的多达 23 处，同时也在第六章"上级国家机关的职责"中对其职责范围做了宏观指引，但对究竟何为"上级国家机关"或"上级国家机关"到底包括哪些职能部门并未做具体诠释。同时，既有研究在关于"上级国家机关"实质内涵的探讨中，除有为数不多的学者对此进行了论证，其他研究并未在新时代铸牢中华民族共同体意识的背景下对其进行适时的论证，研究总量也相对偏少②。进一步而言，在对"国家帮助"的主体未明确厘清定义的情况下，有可能就会对民族法治的实践造成影响，例如，1988 年 9 月 20 日通过的《甘肃省实施〈民族区域自治法〉若干规定》中，第二条就明确指出"省、市、州人民政府行政公署及各有关部门（以下简称'上级国家机关'）"，然而，在民族区域自治配套立法这个层面，"上级国家机关"显然指的应当是针对"民族自治地方"的上级部门机构，如国务院、国家民委、教育部等，而非其自身所管辖的部门。正如有学者指出："不论是民族自治地方政府还是其组成部门，都仅能在民族自治地方这一概念下进行诠释，不会涉及上级国家机关的概念范畴。"③

另一方面，从上级国家机关践行"国家帮助"的过程来看，首先，其对履行帮助职责的必要性和意义认知不足。作为践行帮助职责的主体，上级国家机关践行"国家帮助"的职责，既是落实宪法原则，又是践行法定职责，从这个意义上讲，上级国家机关在践行帮助的过程中具有重要意义，也是主动职责。然而，一些上级国家机关在帮助过程中存在"针对性不强"与"一刀切"的问题，缺乏积极性与主动性，"总管"有余而"放权"不足。例如，根据全国人民代表大会常务委员会专项检查组的检查结果来看，有些地区在进行全国统一性的合并小学教学点时，没有考虑到一些牧区少数民族学生上学的实际情况，

---

① 郑毅．论《中华人民共和国民族区域自治法》中的"上级国家机关"［J］．思想战线，2016（1）：80-87.

② 郑毅．论《中华人民共和国民族区域自治法》中的"上级国家机关"［J］．思想战线，2016（1）：80-87；沈寿文．自治条例规定上级国家机关责任质疑［J］．中南民族大学学报（人文社会科学版），2013（5）：77-82；戴小明，黄元珊．论上级国家机关的民族法责任［J］．湖北民族学院学报，2010（5）：127-134；潘红祥，曾冰洁．上级国家机关履行民族法职责的问题分析与对策研究［J］．湖北民族学院学报，2015（2）：62-68；田钒平．上级国家机关履行法定职责的决策程序探讨［J］．中南民族大学学报（人文社会科学版），2016（2）：79-83.总体来看，近年来与此议题有关又较有影响的研究较少。

③ 郑毅．论《中华人民共和国民族区域自治法》中的"上级国家机关"［J］．思想战线，2016（1）：80-87.

导致一些学生入学的时间和空间成本不降反增①，此类现象在教育、医疗等领域也存在。其次，对于上级国家机关帮助职责的监督与反馈机制不健全。有学者认为《民族区域自治法》本身存在着大量软法性条款，在起到重要作用的同时也遭遇到了前所未有的实施困境②，其中关于上级国家机关的职责这个层面体现得尤为明显，这背后折射的则是上级国家机关践行国家帮助职责的监督机制和责任机制的缺位，在法律解释机制的层面也亟须完善。例如，对于《民族区域自治法》落实情况的监督，究竟应当由哪个部门机构牵头；对民族法律法规的清理和完善，是否形成了常态化与制度化的建设；针对上级国家机关不履行法定职责，究竟以何种依据进行追责③；等等，这一系列问题尚未能够有效解决。

（二）落实载体亟须健全

《民族区域自治法》第十五条明确指出："民族自治地方的自治机关是自治区、自治州、自治县的人民代表大会和人民政府"，这就从"人大"和"政府"两个维度对自治机关的构成做了明确规定。进一步而言，在落实上级国家机关帮助措施这个方面，自治机关既是"受惠"机构，又是将上级国家机关的帮助政策根据民族自治地方自身特点和自治权细化为种种可以直接落实手段的具体抓手，如财政补助资金的使用等。从这个意义上讲，同属自治机关的政府和人大，这二者之间的权责划分就直接关系到上级国家机关帮助措施的落实成效。

从《民族区域自治法》的具体规定来看，其在规定自治权的责任主体——自治机关时，除第十九条"立法自治权"的权利主体是"人民代表大会"和第三十六条第五款"教育管理权"的权利主体是"各级人民政府"外，其余的如第二十二条"人才队伍建设权"、第二十八条"自然资源管理和优先开发利用权"、第三十四条"税收减免权"、第三十九条"科技事业发展权"、第四十一条"体育事业发展权"等均为"自治机关"，而第三十一条第一款"对外贸易权"与第三十五条"金融管理权"的权利主体直接概括为"民族自治地方"。总体而言，针对自治权的行使和自治机关应当承担的职责，《民族区域自治法》绝大多数条文并未区分人民代表大会和人民政府之间的差别，致使在实践之中

---

① 全国人大常委会执法检查组关于检查《中华人民共和国民族区域自治法》实施情况的报告 [EB/OL]．中国人大网，2006-12-27．

② 熊文钊，郑毅．试析民族区域自治法中的软法规范 [J]．中央民族大学学报，2011（4）：5-12．

③ 潘红祥，曾冰洁．上级国家机关履行民族法职责的问题分析与对策研究 [J]．湖北民族学院学报，2015（2）：62-68．

难以对二者应当承担的具体职责做出明确的区分和界定，一定程度上制约了通过自治权发挥上级国家机关帮助措施的实效①。

从帮助措施践行的效果来看，自治机关作为民族自治地方的"治理者"对于本地区经济社会的经济形势、生产特点、人口结构等因素，相较于帮助政策的"制定者"——上级国家机关更为了解。因此，在帮助措施实际践行时，自治机关就应当根据本地区社会生产的具体情况来践行帮助措施。以"易地扶贫搬迁政策"这项较为具体的帮助措施为例，其是针对不适合经济社会发展地区的贫困人口实施的一项帮扶性工程，通过"移居换地"的具体方式从根本上解决搬迁农户发展问题。然而，纵然上级国家机关制定了大量的政策保障，也不断完善搬迁脱贫的后续发展体系，许多地区仍然出现了大量的"空置房"。据此，有学者提出正是由于县级以下政府"自由裁量权"被赋予了扩展或收缩的空间，才导致政策执行背离了实施理念，难以实现帮扶实效②。这就涉及民族自治地方的自治机关在践行上级国家机关的帮助措施时，所具备的治理能力与治理水平的问题，这也是在践行"国家帮助"这一宪法原则时落实载体所必须完善的方向。倘若正确的政策在执行过程中由于对政策理解不透彻、治理能力不足水平不高，则会使一系列帮助措施大打折扣。总体而言，着眼上级国家机关的种种帮助措施，自治机关存在治理意识不足、行为模式不新、政策依赖过高、应用法制不足等一系列问题③。

第三节　自治权限的定位

"民族区域自治"是我国的基本政策、基本法律、基本制度，也是宪法关于民族法治的基本原则，更是解决民族问题、践行民族工作的"总舵手"。因此，如何正确解读"民族区域自治"这一概念的内涵与功能、准确定位并有效行使宪法所赋予的自治权，均会对铸牢中华民族共同体意识的法治保障产生重要影响。

---

① 田钒平. 民族自治地方自治机关法定职责划分问题研究 ［J］. 贵州省党校学报，2019 （5）：83-91.

② 郭占锋，李轶星. 易地扶贫搬迁政策执行偏差与移民理性选择：基于陕南地区的考察 ［J］. 长白学刊，2020 （4）：104-112.

③ 高锰芳. 当代中国中央与民族自治地方政府关系研究 ［M］. 北京：人民出版社，2009：112-117.

一、内涵的解读应当准确

从定义上看，《民族区域自治法》第二条指出："在国家统一领导下，各少数民族聚居的地方实行区域自治，设立自治机关，行使自治权"，这就从宏观上诠释了民族区域自治的基本定义与操作方式，而从历史演进的角度来看，早在1957年，周恩来就指出："（在多民族背景下）实施民族区域自治，是民族自治与区域自治的正确结合，是经济因素和政治因素的正确结合，不仅使聚居的民族能够享受到自治权利，而且使杂居的民族也能够享受到自治权利。"① 因此，从实质上来看，民族区域自治不只是"主体民族"在其聚居区实行的区域自治，其更应当是一种"民族共治"②。在2021年7月14日发布的《新疆各民族平等权利的保障》（白皮书）第二部分"政治权利的保障"中再次引用了习近平总书记"民族区域自治不是某个民族独享的自治，民族自治地方更不是某个民族独有的地方"的重要论断，更是充分说明了这一点。

然而，迄今，理论界对此仍存在模糊认识，在实践中对民族区域自治实质与内涵的误解仍没有很好地澄清，制约了其制度功能发挥的实效，也对铸牢中华民族共同体意识产生了消极影响。例如，有学者认为，"民族自治地方虽然在一定程度上体现了各民族共治的特点，但核心和本质还是自治民族在该区域内依法行使比较广泛的自治权利"③。有学者进一步论证"在民族自治地方内，实行自治的少数民族享有自治权，其他民族或没有法定自治权的民族在该区域内不能享有自治权"④。应当指出的是，在多民族杂居的背景下，"民族共治"的客观实际中，人为强调所谓"主体民族"是不利于践行"各民族一律平等"这一族际关系法治化的根本宪法原则的。换言之，在各民族自治地方仍是民族杂居的背景下，把宪法规定的"少数民族聚居的地方实行区域自治"解释为"基于主体地位的民族实行区域自治"的理论主张，既不利于民族平等和公民权利平等的维护⑤，亦是铸牢中华民族共同体意识的制约因素。

---

① 周恩来选集［M］.北京：人民出版社，1984：258.

② 朱伦.民族共治论：对当代多民族国家族际政治事实的认识［J］.中国社会科学，2001（4）：95-105，205.

③ 雍海宾，宋芳.民族共治和民族区域自治的法学思考［J］.西北民族大学学报，2004（6）：40-45.

④ 额尔敦初古拉.应充分发挥自治主体民族的主人翁作用［N］.中国民族报，2012-07-27.

⑤ 田钒平.民族区域自治的实质内涵辨析［J］.贵州社会科学，2014（9）：94-97.

从全国范围的语境来看，对于公民个体而言，无论分属哪个民族，其身份应当是中华人民共和国的一位公民，而并非被定义为"主体民族"或"非主体民族"。同时，分属国内各民族的公民组成的也应当是一个相互平等、团结互助、共同繁荣发展的人们共同体，针对"多数民族"与"少数民族"，汉民族现阶段在人数上确占多数，但是对于铸牢中华民族共同体意识，汉族与各少数民族一样，同属多元层次的历史文化共同体，并非该有"核心"与"边缘"、"主体"与"非主体"之分。同时，从我国各民族交往交流交融的成功实践现状来看，在过去十年中，少数民族相较于汉族的人口增长率和所占总人口比重均实现上涨，这就说明在以铸牢中华民族共同体意识为主线，各民族交往交流交融不断加深的时代背景下，"主体民族"与"非主体民族"之间的"差异"在不断缩小，而各民族之间的"共性"在不断增强，倘若在这种中华民族整体性不断增强的趋势下，对于公民身份的认知仍拘泥于"主体民族"或"非主体民族"，不仅在理论上难以证成，对于中华民族共同体的建构也有不利影响。要而言之，无论是在民族自治地方内部，抑或全国范围内的语境，"主体民族"的使用都应当仔细斟酌。

二、功能的发挥亟待革新

民族区域自治，不仅是宪法民族法治原则的宏观体现，也是在党的领导下和国家的制度建设中，维系中央与地方的一种具体功能。"民族区域自治体系有个体系统、局域系统和整体系统三个层次，其功能主要取决于内部结构，体现在政治、经济、文化、社会各个方面。"① 在这个过程中，自治权是民族自治地方区别于一般地方的标志，也是维系这个体系的高效运转的纽带，自治权功能发挥的成效，决定了民族区域自治这一宪法原则和基本制度的落实状况。

进一步而言，在 2021 年召开的中央民族工作会议上，习近平总书记明确指出："必须坚持和完善民族区域自治制度"，同时要求"做到共同性和差异性的辩证统一、民族因素和区域因素的有机结合"，这就为新时代的民族工作指明了方向，也为新时代自治权的功能定位勾勒出了蓝图，即"按照增进共同性的方向改进民族工作"。需要指出的是，从民族自治地方法治建设的实践来看，自治权功能的发挥需要按照"增进共同性"的理念进一步完善。

---

① 候德泉.角色、结构与功能：民族区域自治的政治体系分析［J］.内蒙古社会科学（汉文版），2008（4）：1-6.

（一）立法理念需要转变

从民族区域自治的客观实践来看，《宪法》第一百一十三条明确规定："自治区、自治州、自治县的人民代表大会中，除实行区域自治的民族的代表外，其他居住在本行政区域内的民族也应当有适当名额的代表。自治区、自治州、自治县的人民代表大会常务委员会中应当有实行区域自治的民族的公民担任主任或者副主任。"《民族区域自治法》第十六条对此进行了"重申"。然而，有的民族自治地方在行使自治权之时对其进行了不合理的"变通"，规定"自治州人民代表大会常务委员会组成人员中，本民族（特指某一少数民族）成员可以超过半数，其他民族也应有适当名额"以及"自治州人民代表大会常务委员会主任由本民族（特指某一少数民族）公民担任"①。笔者认为，这一"变通"不仅对铸牢中华民族共同体意识有着消极解构的作用，从法理上来讲亦有违宪之嫌，而类似规定在一些自治条例和单行条例中仍然继续适用。

应当指出的是，民族区域自治制度赋予一定范围内的"民族"区域自治的权利，但是实行区域自治的民族不等于"主体民族"，也没有超越上位法规定的高于"其他民族的特权"②。要而言之，由于对"民族区域自治"本身的内涵解读存在分歧，导致在实践中出现了一些违背立法者本意的行为，削弱了其功能实效，从这个意义上讲，在国内多民族杂居的现实背景下，新时代"民族区域自治"的功能应当定位于通过上级国家机关的种种帮助措施，结合民族地区自身经济社会的特点，按照族际关系法治化的原则和要求正确行使自治权，引导各民族交往交流交融的程度不断加深，促进各民族"共性"的生成，而并非通过所谓"主体民族"和"非主体民族"的权利分配在铸牢中华民族共同体意识的进程中形成张力。

有学者通过研究相关资料指出，有 11 部法律赋予民族自治地方变通或者补充权，其中近六成是对《中华人民共和国婚姻法》的变通或者补充，总体上看也只是对《中华人民共和国全国人民代表大会和地方各级人民代表大会选举法》《中华人民共和国森林法》《中华人民共和国继承法》《中华人民共和国婚姻法》4 部法律进行了变通或补充，并就此认为"民族自治地方在得到法律授权后，

① 《延边朝鲜族自治州自治条例》第二章第十二条、第十六条。1985 年 4 月 24 日延边朝鲜族自治州八届人大第 3 次会议通过，1985 年 7 月 31 日吉林省六届人大常委会第 14 次会议批准。

② 沈桂萍. 铸牢中华民族共同体意识面临的突出问题及对策：以民族理论和政策话语重构为例［J］. 中央社会主义学院学报，2021（1）：57-69.

还是不能有效地行使变通、补充法律的权利"①。这里就需要指出，是否仅依据民族自治地方变通或补充法律的数量就能直接衡量自治权在这个层面行使的质量？事实上，自 2021 年 1 月 1 日《民法典》实施以后，《中华人民共和国婚姻法》《中华人民共和国继承法》《中华人民共和国民法通则》《民法总则》等相应废止，这就意味着《民法典》是一部适用于全国包括民族自治地方在内任何地区的法律，体现的正是中华民族共同体法治建设的"共同性"。在此，有必要基于"增进共同性""促进民族团结""铸牢中华民族共同体意识"等原则来革新民族自治地方自治立法的理念②。

（二）立法水平有待提升

在自治机关行使自治权的过程中，自治立法是重要表现，同时自治立法的功效发挥直接关乎族际关系法治化水平的建设。在此以调整民族自治地方政治、经济、文化等诸方面的社会关系的综合性法规——自治条例进行探讨。

一方面，在对于自治条例的立法定位上，按照传统其多被定位为"小宪法"，如有学者认为，自治区自治条例涉及自治区的政治、经济、文化、社会发展和自治机关的组织与工作等广泛领域，因此素有自治区"小宪法"之称③；有学者认为，自治条例调整民族自治地方内政治、经济、文化等诸多方面的社会关系，相当于一部"小宪法"④。需要指出的是，自治条例的确是自治权行使的具体体现，但根据其法律位阶与构成内容断言其是"小宪法"的观点则有待商榷。例如，从宪法关于我国民族法治的基本原则来看，"国家帮助"的贯彻实施，自治条例能否规定"国家帮助"的具体职责是一个值得认真思考的问题。正如有学者明确提出，将自治区自治条例视为"小宪法"既缺乏规范依据的支撑，也是对"自治"的片面理解，还有悖于宪法设定的国家形式⑤。应当指出

---

① 宋才发. 中国民族自治地方政府自治权研究 [M]. 北京：人民出版社，2008：332.
② 着眼于立法"变通"这个范畴，《中华人民共和国民法通则》《中华人民共和国婚姻法》《中华人民共和国继承法》《中华人民共和国收养法》赋予了民族自治地方人大对民事法律规定进行变通的权力，已经正式实施的《民法典》并没有对此项权力予以明确规定，而《中华人民共和国民法通则》等法律又因为《民法典》的实施而被废止。在此背景下，民族自治地方人大还能否对《民法典》的相关规定进行变通或者补充，才是需要更加重视的问题。田钒平. 民法变通规定制定权的法源冲突及解决路径：以《民法典》相关规定阙如为切入点 [J]. 政治与法律，2021（5）：92-104.
③ 朱玉福. 中国民族区域自治法制化：回顾与前瞻 [M]. 厦门：厦门大学出版社，2010：168.
④ 吴大华. 民族法学 [M]. 北京：法律出版社，2013：312.
⑤ 阙成平. 论自治区自治条例的规范属性 [J]. 广西民族研究，2017（6）：16-25.

的是，对于自治条例立法定位的认知，会对其立法水平产生重要影响。在此基础上，对于自治权的行使客体，有必要进一步厘清，有观点直接认为自治权的针对对象范围只能是民族自治地方的"本地方、本民族的内部事务"①，有学者对此进行了深入诠释，认为"使用和发展本民族语言文字、保持或改革本民族风俗习惯、弘扬和发展本民族文化事业等，都是典型的本民族内部事务"②。需要指出的是，这些观点固然看到了民族自治地方经济社会发展的"民族性"，但是在各民族群体不断融入中华民族大家庭的现实背景中，自治立法更应当表达的是各民族共创中华大家庭的"共性"。进一步而言，无论是"使用和发展本民族语言文字"还是"弘扬和发展本民族文化事业"，其首先应当符合宪法民族法治的"多元化保护"原则；其次，风俗习惯的改革和文化事业的发展，离不开基于各族群体共创的财政支持，其面向的也是各个民族群体，而并非"本民族内部"。正如有学者敏锐地指出，本民族内部事务的"民族"原是在中华民族意义上的"民族"（Nation），其实质就是"本国家内部事务"③。

另一方面，正是由于对自治权的客体定位与自治立法的功能解读存在偏差，其不利后果就会在自治条例的内容构成中予以体现。例如，相当数量的自治条例，都存在"变通不当、违规细化、设定越权、简单复制"等问题④。以"超越法定权限为上级国家机关设定职责义务"为例，有的自治条例指出："自治州为国家建设输出的资源和保护长江、黄河上游生态环境做出的贡献，享受上级国家机关的利益补偿，用于生态功能的保护和建设"⑤，有明显地超越其权限之嫌。再如，从对"国家帮助"原则而言，着眼于"就业帮扶"的领域，《民族区域自治法》第二十三条规定："民族自治地方的企业、事业单位依照国家规定招收人员时，优先招收少数民族人员"，有的自治条例则将其变通为"优先招收当地人员"⑥，此举固然有利于淡化"民族"差异，然而"优先招收当地人员"

---

①　熊文钊.民族法学［M］.北京：北京大学出版社，2012：156.

②　陈蒙.民族区域自治法序言中"少数民族管理本民族内部事务权利"的法理分析［J］.青海社会科学，2019（1）：171-176，190.

③　沈寿文."本民族内部事务"提法之反思［J］.思想战线，2013（3）：22-28.

④　田钒平.加强自治条例修改工作的必要性与对策研究［J］.民族学刊，2015（3）：8-17，89-92.

⑤　参见《四川省阿坝藏族羌族自治州自治条例（2014修正案）》第二十三条.

⑥　现行有效的如《罗城仫佬族自治县自治条例》（1988年11月24日公布）第十四条、《化隆回族自治县自治条例》（1991年8月30日公布）第十五条、《印江土家族苗族自治县自治条例》（1990年1月19日公布）第十五条、《沿河土家族自治县自治条例》（1991年7月24日公布）第十五条等.

对于本地区经济发展的多元化是否真正有利是一个值得认真思考的问题，更为重要的是，《立法法》第八十五条针对自治条例和单行条例的变通规定作了明确诠释："不得对宪法和民族区域自治法的规定以及其他有关法律、行政法规专门就民族自治地方所作的规定作出变通规定"，此举则有违反《立法法》规定之嫌。含有诸如此类规定的自治条例在资源输出、生态利益补偿、财政转移支付、民族贸易优惠、对外贸易优惠等方面大量存在，其直接反映的是自治立法的水平有待进一步提高，也折射出对于自治权的行使定位不准的客观问题。

第四节　族际交往的规范

作为个体的每一位中国公民同时也是国内不同民族的成员，其所属的民族群体（指各民族）对于"本民族语言文字"以及"风俗习惯"都有自由使用发展和保持或改革的权利。《宪法》第四条"各民族都有使用和发展自己的语言文字的自由，都有保持或者改革自己的风俗习惯的自由"则是其法理依据，《民族区域自治法》第十条对此进行了"重申"，同时，以对各民族"风俗习惯"的保障为例，《中华人民共和国武装警察法》第三十一条、《民法典》第一千零一十五条、《中华人民共和国旅游法》第十条、《中华人民共和国老年人权益保障法》第八十三条等都有相关规定，与此议题相关的司法解释、行政法规、地方政府规章和地方性法规等更是不计其数。以上法律法规均体现了宪法关于各民族形态各异的风俗习惯"多元化保护"的重要原则。新时代以来，如何妥善处理中华民族的"共同性"与各民族基于历史文化、风俗习惯等因素客观存在的"差异性"之间的关系，直接关系到中华民族共同体法治建设的成效，这在各民族群体的交往交流交融中又得以具体体现。

一、"共同性"是多元化保护和族际交往的重要基础

在"多元一体"民族格局中，针对各民族风俗习惯的"多元化保护"固然重要，而在以铸牢中华民族共同体意识为主线的新时代民族法治进程中，重视各民族群体间通过不断交往交流交融产生的"共同性"因素，不断缩小各民族群体交往过程中的"差异"则更为重要。因此，在各民族交往交流交融不断加深的背景下，倘若片面侧重于具有本民族"特性"的社会交往规范，对于不同的民族群体铸牢中华民族共同体意识就有可能起到制约作用。同时，作为个体的民族成员倘若对自身公民身份没有明确的认知，则会倾向于认可具有"本民

族特性"的习惯和交往方式，而一旦具有本民族特性的"民族习惯"、交往方式等被不适当地扩大，则不利于其民族群体在规范的法治社会和统一的市场经济社会中发展。

（一）中华民族"共同性"的思维脉络

在 2019 年召开的全国民族团结进步表彰大会上，习近平总书记从四个维度生动诠释了各民族交融汇聚成多元一体中华民族的伟大历史，即"各民族共同开拓了辽阔的疆域、各民族共同书写了悠久的历史、各民族共同创造了灿烂的文化、各民族共同培育了伟大的精神"，对中华民族的"共同性"做了极为形象的阐述。中华民族的"共同性"，并不是将各个民族的历史文化、经济生活、风俗习惯、语言文字等具有本民族特色的要素简单地叠加在一起，而是在长期历史发展的过程中，生活在中国领土上的各个民族，都有着各自独有的鲜明的民族特点与特长，同时又有着许多民族共有的支点①。进一步而言，中华民族"共同性"的生成，是各民族不断交往交流交融的必然结果，而各民族交往交流交融的不断加深，又奠定了中华民族"共同性"生成的历史文化基础。我国著名民族学家谷苞先生当属中华民族共同性研究的集大成者，他通过考察西域和中原在农作物种植上的交流、乐舞文化在丝绸之路上的双向传播、河西走廊地区游牧民族与农耕民族之间的贸易往来、农耕和游牧过渡带上的族群交融，从而为中华民族"共同性"的生成的研究奠定了学理基础②。而早在新中国成立以前，谷苞先生在洮岷走廊的汉藏交接地带就发现了少数民族和多数民族"双向交融"的事实③。进一步而言，可从如下几个方面简要概括中华民族的"共同性"。

第一，政治共创。《宪法》序言指出："一九四九年，以毛泽东主席为领袖的中国共产党领导中国各族人民，在经历了长期的艰难曲折的武装斗争和其他形式的斗争以后……建立了中华人民共和国"，这里所指的"各族人民"之意涵，事实上就是中华民族大家庭的各个民族群体在中国共产党的领导下"掌握了国家的权力，成了国家的主人"。

第二，历史共享。我国是一个历史悠久的统一多民族国家，无论哪个民族建鼎称尊，建立的都是多民族国家，越是强盛的王朝吸纳的民族就越多，从而

---

① 谷苞. 论中华民族的共同性 [J]. 新疆社会科学，1985（3）：1-10.

② 李建宗. 中华民族的共同性：谷苞先生的民族学思想内核 [J]. 西北民族研究，2021（1）：61-70.

③ 谷苞. 卓尼番区的汉番 [J]. 中国边疆，1948（11）

推动了中国历史的发展和中华民族的壮大①。各民族交往交流交融不断加深的进程，事实上也是中华民族多元一体格局不断建构并巩固的过程，其中，既有"胡服骑射""北魏孝文帝改革"等古代案例，又有近现代各族儿女共同抵御外敌，在中国共产党的领导下打开崭新历史篇章的伟大事迹。伟大的历史，是由各民族共同享有的。

第三，经济共荣。从各民族交往交流交融的历史进程来看，通过贸易交流的经济互补占了重要地位，各民族间经济利益的往来也为民族认同的产生奠定了重要基础。事实上，经济贸易交流本身就有助于"共同性""规则"的产生，只有在一个双方民族（族群）都认可的交易制度下，贸易交流方能顺利开展，这一点在各民族交往的历史中有着生动的体现，如典型的农耕文明的农产品、茶叶、丝织品与游牧文明的马匹、奶制品对等互换。要而言之，各民族间在经济往来时认同中华民族共同体这个具有公约数的共性实体②，从而不断走向共同繁荣。

第四，文化共建。习近平总书记在 2014 年召开的中央民族工作会议上明确指出："中华文化是各民族文化的集大成"；在 2019 年召开的全国民族团结进步表彰大会上再次指出："我们灿烂的文化是各民族共同创造的"；在 2021 年召开的中央民族工作会议上，习近平总书记进一步做出了更为生动的描述："中华文化是主干，各民族文化是枝叶，根深干壮才能枝繁叶茂。"中华文化之所以历久弥新，精彩纷呈，就在于它是由各民族文化共同滋润而成，充分诠释了海纳百川的优良特性。

第五，主权共卫。在 2021 年召开的中央民族工作会议上，习近平总书记做出了"引导各族人民牢固树立休戚与共、荣辱与共、生死与共、命运与共的共同体理念"的重要指示，这既是做好新时代党的民族工作的宏观方略，也是对各民族群体命运交织的精练总结。在 5000 多年的历史长河中，各民族逐渐形成了对自身所处"中国"地域范围的认同，"守土有责深入人心，天下兴亡匹夫有责"。中华民族是爱好和平的民族，也是永不称王、绝不称霸的伟大的历史民族，然而，倘若遭遇外敌入侵，各民族群体都会同仇敌忾、保家卫国，历史已经证明，各民族过去、现在和将来都会义无反顾地维护祖国的主权和领土完整。

---

① 国家民族事务委员会. 铸牢中华民族共同体意识：全国民族团结进步表彰大会精神辅导读本 [M]. 北京：民族出版社，2021：87.

② 陈辉. 从差异性到共同性：中华民族共同体认同形成的内在逻辑 [J]. 西北民族大学学报，2018（4）：1-8.

综上所述，中华民族的共同性有着清晰的思维脉络，并在民族复兴的伟大进程中得以不断凝聚。

（二）中华民族"共同性"的法治价值

中华民族的"共同性"，不仅体现在历史文化共同体的历久弥新之中，也表现在政治法律共同体的不断建设之中。各民族成员无论属于汉族还是少数民族，其都是中华人民共和国的公民，平等地享有权利，平等地履行义务。2020 年 12 月 21 日中共中央发布的《中国共产党统一战线工作条例》（2020 年修订）提出要"依法治理民族事务，妥善处理涉及民族因素的矛盾纠纷"，这就是立足于党内法规的角度，强调用法治的方式增进中华民族的"共同性"，不断铸牢中华民族共同体意识的具体体现。2021 年 12 月 24 日公布并施行的《最高人民法院关于为新时代推进西部大开发形成新格局提供司法服务和保障的意见》中则更为具体地提出"立足人民法院职能，促进依法治理民族事务，以法治思维和法治方式铸牢中华民族共同体意识"，从部门规章出发，结合自身职能部门的法治作用，为铸牢中华民族共同体意识的法治保障发挥实效。这充分说明，无论是立基于党的自身建设，还是着眼于社会主义法治体系的完善，以法治的方式铸牢中华民族共同体意识都成为必经之路。在这个过程中，中华民族的"共同性"又得以充分展现其时代价值。

第一，个体利益服从于集体利益。中华民族的"共同性"，是在各民族不断交往交流交融的历史进程中产生的，各民族交往交流交融的具体表现形式，则是作为个体的各民族成员与本民族成员之间、不同民族成员之间的交往行为，"只有通过各民族成员间的交往交流交融，才能从规范意义上的抽象民族关系转化为事实意义上的现实的民族关系"①。从这个意义上讲，作为个体的各民族成员在与"他者"交往与交流的过程中，必须服从具有"共同性"准则的交往规范，这亦是族际关系法治化的必然要求。换言之，作为历史文化共同体的"本民族"成员，其利益诉求一旦与政治法律共同体的统一多民族国家共同体，即中华民族共同体的利益诉求发生冲突，则应当让位于具有"共同性"代表的集体利益。

从实践来看，疫情防控保卫战之中的"中国之治"与"西方之乱"形成了鲜明的对比，这便是直观的例证。截至 2021 年 2 月底，美国新冠肺炎确诊病例

---

① 田钒平. 民法典视野下铸牢中华民族共同体意识的法理探讨 [J]. 西南民族大学学报（人文社会科学版），2021（2）：1-9.

总数已经超过 2800 万例，死亡病例总数超过 50 万例，其新冠肺炎确诊病例数超过全球总数的 25%，死亡病例数占全球总数的近 20%。同时，疫情失控酿成了更为严重的社会悲剧：弱势群体成为政府抗疫的"牺牲品"、贫困人口面临更严重的感染威胁、残障人士和无家可归者处境艰难①……种种迹象和显而易见的事实均说明，当局政府应对新冠肺炎疫情混乱不堪，背后折射的则是标榜"个体利益"却无视集体和他人的利益，进而造成了抗疫失败的重大悲剧。与之形成鲜明对比的则是中国在疫情防控保卫战中采取的果断措施，并在短时间内迅速控制住了疫情，时刻本着为他人、为集体、为社会着想的集体主义精神绽放出耀眼的光芒，充分印证了个体利益只有在集体利益实现的前提下才能得以践行。

事实上，现行《宪法》第二十四条就提出了"在人民中进行集体主义的教育"，2021 年 4 月 30 日施行的《中华人民共和国教育法》（2021 年修正）第 6 条指出"国家在受教育者中进行集体主义和民族团结的教育"，2021 年 3 月 12 日发布的《中华人民共和国国民经济和社会发展第十四个五年规划和 2035 年远景目标纲要》中也提出"持续开展中国特色社会主义和中国梦宣传教育，加强集体主义教育"，《未成年人保护法》（2020 年修正）、《档案法》（2020 年修正）、《英雄烈士保护法》（2018 年 5 月 1 日施行）等诸多法律法规都肯定了集体主义的价值取向和精神导向。从这个意义上讲，集体主义是中华民族共同性的法理体现，中华民族的共同性又在集体利益的实现中闪耀着其法治价值。

第二，各民族利益服从于中华民族利益。习近平总书记在 2021 年召开的中央民族工作会议上深入浅出地诠释了各民族利益与中华民族利益之间的关系："引导各民族始终把中华民族利益放在首位，同时要在实现好中华民族共同体整体利益进程中实现好各民族具体利益"，这就释放了一个明确的信号，即各民族利益要服从和服务于中华民族利益。中华民族的共同性，产生于各民族交往交流交融，凝聚于中华民族伟大复兴的进程之中，前文已经提到，中华民族的共同性包含但不局限于政治共创、历史共享、经济共荣、文化共建与主权共卫，将这种共同性不断凝聚于各族群众的内心认知之中，事实上就是要求各族群众始终把维护国家统一和民族团结作为最高利益，树立正确的祖国观；深刻认识中华民族是多元一体的伟大民族，树立正确的民族观；深刻认识中华文化是各民族文化的集大成，是"主干与枝叶"的统合，树立正确的文化观；深刻认识中国悠久的历史是各民族共同书写的，树立正确的历史观。其中，各民族固然

① 中华人民共和国国务院新闻办公室.2020 年美国侵犯人权报告［M］.北京：五洲传播出版社，2021：47-52.

有着"本民族"的利益，然而在漫漫历史长河之中，"本民族"的利益只有在中华民族利益充分实现的前提下才能得以保障和落实，这亦是中华民族共同性在民族利益层面的具体体现。

要而言之，中华民族的共同性是中华民族多元一体格局的建构脉络和表现形式，从内部结构上看，"一体"是由共同利益、共同命运所决定的中华民族共同体的整体优先性①。进一步而言，各民族在交往交流交融中形成的"共同性"，是维系各民族对中华民族的认同、增强中华民族凝聚力、铸牢中华民族共同体意识的根基②，从这个意义上讲，各民族群体在铸牢中华民族共同体意识的进程中，就需要把具有"共同性"交往准则的规范摆在首位，这里所说的具有共同性交往准则的规范，就是指各民族都应当遵循的国家法律制度。事实上，国家法律制度本身亦是中华民族利益的具体体现和维护方式：社会主义法治的根本标志就是"执法为民"③，这里所说的"民"，既是作为个体的一个又一个中国公民，又是中华民族的万千儿女，社会主义国家法律制度维护的是每一位中国公民的利益，最终就凝集成了中华民族的整体利益。一言以蔽之，在多元化保护的宪法原则落实中，各民族群体都应当遵循具有共同性规范的交往准则，"本民族"利益需要服从和服务于中华民族的整体利益。

二、"共同性"交往规范的适用应当更加明确

从法理上讲，法律遵守是对全社会主体的普遍要求，是法律实施和实现的一种最基本也是最重要的形式④。"共同性"交往规范的适用，则是法律遵守的直接表现形式，更是法律适用的基本检验标准。需要指出的是，在中华民族多元一体民族结构的框架下，具有中华民族"共同性"的交往规范与各民族之间、各民族内部之间在生活实践中所遵循的交往规范并非自然耦合的，这也是2021年6月10日《全国人民代表大会常务委员会关于开展第八个五年法治宣传教育的决议》再次提出"健全社会教育普法机制"的重要原因。从历史演绎和当代实践来看，作为特定时期和特定地区的产物，各民族尤其是少数民族的风俗习惯、习惯法在其社会交往层面扮演了重要的作用。同时，习惯法与国家法之间

① 严庆．政治认同视角中铸牢中华民族共同体意识的思考［J］．北方民族大学学报，2020（1）：14-21.

② 田钒平．依法规约：夯实铸牢中华民族共同体意识的法治之基——多学科聚力筑牢中华民族共同体意识研究（笔谈一）［J］．西北民族研究，2020（2）：5-17.

③ 江必新．法治中国的制度逻辑与理性构建［M］．北京：中国法制出版社，2014：151.

④ 付子堂．法理学初阶［M］．北京：法律出版社，2021：291-293.

的互动关系一直也是民族法学界研究关注的重点问题。在中华民族共同体法治建设的视域下，新时代的民族习惯法体现的是规则之治、文明之治与和谐之治，然而，这无论是在基础理论的研究上，还是客观实践的案例上，均与遵循国家统一法治和良法善治的精神有着不小差距。

（一）基础理论的研究有待推进

从基础理论研究上来看，对于各民族群体之间以及同一民族内部交往准则的认知有待进一步推进。在此可参考中国知网较有影响力的期刊论文进行进一步诠释。

表6-1 中国知网关于"民族习惯法"的期刊论文

题名	来源	基本观点
论中国少数民族习惯法文化	《中国法学》1996年第1期	尊重的基础上予以慎重对待和处理
习惯法与少数民族习惯法	《贵州民族研究》1997年第4期	"两少一宽"政策的必要性
论民族习惯法的渊源、价值与传承——以苗族、侗族习惯法为例	《民族研究》2005年第6期	既有积极价值，也有消极因素
国家刑事制定法对少数民族刑事习惯法的渗透与整合——以藏族"赔命价"习惯法为视角	《法学研究》2007年第6期	建立刑事和解制度，将少数民族犯罪纳入刑事和解的范围
论习惯法的法源地位	《山东大学学报》2005年第6期	习惯法在我国法制上至少应占据次位法源的地位
论国家制定法与民族习惯法的互补与对接	《现代法学》1996年第6期	实现民族习惯法的革新与有利转化
民族习惯法回潮的困境及其出路——以青海藏区"赔命价"为例	《中山大学学报》2004年第4期	尊重各少数民族习惯法
论民族习惯法与国家法的冲突及整合	《广西民族大学学报》2006年第6期	协调并整合国家法与习惯法
"赔命价"——一种规则的民族表达方式	《甘肃政法学院学报》2006年第3期	对于习惯法要尊重、保持和改革

数据来源：中国知网数据库

据此可见，学界较有影响力的期刊论文中①，对于民族习惯法的总体态度均是"尊重和保护"，而在民族习惯法的法律适用中，"渗透与整合""互补与对接"等成为其与作为正式制度的国家法律关系协调的主要手段。

从这些观点及态度的形成根源来看，《宪法》及相关法律法规所确立的"多元化保护"原则为其提供了学理依据，我国历史上对一些民族地区长期实行的"羁縻"政策是其历史背景，各民族群体形态迥异的文化特色是其生成的文化土壤，民族地区长期以来社会经济欠发达、交通信息闭塞则是其得以长期发挥效力的"现实理由"。这一系列学理研究对于"多元化保护"宪法原则的诠释起到了重要的作用，也充分诠释了习惯法作为与国家法相对应的一种民间规则②的积极意义。

然而，作为非正式制度的民族习惯法，其效力的发挥也应当符合新时代全面依法治国的根本要求和民族事务法治化的基本原则，否则基于基础理论的研究就会受制于研究的历史局限性，与时代发展的要求不能有效衔接。譬如，在针对民族习惯法功能价值的阐释中，有观点认为，"在民族地区，习惯法在法源地位上优于国家法，根据特殊法优于普通法适用的原则，习惯法应在民族地区被优先适用"③；在针对习惯法"规范"功能的研究中，有观点认为，习惯法是一种"准法规范"，"对少数民族中的犯罪分子实'两少一宽'的政策更有利于民族地区法治建设，更有利于促进民族团结"④，或者提出"少数民族罪犯应当成为刑事和解的适用对象"⑤；基于对民族习惯法"回潮"现象的分析，有观点在对宪法民族法治原则的解读上认为，对各民族风俗习惯"多元化保护"体现在法律上就是尊重各少数民族的习惯法⑥；基于"认同"的视域，有观点提出"民族习惯法被一个特定的群体选择并认可，具有高度的群体认同性"⑦。

---

① 以"民族习惯法"为关键词进行检索，参考中国知网被引量排名前十位的期刊文献，访问时间为 2022 年 1 月 25 日。

② 衣家奇. "赔命价"：一种规则的民族表达方式［J］. 甘肃政法学院学报，2006（3）：6-11.

③ 李可. 论习惯法的法源地位［J］. 山东大学学报，2005（6）：23-30.

④ 邹渊. 习惯法与少数民族习惯法［J］. 贵州民族研究，1997（4）：84-93.

⑤ 苏永生. 国家刑事制定法对少数民族刑事习惯法的渗透与整合：以藏族"赔命价"习惯法为视角［J］. 法学研究，2007（6）：115-128.

⑥ 参见杨方泉. 民族习惯法回潮的困境及其出路：以青海藏区"赔命价"为例［J］. 中山大学学报（社会科学版），2004（4）：54-58，124.

⑦ 田成有. 论国家制定法与民族习惯法的互补与对接［J］. 现代法学，1996（6）：101-105.

从时间上看，这些观点处于中国特色社会主义法律体系形成之前（2011），其观点的证成与社会主义法治体系的建设与发展存在一定程度的信息不充分与不对称。事实上，"两少一宽"的政策在司法适用中是十分严谨的，其更多体现的是一种特殊时期和特定条件下针对特殊对象出台的特殊措施，该政策已经不再使用①。而随着族际关系法治化的不断推进，各民族间交往的"共性因素"不断增加，对于统一的法治规范，具有共同性交往准则的遵守则愈发重要。要而言之，倘若对民族习惯法基础理论的研究过多聚焦于民族"特性"的研究层面，而淡化或者忽视了"法律面前人人平等"的法治精神和依法治理民族事务的根本要求，就有可能不利于统一法治准则的生成，对于中华民族共同体意识的培育产生消极影响。

（二）实务界的遵循应当统一

众所周知，我国是一个统一的多民族国家，各民族均享有宪法法律规定的权利，同时也履行相应的义务。着眼于族际关系法治化的视域，"民族习惯"的司法适用，只有在具体的司法实践中才能体现其价值。

从"中国裁判文书网"公布的数据来看，涉及"民族习惯"的案事件总体呈上升趋势，其中，2013 年 15 件、2014 年 77 件、2015 年 96 件、2016 年 61件、2017 年 48 件、2018 年 82 件、2019 年 58 件、2020 年 59 件、2021 年 34 件，刑事案由 41 件、民事案由 419 件、执行案由 2 件、行政案由 15 件。从法院裁判的地域分布来看，云南省（89 件）、青海省（68 件）、四川省（66 件）、广西壮族自治区（51 件）、贵州省（46 件）名列前五位②。从中不难发现，涉及"民族习惯"案事件裁判，民事领域和刑事领域占了绝大部分，而各民族交往交流交融愈发频繁的区域，则是因"民族习惯"造成纠纷或者诉讼缘由较多的地区。从法院的实际裁决来看，部分案事件的最终裁决确实体现了"能动司法"的要素，具体又可以分为三个方面：一是将民族习惯作为适用法律规定的事实依据；二是将民族习惯认定为法定或者约定情形予以间接适用；三是直接认为民族习惯不适用法律规定③。需要指出的是，在司法裁决中，究竟如何公正客观地适用"民族习惯"，是一个必须面对的问题。

---

①　国家民族事务委员会．中央民族工作会议精神学习辅导读本［M］．北京：民族出版社，2015：65.

②　文书列表［EB/OL］．中国裁判文书网，2022-01-25.

③　汪燕，刘洁．民族习惯司法适用的实证考察：以 427 件案件为分析对象［J］．广西民族研究，2020（3）：20-28.

例如，在一起刑事案件中，法院认为"被告人系某少数民族，捕猎一直是民族习惯，主观恶性不大……应适用《中华人民共和国刑法》第六十七条第三款的规定……可以酌情从轻处罚"①。其中就有两个问题值得思考：其一，被告人具有的少数民族身份和其捕猎"习惯"是否构成必然联系？换言之，捕猎这一行为，是否仅为该民族所特有？进一步而言，倘若生活在偏远山区的多数民族成员进行了捕猎行为，是否也能以"地域风俗习惯"进行辩护？其二，"捕猎"成为"民族习惯"是不是该民族所有成员的共识，抑或特定区域特定群体的个别习惯？按照这一裁判逻辑，犯罪行为、民族身份、民族习惯三者之间产生了密切联系，倘若这种逻辑被不断延伸和扩大，其后果恐怕是不利于共同性交往准则生成的，"在法律未明示的情况下，将与禁止性规范明显冲突的民族习惯作为'酌情'从轻情节，有违法律至上这一基本法治精神"②。

再如，依据"本民族习惯"在对待逝者的祭祀、丧葬等费用定位上，不同法院的裁决也不尽相同。在一起案例中，原告认可 5 万元的安葬费，法院予以确认，同时根据民族习惯，被告为原告的父亲"归真"向清真寺支付的功德 1.3 万元，也属于合理支出，应当计入丧葬费支出③；在另一起案例中，法院虽然对于原告主张的"亡人忌日"（某少数民族"风俗习惯"）费用真实性予以确认，但因其主张缺乏法律依据则不予支持④。有的中级人民法院的民事判决书中则直接认定"民族习惯补偿费不属于人身损害赔偿的项目，因此该费用不予支持"⑤。需要指出的是，这三份判决书，发生的时间并不久远，其间只相隔了一年，然而对于"民族习惯"的裁决却截然不同，这背后体现的正是"规则之治"的实践现状，对待同样的事项，裁决结果有差异，一定程度上也有违法治规范统一之要义。此外，还有许多判决书对"民族习惯"进行了判断，如有被告辩称其非法持有枪支是一种民族习惯，法院认为"没有相关的证据予以佐证，不予采纳"⑥；

---

① 参见张某某、龙某某非法猎捕珍贵、濒危野生动物罪一审刑事判决书，〔2015〕东刑初字第 98 号。

② 汪燕，刘洁. 民族习惯司法适用的实证考察：以 427 件案件为分析对象［J］. 广西民族研究，2020（3）：20-28.

③ 参见马敏洁、马娅某诉马庆某、马玉某共有物分割纠纷案一审民事判决书，〔2015〕永民初字第 252 号。

④ 参见宋和某、宋某等与史方明等机动车交通事故责任纠纷一审民事判决书，〔2017〕津0102 民初 6781 号。

⑤ 参见中铁十五局集团第一工程有限公司与西昌电力工程公司合同纠纷一审民事判决书，〔2016〕川 3401 民初 3219 号。

⑥ 参见黄某某非法持有、私藏枪支、弹药一审刑事判决书，〔2017〕桂 1226 刑初 25 号。

被告的辩护人提出携带刀具属于民族习惯，法院不予认可①；"陈某某违背我国善良的民族习惯和传统……原公诉机关指控罪名成立，本院予以支持"②。

从这个意义上讲，能否将民族习惯直接作为法律适用的依据，应当是一个认真研究和仔细斟酌的问题，而并非"当前是少数民族习惯法进入司法场域的最佳时期"③。进一步而言，在 2014 年 10 月中共中央发布《关于全面推进依法治国若干重大问题的决定》之后，在司法实践如何研判"民族习惯""习惯法"是一个值得关注的问题。事实上，早在 2010 年 2 月 1 日，《关于进一步开展民族团结进步创建活动的意见》就明确指出："坚持法律面前人人平等。凡属违法犯罪的，不论涉及哪个民族，都要坚决依法处理。"由此可见，在新时代民族事务法治化的要求下，"坚持法律面前人人平等"，应当指的是隶属于正式制度下的国家层面的法律，而并非具有民族特性的习惯法。同时，民族习惯的司法适用，也应当接受"公序良俗"的检验。倘若在铸牢中华民族共同体意识和民族事务法治化成为共性准则和大势所趋的前提下，片面强化甚至夸大某些民族习惯的司法"功能"，就有可能模糊不同民族成员与群体之间社会交往准则的标准，不利于"共性"规范的生成。

本章小结

"各民族一律平等""国家帮助""民族区域自治""多元化保护"是依据《宪法》第四条相关规定确立的民族法治基本原则。在实践之中，结合"公民—各民族—中华民族"三位一体的分析框架，可以发现，这些原则在落实之中还存在着一些制约因素，公民身份认知不明、帮助机制实施不细、自治权限定位不准、族际交往规范不清就是其具体体现，这也对铸牢中华民族共同体意识的法治保障产生了制约作用，在这其中既有价值取向的原因，又有功能定位的因素，还有制度实施的问题。因此，为使铸牢中华民族共同体意识的法治保障落到实处，有必要着眼于宏观法治建设的角度，回归到民族法治体系本身的建设，对这一系列制约因素产生的根源展开进一步的分析。

---

① 参见郎某、甫瓦学故意伤害罪一审刑事判决书，〔2019〕川 0106 刑初 713 号。
② 参见陈某某侮辱尸体罪二审刑事裁定书〔2014〕阿中刑终字第 186 号。
③ 王杰，王允武．少数民族习惯法司法适用研究［J］．甘肃政法学院学报，2014（1）：26-34.

第七章

制约中华民族共同体意识铸牢的法治根源

中华民族"入宪"是中华民族共同体法治建设的里程碑，也由此确立了中国是"中华民族"的政治组织形式，为民族认同和国家认同奠定了宪制基础。需要指出的是，最重要的宪制问题，应当是如何构成并稳住这个巨大的政治经济文化共同体，并从政治、经济、文化和社会等层面有效塑造并整合这个共同体①。从这个意义上讲，分析铸牢中华民族共同体意识制约因素的根源，有必要从最高法理依据——宪法为切入点，在这基础上探析其价值取向与功能定位，进而以当代民族法治体系为框架来剖析根源。基于此，本章从中华民族共同体建设的法律规范体系、法治实施体系、法治监督体系和法治保障体系四个维度来解析这些制约因素产生的根源。

第一节　法律规范体系不够完备

习近平总书记在 2020 年 11 月 16 日召开的中央全面依法治国工作会议上指出："治国无其法则乱，守法而不变则衰"，这就点明了法律规范体系在一个动态法治体系中的重要性。《宪法》是我国民族法治体系的核心，法治是宪法之治，从这个意义上讲，着眼于铸牢中华民族共同体意识的法治保障范畴，就应当从《宪法》文本上剖析这些制约因素产生的根源。同时，"守法而不变则衰"意味着需要审视以《宪法》为核心的民族法律规范体系能否适应新时代不断变化发展的民族法治的要求，这也对民族法治实践的效果产生着重要影响。当前，这一系列问题有待高度重视。

---

① 苏力. 大国宪制：历史中国的制度构成［M］. 北京：北京大学出版社，2018：37.

一、"中华民族共同体"需要立法彰显

相较于"中华民族","中华民族共同体"更强调各个民族是"休戚与共、荣辱与共、生死与共"的命运共同体,也凸显出各民族在政治、经济、文化、社会、生态等维度利益同体的重要性。法律文本的表述是立法价值取向的直接体现,更是法治功能实践的根本依据。因此,如何将"铸牢中华民族共同体意识"这一重要议题在现行法律文本中规范表述出来,直接关系到中华民族法治建设的价值取向和功能定位的有力贯彻。

(一)"铸牢中华民族共同体意识"需要宪法彰显

2018 年"中华民族"被写入宪法,这是中华民族共同体法治建设的"里程碑",也为诸多下位法的制定提供了价值遵循。"宪法作出有利于构建与铸牢中华民族共同体的法律和制度安排,是我国宪法铸牢中华民族共同体的主要表现方式。"① 然而,这种"有利于构建"是否就能严格遵循民族法治的体系贯彻下去,显然还是有待进一步明晰。事实上,早在 2018 年以前,就有诸多地方性法规将"中华民族共同体""中华民族共同体意识"写入,如 2017 年 3 月 29 日公布的《新疆维吾尔自治区去极端化条例》提出要"增强中华民族共同体意识",2016 年 5 月 27 日公布的《浙江省少数民族权益保障条例》提出"提高中华民族共同体意识,促进民族团结进步",2014 年 11 月 27 日公布的《果洛藏族自治州民族团结进步条例》提出"坚持打牢中华民族共同体的思想基础"。这些民族法律法规是对新时代以铸牢中华民族共同体意识为主线开展民族工作的有力呼应。然而,无论是从法律位阶还是法治影响来说,这一系列地方性法规均无法同宪法相提并论。

宪法是国家的根本大法,也是我国民族法治体系的基础,"中华民族"虽然被写入了宪法,但"中华民族共同体""铸牢中华民族共同体意识"等重要概念和表述尚未被写入宪法。以"人"为研究基点是中华民族共同体法治建设所应当坚持的基本价值取向,公民个体的权利正义则是中华民族共同体法治建设的价值研究维度,在此基础上,公民的民族与国家认同则是具体的价值彰显。然而,在中华民族共同体的法治实践中,仍然存在公民身份的认知有待进一步明确的制约因素,从法理上讲,就应当回归到民族法治体系的核心——宪法上

---

① 陆平辉. 铸牢中华民族共同体意识的法治建构 [J]. 中央社会主义学院学报,2021 (4):159-170.

来追溯其根源。在统一多民族国家法治建设的进程中，人们通过制定宪法程序组建国家，然后国家又通过授权的方式赋予公民身份，国家认同正好体现了公民与共同体之间的内在联系①。从这个意义上讲，宪法文本中"铸牢中华民族共同体意识"这一重要表述的缺失，是公民身份认知不足的一个重要根源。铸牢中华民族共同体意识的提出，从公民维度而言就是强调其无论是哪个民族的成员，都是同属"中华民族"的一员，平等地享有权利，平等地履行义务。"铸牢"一词，则是要求其不断向这个共同体凝聚，一旦铸牢中华民族共同体意识有了宪法文本的"加成"，各族成员对于其同属中华民族共同体的公民身份就有了根本的法理依据，也是在权利义务层面深入认知的有利契机，"现代宪法必须规定公民的基本权利和义务才可称之为宪法"②。

进一步而言，"铸牢中华民族共同体意识"宪法的缺位，对于中华民族共同体法治建设的价值彰显与功能定位也会产生影响。例如，在2021年召开的中央民族工作会议上，习近平总书记做了"按照增进共同性的方向改进民族工作""本民族意识要服从和服务于中华民族共同体意识"的重要论述，这就为民族法治所遵循的价值取向和功能定位释放了明确信号，即在各民族交往交流交融深化的价值彰显中，在维护民族团结的功能定位中都应当牢牢抓住"共同性"这一关键纽带。"铸牢中华民族共同体意识"的宪法文本体现，正是其中关键的一环，这就将"中华民族共同体意识"的法律地位在国家根本大法中予以确立，"共同性"的贯彻有了法理遵循，后续的立法实施活动就有了"龙头"。"没有宪法的指引，中华民族共同体意识的理论与制度不能有效地发展成熟与定型。"③

（二）"中华民族"需要民族区域自治法彰显

"民族区域自治"，是我国的基本政策、基本法律与基本制度，从中华民族共同体法治法律规范体系而言，其更是主干，在宪法关于民族法治基本原则的引领下，《民族区域自治法》是诸多民族工作开展的"操作手册"。换言之，《民族区域自治法》对《宪法》关于民族法治的基本原则进行了宏观解读和原则细化。习近平总书记在2014年召开的中央民族工作会上明确强调了民族区域

---

① 宋才发. 铸牢中华民族共同体意识的法治内涵及路径研究 [J]. 广西民族研究，2021（4）：28-35.

② 甘超英，傅思明，魏定仁. 宪法学 [M]. 北京：北京大学出版社，2011：266.

③ 李涵伟，程秋伊. 铸牢中华民族共同体意识的法治进路 [J]. 中南民族大学学报（人文社会科学版），2021（8）：48-57.

自治的重要性，"民族区域自治制度是我国的一项基本政治制度，是中国特色解决民族问题的正确道路的重要内容"；在 5 年后召开的全国民族团结进步表彰大会上再次指出"坚持和完善民族区域自治制度"，并重申了"两个结合"；在2021 年召开的中央民族工作会议中，"十二个必须"其中之一就是"必须坚持和完善民族区域自治制度"。不难看出，习近平总书记的一系列重要讲话和我国各民族共同发展的历史都掷地有声地指向了一个事实——"取消民族区域自治制度这种说法可以休矣"。

然而，也必须看到，在民族区域自治践行的过程中，也确实尚有一些可待完善之处，例如，对"自治"的内涵解读存在偏差、自治权的行使不到位、自治立法水平不高等一系列制约因素，宪法关于"民族区域自治"的民族法治原则还有待进一步深入贯彻。其中，既有制度实施程序的原因，也有法治规则落实的原因，还有治理能力欠缺的因素，而这些因素的背后，折射的则是价值取向不清与功能定位不准的问题。事实上，中华民族共同体法治建设的实践成效，直接来自民族法治的相关规则能否有效贯彻，而相关规则能否充分贯彻，则要看其法治功能能否顺利发挥，功能的发挥情况，又源于对法治价值取向的正确把握。因此，作为中华民族共同体法治建设的主干，《民族区域自治法》所传递的价值理念就至关重要。

中国作为一个统一的多民族国家，在"多元"与"一体"间的交融中不断凝聚成一个休戚与共的民族共同体，其中一个重要原因，就是在民族关系的处理上，始终秉承着"尊重多元、聚为一体"的价值取向。庞德曾指出："（法律）使得社会利益被一种更加包容、更加实效的方式所保障……社会内耗的消除、社会冲突的化解，越来越彻底、越来越有成效，法律是一项越来越有效的社会工程（social engineering）。"① 从这个意义上讲，"民族区域自治"就是一项通过传递正确地维护民族关系的价值理念，从而助力于各民族共同发展的伟大工程，而这项"工程"如何发挥维护民族关系、解决民族问题之作用，就必须在其立法中得以体现。因此，对于民族区域自治制度的完善，必须回归到其制度实施的"指南"，即法律文本本身，才能更好地把握其价值取向。

需要指出的是，现行《民族区域自治法》的法律文本中，在针对"中华民族"的描述上，出现了"全国各族人民""全国人民""各民族"等称谓，唯独没有出现"中华民族"的描述，对于其价值取向的正确把握是有着一定制约作用的。对民族区域自治的解读不当、自治权限的划分不清以及自治立法水平不

---

① ［美］罗斯科·庞德. 法哲学导论［M］. 于柏华，译. 北京：商务印书馆，2019：43.

高等制约因素，抽象起来就体现为"放大差异性而淡化了共同性"，这背后的根源，事实上就是"中华民族"的民族区域自治法缺位。也正因为如此，无论是理论研究还是法治实践，针对民族区域自治，更多地体现了"国家帮助""多元化保护""区域自治""保障少数民族权益"的理念，却没有充分体现"中华民族"的价值取向。

二、民族法律法规需要不断革新

如果说"中华民族共同体""铸牢中华民族共同体意识"等概念术语在宪法和民族区域自治法中的缺位，对应的是中华民族共同体法治建设的价值取向和功能定位问题，那么现行诸多民族法律法规的内容陈旧对应的则是在立法层面需要不断修订、完善的问题。

相当数量的自治条例都存在"变通不当""违法细化""规定越权""简单复述"等一系列问题，在厘清其价值取向与功能定位的基础上，有必要对其法律文本本身做进一步的研究。当然，自治条例和单行条例显然不能涵盖中华民族共同体法律规范体系的全部，从国家制定法的层次来看，其至少应该包括宪法、民族区域自治法、行政法规、部门规章、自治条例与单行条例等多个层次。从法律位阶上来看，前文已经对宪法和民族区域自治法做了相关论述，在此不再赘述，针对行政法规和部门规章，本书在关于"持续健全的民族法治体系"中亦做了论述。同时，党的十八大以来，众多行政法规、部门规章包括地方性法规和规章均能充分领悟中央民族工作会议的精神，有力贯彻"铸牢中华民族共同体意识"的价值理念。因此，本部分重点以数量繁多的自治法规（自治条例、单行条例等）为切入点，一方面，作为民族自治地方自治机关制定的规范性文件，其具有较强的针对性；另一方面，自治法规是我国民族法律法规体系的重要组成部分，正是由于自治条例和单行条例存在诸多问题，可以更好地反思这些制约因素产生的根源。

从内容上看，前文提及的自治条例存在的诸多问题，在理论界已初步达成共识，"加强立法"以完善民族法律规范体系成为重要措施，"民族法律法规体系还存在着重大的法律空白……散居少数民族权利保障法、少数民族语言文字法和少数民族教育法还没有制定出来"[①]。需要指出的是，进入以"增加共同性"为方向的民族法治新时代，民族法律规范体系的健全与完善，一方面需要

① 张殿军. 民族法学研究范式转型与民族法立法体制机制探析 [J]. 河北法学，2013（5）：59-64.

健全立法规划和起草制度，聚焦于"出新"；另一方面也应当分析现行民族法律法规存在的问题，切实做到"推陈"。换言之，当前一些自治条例和单行条例在立法质量、立法内容上存在的一系列问题，不仅有立法能力和水平的原因，也与早年制定的一系列"内容陈旧"的自治条例和单行条例，在新时代民族法治的背景下亟须修订或清理却尚未得到有效落实有关。进一步而言，民族法律法规的革新，不仅在于"积极推动自治区自治条例修订，其他尚未制定自治条例的自治地方也要把制定自治条例提上日程"①，也在于对不符合铸牢中华民族共同体意识的价值取向与依法治理民族事务的原则理念的相关规定进行清理和修改。

从法理上讲，上级国家机关依据其职责规定，审查并甄别相关民族法律法规，根据其理念和内容是否符合新时代民族法治精神，是否有利于铸牢中华民族共同体意识为标准，决定其是否继续生效或需要修订甚至被清理，是民族法律法规革新的基本方式。进一步而言，该项工作可以分为两个步骤：其一，对现行的民族法律法规（尤其是自治条例与单行条例）进行归纳和分类，根据新时代民族工作的要求对其进行甄别；其二，在此基础上，决定哪些需要清理、哪些可以继续适用、哪些需要进一步完善，并将意见汇总给立法机关，由立法机关进行下一步的工作②。然而，这项工作并未得以有效开展。这就导致大量不符合新时代民族工作要求、有违铸牢中华民族共同体意识的自治条例和单行条例大量存在。如将《民族区域自治法》规定的"优先招收当地少数民族人员"变通为"优先招收当地人员"，其中有的自治条例在历经修订之后仍然被变通为"应当优先招录聘用当地人员"③，同时提出"自治县的自治机关在执行职务时，使用汉语言文字和本民族语言文字"④ 等表述就应当根据新时代民族工作法治化的理念与铸牢中华民族共同体意识的价值取向进行进一步完善。

要而言之，一些自治条例存在的"上位法简单重复""彼此之间相互套用"形式上的问题，其重要根源在于有相当数量不合规定的自治条例和单行条例仍然生效，却没有得以清理或修订，这就导致一种"示范"效应的循环。换言之，只有通过对民族法律规范体系进行系统的清理，才会为民族法规的制定者和监

---

① 张殿军. 新《立法法》实施与建立完备的民族法律法规体系研究［J］. 广西社会科学，2016（2）：96-101.

② 吴大华. 完善中国特色民族法律体系的几点思考［J］. 中央民族大学学报（哲学社会科学版），2014（3）：20-22.

③ 参见《云南省漾濞彝族自治县自治条例》（2005年修订）第22条。

④ 参见《云南省漾濞彝族自治县自治条例》（2005年修订）第17条。

督者树立一个清晰的导向，即哪些需要清理、哪些需要修订，反之又会促进新的立法吸取"前车之鉴"，遵循新时代民族工作的价值导向，按照促进民族团结、增加共同性的方向制定符合时代要求的民族法律法规。

第二节　法治实施体系有待改进

新时代民族法治的实施体系是否完善，各民族尤其是少数民族的政治权利得到保障、少数民族和民族地区经济水平不断提高、教育文化事业蓬勃发展等就是真实写照。然而，中华民族共同体法治建设的进程中，仍然存在基于宪法民族法治的制约因素，其中，法律规范体系的不完善对应的是价值取向问题，而对"国家帮助"的前提和边界认知不足以及族际交往准则不清的问题，则需要具体反思在法治实施机制层面的根源。

一、法律解释需要更加明确

法律解释，是对法律本身的相关概念和术语做进一步明确说明，使之符合时代精神、适应社会发展并维护法治统一的必要手段，也是弥补法律本身存在的漏洞，使其适应社会不断发展并且保持法律自身稳定的需要[①]。从这个意义上讲，民族法律法规在由实施主体践行的过程中，倘若对较为抽象的法律概念拿捏不准、标准不一，适时出台的法律解释就尤为重要。

进一步而言，前文所提及的个体层面对于自身公民身份认知不足的制约因素，既有民族法治价值取向贯彻不充分的原因，也有民族法治在实施的过程中，由于没有适时的法律解释，而导致执行主体对于模糊的法律概念产生主观判断的原因。例如，少数民族和民族地区在就业维度之所以能够得到"优惠照顾"，其依据在于《民族区域自治法》第二十三条："民族自治地方的企业、事业单位依照国家规定招收人员时，优先招收少数民族人员，并且可以从农村和牧区少数民族人口中招收"，《中华人民共和国就业促进法》（2015 年修订）第二十八条则规定"用人单位招用人员，应当依法对少数民族劳动者给予适当照顾。"在此就有两个问题：其一，这两处的法规是否均可以理解为对少数民族人员"优先招收"；其二，《民族区域自治法》所言的"企业、事业单位"，从构成要素来看，企业包含国企、合资企业、民营企业等，事业单位则范围更广，包含教

---

① 付子堂．法理学初阶［M］．北京：法律出版社，2021：252-253.

育、科技、文化、卫生、社会福利等数十类事业单位，那么上述法律所言的"优先招收"与"适当照顾"，是否与企事业单位用人自主权存在矛盾？例如，高等院校作为教育事业单位的组成部分，现阶段招录员工已经具有较大自主权，如"高层次人才引进""柔性引进""特聘教授"等诸多形式已经常态化，在这个过程中，如何保证对少数民族的"优先招收"与"适当照顾"？要而言之，法律是稳定的，而社会是不断发展的，为了平衡法律的稳定性与社会发展的适应性，需要对相关法律规定适时做出必要的解释①。

从法律解释的主体来看，民族法治实施体系的法律解释工作，主要由全国人大常委会法制工作委员会承担，涉及的主要是自治机关的组成、地方性法规与单行条例、自治法规的制定领域等问题②。然而，全国人大常委会虽然开展了民族法治实施情况的专项检查工作③，但是对于相关民族法治的法律解释工作的进展则略显不足。具体而言，法律解释工作的欠缺，既会影响到民族法治实施的成效，又是其诸多制约因素生成的根源。

（一）抽象的概念缺乏解释

《民族区域自治法》作为我国民族法律规范体系的主干，既是对宪法有关民族法治基本原则的"重申"，又是诸多后续立法工作与法律实施的纽带。从法律文本来看，考虑到我国多元一体民族格局的实际，《民族区域自治法》的文本使用了大量的"模糊"术语。例如，《民族区域自治法》序言中提到的"本民族内部事务"，"中华民族"在《民族区域自治法》中的缺位，造成了《民族区域自治法》的"民族性"凸显，而"共同性"有待加强，倘若没有更为具体的法律解释，那么序言中的"本民族内部事务"就极易被解读为"某个少数民族的事务"，进而侵蚀新时代民族工作增进共同性的价值取向。同时，《民族区域自治法》第十六条规定的"除实行区域自治的民族的代表外，其他居住在本行政区域内的民族也应当有适当名额的代表"，第十七和第十八条规定的"应当合理配备实行区域自治的民族和其他少数民族的人员"，第二十二条规定的"对实行区域自治的民族和其他少数民族的人员应当给予适当的照顾"，第二十八条规定的"对可以由本地方开发的自然资源，优先合理开发利用"，第五十五条规定的"应当照顾民族自治地方的特点和需要"等，其中就有大量"软法"式样的模

---

① 吴宗金. 中国民族区域自治法学 [M]. 北京：法律出版社，2016：126.
② 周伟. 民族区域自治法解释案例实证问题研究 [J]. 西南民族学院学报，2002（7）：149-156，277.
③ 如2006年和2015年先后组织了两次大规模的民族区域自治法执法检查。

糊性术语，如"适当""合理配备""照顾""特点和需要"等。倘若没有更为细化的法律解释，这些词汇就有可能被以不利于铸牢中华民族共同体意识的方式进行解读，前文所述的诸多需要修订的自治条例就是生动体现。

（二）法律规则的适用缺乏解释

相较于法律原则，法律规则具有微观的指导性、可操作性、确定性等特征①。在宪法关于民族法治的基本原则指引下，具体的法律规则是指导民族法治实践的重要坐标，也是可操作性和确定性较强的治治实施体现。《民族区域自治法》第二十条规定："上级国家机关的决议、决定、命令和指示，如有不适合民族自治地方实际情况的，自治机关可以报经该上级国家机关批准，变通执行或者停止执行"；第二十一条规定："同时使用几种通用的语言文字执行职务的，可以以实行区域自治的民族的语言文字为主"；第三十五条规定："民族自治地方根据本地方经济和社会发展的需要，可以依照法律规定设立地方商业银行和城乡信用合作组织"等，这一些规定着眼于法律规则的角度，为后续法治实践的开展提供了规则指引。例如，"如有不适合""以实行区域自治的民族的语言文字为主""可以依照法律规定设立地方商业银行和城乡信用合作组织"等都是规则成立的前提条件，然而，无论是自治机关自治权的行使，还是上级国家机关的职业履行，都需要建立在一个有明确要求的规则基础上②。从这个意义上讲，"规则"本身是否明确，就成为法治能否实施的重要前提。前文所提到的"如有不适合"的标准为何、范围为何，"以实行区域自治的民族的语言文字为主"是否就是把通用语言文字的学习教育使用置于次要位置，"（可以依照法律规定）设立地方商业银行和城乡信用合作组织"的金融管理自治权与《中华人民共和国商业银行法》要求的"设立商业银行，应当经国务院银行业监督管理机构审查批准"③规则是否相矛盾，这一系列问题均需要通过法律解释来明确其法律规则的适用条件。

---

① 张文显．法理学［M］．北京：高等教育出版社，北京大学出版社，2018：116．
② 吴宗金．中国民族区域自治法学［M］．北京：法律出版社，2016：126．
③ 《中华人民共和国商业银行法》（2015 年修正）第十一条规定："设立商业银行，应当经国务院银行业监督管理机构审查批准。未经国务院银行业监督管理机构批准，任何单位和个人不得从事吸收公众存款等商业银行业务，任何单位不得在名称中使用'银行'字样。"

(三) 立法的目的缺乏解释

国家民委政策法规司指出，当前中央对民族法治建设的要求更高，同时也应当坚持现有民族法治建设的价值取向①。从这个意义上讲，如何在民族法治建设的完善与创新中坚持正确的价值取向，是新时代民族法治工作的重要任务，而把握正确的价值取向，就应当厘清立法的目的。在践行宪法关于各民族一律平等的民族法治原则时，落实到公民个体层面，存在把基于民族地区和少数民族的"群体性平等"解读为基于民族成员民族身份的"个体性平等"的制约因素，这背后的根源在于对立法目的解读的偏差。从法律文本来看，《民族区域自治法》第二十二条、第二十三条、第六十七条、第七十一条从就业和教育两个维度规定了对少数民族人员和少数民族考生的"适当照顾""特殊照顾"，相关配套政策和措施，如"少骨计划""高考加分"等也将这些规定落到了实处，从政策和措施的受惠客体来看，也确实体现了"对具有少数民族身份的人员予以特殊照顾"的取向。那么，除了在权利义务的范畴对受惠个体和群体进行公民身份教育外，对这些规定的立法目的就应当从法律解释的维度予以澄清，例如，这种照顾是否符合公民权利平等的宪法原则的要求？如果不符合平等要求，法律为何还要做出此类规定？如果符合平等要求，其正当性理由或限定条件、对等义务又是什么？② 这才应当是从根源上破解对法律政策理解出现偏差的路径。

二、决策机制需要持续优化

中华民族共同体法治体系的建设，如何将民族法在全国范围内进行有效实施，是推进民族事务治理法治化，不断铸牢中华民族共同体意识的关键环节。从法治实施体系的建设过程来看，我国在民族法律法规的执行、适用、遵守等层面取得了重要的成效，而在实施过程中也存在帮助主体不明确、权利分配不清晰等一系列问题，这背后的根源，则要追溯到通过将日趋完备的民族法律规范体系落实到真正受用的群体和地区之间的程序这一关键环节。换言之，中华民族共同体法治实施体系的主体，能否通过一套科学而合理的决策程序，将民族法律规范体系的价值取向、功能体现转化成切实有力的实施绩效，是铸牢中

---

① 国家民委政策法规司. 对当前民族法治建设形势和任务的几点认识 [J]. 中国民族，2011，(9)：47-48.

② 吴宗金. 中国民族区域自治法学 [M]. 北京：法律出版社，2016：128.

华民族共同体意识，彰显民族法治价值的重要环节。

从民族法治实施的主体来看，可以分为国家机关、企事业单位、自然人与其他组织三个维度①。这三个维度均贯穿法治实施的执行、适用与遵守环节，在这个过程中，通过科学而合理的决策程序将民族法律法规予以执行，则是首要之义。

（一）上级国家机关决策程序有待完善

《宪法》第四条与第一百二十二条体现了"国家帮助"的原则精神，"国家从财政、物资、技术等方面帮助各少数民族加速发展经济建设和文化建设事业"，《民族区域自治法》第六章则对此规定做了详尽的诠释，即以"上级国家机关的职责"具体诠释了"国家帮助"的内容、范围与方式。进一步而言，在关于上级国家机关的职责中，《民族区域自治法》就定位了其价值取向与功能适用，即"有关民族自治地方的决议、决定、命令和指示，应当适合民族自治地方的实际情况"。这里的"实际情况"既可以被认为是"国家帮助"的价值取向，在实践中又应当体现出合理针对性。

从法律解释的维度而言，尽管可以在理论上诠释这种"实际情况"，然而，无论是从自治地方自身发展的实际还是从国家帮助的具体措施来看，"实际情况"都是一个动态变化的过程而非一个静态制定的法令，更何况各民族自治地方之间的经济社会发展水平和社会文化风俗习惯差异较大，同一民族自治地方内部的行政区域、人员构成、财富流动等情况也非同步齐行。因此，仅从法律解释的维度来细分或具体诠释"实际情况"并不现实，这也是《民族区域自治法》做出此项原则规定的客观原因。从这个意义上讲，如何通过一套科学而合理的决策程序，使上级国家机关有关民族自治地方的决议、决定、命令和指示"更加适合"民族自治地方的实际情况，才能从根本上解决这一问题。换言之，需要建立一个完备的决策程序制度，以保证"国家帮助"的种种措施能够真正满足少数民族和民族地区的特点和需要②。

在践行"国家帮助"的过程中，存在对于上级国家机关职责范围认知不足、帮助措施"总管"有余而放权不足的制约因素，"认知不够"是主观因素，而要实现这种主观认知向法治化的转变，则离不开上级国家机关对民族自治地方

---

① 熊文钊.民族法学［M］.北京：北京大学出版社，2012：84-87.

② 田钒平.上级国家机关履行法定职责的决策程序探讨［J］.中南民族大学学报（人文社会科学版），2016（2）：79-83.

的帮助措施实施之前进行的科学决策。事实上，《国务院实施〈中华人民共和国民族区域自治法〉若干规定》（2005 年 5 月 31 日）第五条就规定："上级人民政府及其职能部门在制定经济和社会发展中长期规划时，应当听取民族自治地方和民族工作部门的意见"，从此规定可看出，上级国家机关在制定种种帮助措施时，已经意识到这些帮助措施到底如何才能更有针对性，但该规定并未对这种决策理念做更进一步的诠释。同时，"应当听取意见"后，如何将这些意见尤其是真正反映问题的意见转化为决策机制中的重要考虑因素，还有必要从机制建设上予以完善。从 2015 年发布的全国人大常委会关于检查《民族区域自治法》实施情况的报告来看，这一问题反映得更为明显。如报告提出"各地普遍反映，民族区域自治法部分规定落实不到位，一些民族地区十分关注的问题长期没有得到解决""民族地区普遍反映，目前的生态补偿范围小，补偿标准低""影响民族关系的情况时有发生……造成不好的社会影响，民族地区群众反映强烈"，从对策建议来看，报告多采用"提高认识""加强建设""加大投入"等表述，"将重心定位在实体性的差别化优惠政策和措施的补充、细化和完善方面，并没有将制定具体政策和措施的决策程序作为重点问题予以解决"①。有学者更是敏锐地指出，针对国家帮助的层面，任何优惠照顾政策都是阶段性的，任何政策也都不可能长期不变②。

从这个意义上讲，基于上级国家的种种帮助措施，如何在措施实施之前进行科学的决策和有针对性的研判，从而健全上级国家机关履行帮助民族自治地方经济社会全方位发展的决策程序，就是认真落实习近平总书记在 2021 年中央民族工作会议上所提出的"更多针对特定地区、特殊问题、特别事项制定实施差别化区域支持政策"的应对之策。

（二）自治机关协商民主存在不足

针对种种国家帮助措施而言，上级国家机关解决的是政策制度层面"有没有"和总体上"做哪些"的问题，而要在法治实施层面将这些重要的帮助措施落到实处，则离不开民族自治地方的具体操作和职责分配。宪法关于民族法治的"民族区域自治"原则践行的过程中，存在自治权限划分不准，对于"自治"内涵和功能的解读存在误区的问题。事实上，学界对于民族自治地方自治

---

① 田钒平. 上级国家机关履行法定职责的决策程序探讨［J］. 中南民族大学学报（人文社会科学版），2016（2）：79-83.
② 王允武，李剑. 民族法学理论与热点问题研究［M］. 北京：法律出版社，2017：21.

权的边界和上级国家机关的职责划分都进行了深入的研究、展开了翔实的论述。然而，探析这一系列制约因素的根源，不仅需要重视"民族自治地方"和"上级国家机关"两者之间的关系，也需要将视野更为具体地聚焦于民族自治地方内部，从其内部的决策机制展开研究。

从前文所述的种种制约因素来看，对自治机关的自治权功能定位明确、权责划分清楚是其对中华民族共同体法治实施效果产生影响的重要原因。从这个意义上讲，就有必要进一步对"自治权"行使的主体、遵循的原则等做进一步分析。从自治权行使的原则来看，"民主"是其应当遵循的重要原则，《宪法》第三条与《民族区域自治法》第三条分别规定了"国家机构"与"自治机关"这两个行为主体均实行民主集中制的原则，《立法法》第五十六条更是提出了"民主法治建设"这一重要概念。这就为自治机关在行使自治权、进行本地区事务决策时提供了一个科学的视角和有效的方法，即"协商民主"。

事实上，前文所述的对于自治权限划分不准，尤其是针对自治权行使的对象和事务范围时将其认定为"本民族内部事务"，其根源就在于民族自治地方的协商民主机制没有很好发挥作用。从法律文本来看，《宪法》第四条规定了"民族区域自治"的宪法原则，指出"各少数民族聚居的地方实行区域自治，设立自治机关，行使自治权"；《民族区域自治法》序言则针对这一宪法原则的价值取向，指出"体现了国家充分尊重和保障各少数民族管理本民族内部事务权利的精神"。仅从静态的法律文本来看，有可能就把自治权直接解读为"管理本民族内部事务"的"少数人权利"保护价值之取向。然而，这种观点侧重于对"民族因素"的考量，却忽略了对"区域因素"的重视。作为民族区域自治制度的主要设计者，周恩来在解读其内涵时就提出"民族自治与区域自治的正确结合"①；习近平总书记则从统一与自治、民族因素与区域因素两个维度深刻论述了如何正确把握"两个结合"的重要原则以坚持和完善民族区域自治制度②；在2021年召开的中央民族工作会议上，在针对提升民族事务治理体系和治理能力现代化水平的维度，习近平总书记用了"区域化""特定地区""差别化区域支持"等表述。从这个意义上讲，自治权的行使不仅是"本民族内部事务"，更应当是"本地区各族事务"。同时，从自治机关的构成而言，《民族区域自治法》第十六条和第十七条分别针对民族自治地方人大和人民政府的人员构成做

---

① 周恩来. 关于我国民族政策的几个问题［M］//周恩来选集. 北京：人民出版社，1984：258.

② 国家民族事务委员会. 铸牢中华民族共同体意识：全国民族团结进步表彰大会精神辅导读本［M］. 北京：民族出版社，2021：30.

了规定，即"除实行区域自治的民族的代表外，其他居住在本行政区域内的民族也应当有适当名额的代表"和"应当合理配备实行区域自治的民族和其他少数民族的人员"。从这个意义上讲，无论是从自治权行使的主体来看，还是从自治权针对的事项范围来讲，都不单单是"本民族内部事务"，还包括民族关系，各民族的经济、文化、社会生活等事项①。

在此基础上，如何在本地区通过自治权的行使合理落实上级国家机关的种种帮助举措、正确处理本地区各项事务就成了完善自治权行使、促进民族自治地方经济社会发展的必要前提。事实上，《民族区域自治法》第五十一条对此诠释得更为清晰："民族自治地方的自治机关在处理涉及本地方各民族的特殊问题的时候，必须与他们的代表充分协商，尊重他们的意见"，概括而言，"民族因素"和"区域因素"在"本地方各民族"的表述中得到充分体现，而"协商""尊重"则体现出了解决问题的思路与办法，即协商民主。然而，从理论研究来看，既有研究对于民族法治实施的困境更多聚焦在"上级国家机关与民族自治地方的权责分配""自治机关的民族化""自治权保障"等层面，对相应的协商民主机制缺乏深入研究。而在实践之中，协商民主的参与主体、步骤方式等关键问题没有厘清，更多的是采取"相关政府部门主持—某一特定民族人大代表或政府部门工作人员参加—征求参会人员意见—参考意见形成决议"的"垂直型"协商决策模式，其中就有一个较为明显的问题，即该民族自治地方"各民族"之间是否通过"横向协商"交换意见②。进一步而言，该决策模式的最终决议，是否能兼顾该地区"各民族"的诉求。总体而言，在民族法治的实施维度，针对民族自治地方协商民主的践行，存在诸多困境，如自治机关缺乏协商民主意识，导致实践中选择性、形式化比较突出；协商民主的程序设计有待进一步优化以确保诉求反映的针对性和有效性；参与主体意识不强，参与渠道和途径不畅③；自治机关与各族人民之间信息不对称等。倘若这些问题得不到有效解决，就会约束自治权发挥的成效，进而不利于民族法治的有效实施。

---

① 田钒平. 论民族自治地方自治机关协商民主决策机制的完善 [J]. 民族研究，2010（4）：12-21.
② 田钒平. 论民族自治地方自治机关协商民主决策机制的完善 [J]. 民族研究，2010（4）：12-21.
③ 张绍能，刘亚玲，王冬妮. 协商民主在民族自治地方实践中存在的主要问题分析 [J]. 云南行政学院学报，2019（3）：67-72.

第三节　法治监督体系亟待健全

在铸牢中华民族共同体意识法治保障的进程中，民族法律法规的科学制定以及民族法治的高效实施，均离不开民族法治监督体系的有力推进。前文所述的种种制约中华民族共同体意识法治保障的因素，尤其是在公民身份的认知维度与自治权限的界定层面，之所以存在将针对民族地区和少数民族群体的帮助措施在认知和实践维度异化为个体层面的"优惠"，以及一系列自治条例和单行条例出现的"越级"现象，其根源就在于民族法治监督体系应当进一步推进，从而以法治监督的方式来根除这些制约因素的生成。进一步而言，民族法治的监督，应当更加重视民族法律法规的制定和其实施效果的检验。

一、立法监督需要改进

从定义上看，对我国民族法律规范体系的立法监督，意味着负有监督职责的主体根据法定程序对相关立法活动进行检查和监督①。从内容上看，由于"民族立法"是一个宏观范畴，民族法律规范体系是一个数量极大的法群，其包括《宪法》关于民族法治的规定，全国人民代表大会及其常务委员会关于民族事务制定的专门法律及法律中有关的条款，还包括党内法规、部门规章、行政法规、地方性法规和自治法规等②。在此，着眼于行政法规、地方性法规以及自治条例和单行条例，以立法监督形式中存在诸多制约因素的备案、批准以及执法检查为切入点进行诠释。

（一）备案审查有待加强

新时代我国民族法治监督体系取得了卓越的成效，其中备案审查工作的深入推进就是真实写照，尤其是对于一些民族自治地方的民族教育条例存在的有违合宪性问题的纠正。《立法法》第一百零九条提出"行政法规、地方性法规、自治条例和单行条例、规章应当在公布后的三十日内依照下列规定报有关机关备案"，并在"下列规定"中明确了具备不同法律效力的法律法规应当向哪一级"上级"和"本级"部门报备，"自治条例、单行条例报送备案时，应当说明对

---

① 熊文钊. 民族法学［M］. 北京：北京大学出版社，2012：105.
② 吴大华. 民族法学［M］. 北京：法律出版社，2013：370-371.

法律、行政法规、地方性法规作出变通的情况"，这就是"备案"这一监督方式的法理依据。第九十九条至第一百零二条则详细规定了"审查"的要求和程序，其中"有关的专门委员会和常务委员会工作机构可以对报送备案的规范性文件进行主动审查"这一规定则体现了备案审查的主动性与积极性，这一具体的监督方式也是提升立法质量的重要举措。

在实践之中，备案审查工作取得了巨大的成效，同时亦存在效果不够明显的问题。例如，从监督的主体来看，根据《立法法》的规定，其由两部分组成，一部分是"国务院、中央军事委员会、国家监察委员会、最高人民法院、最高人民检察院和各省、自治区、直辖市的人民代表大会常务委员会"等国家机关；另一部分是"其他国家机关和社会团体、企业事业组织以及公民"等多元主体，从《全国人民代表大会常务委员会法制工作委员会关于 2020 年备案审查工作情况的报告》来看，其中提到"没有收到有关国家机关提出的审查要求"①。事实上，从"开展依申请审查和移送审查工作的情况"来看，几乎都是在公民和社会组织层面提出的审查建议。进一步而言，很难有公开资料表明国务院曾向全国人大常委会提出过关于某项地方性法规的审查要求或建议，因为从备案审查的制度设计和纵向构成来看，其存在"主体复合"的问题②。换言之，这些国家机关兼具"立法主体"和"自我审查"的双重角色，如何合理处理两者之间的关系，是一个值得认真思考的问题。再如，前述的两部分监督主体，虽然在行为方式上都是在进行"监督"，然而对于两者的"要求"则是有区别的，对于国家机关提出的审查建议，《立法法》规定："由常务委员会工作机构分送有关的专门委员会进行审查、提出意见。"而对于社会监督主体层面的审查建议，则规定："由常务委员会工作机构进行研究，必要时，送有关的专门委员会进行审查、提出意见。"这就表明"进行研究"和"有必要"成为审查的前置条件，这种前置条件又由审查主体的意志和能力所决定。但是从法律适用的意义上讲，社会层面往往是立法成效的直接"体验者"。换言之，如何将社会层面的切实利益与对法律文件的外部监督有效衔接，是一个值得认真研究的问题③。

同时，从民族法治监督的实践而言，民族自治地方与一般地方立法存在相

---

① 全国人民代表大会常务委员会法制工作委员会关于 2020 年备案审查工作情况的报告 [EB/OL]．（2021-01-20）．中国人大网．

② 封丽霞．制度与能力：备案审查制度的困境与出路 [J]．政治与法律，2018（12）：99-112.

③ 封丽霞．制度与能力：备案审查制度的困境与出路 [J]．政治与法律，2018（12）：99-112.

似的困境，如多头备案效率不高、审查过程公开不明、缺乏立法沟通与协调的制度设计以及主动审查有待完善等。

（二）报批机制有待完善

《宪法》第一百一十六条、《民族区域自治法》第十九条、《立法法》第八十五条均规定："自治区的自治条例和单行条例，报全国人民代表大会常务委员会批准后生效。自治州、自治县的自治条例和单行条例，报省、自治区、直辖市的人民代表大会常务委员会批准后生效。"此规定对于维护法治统一、提升立法质量具有重要意义。

然而，该机制对于自治立法权的行使究竟产生了何种影响，是一个需要认真对待的问题。从程序上看，报批程序的启动是在自治法规表决通过之后、最终公布之前，而从行使批准权利的主体来看，上级人大常委会又并非自治法规的制定机构。这就意味着，自治法规的立法机关在行使自治立法权时仅有"草案提出权"。进一步而言，对于自治法规的批准或者不批准，都是"表决"的结果反馈，那么就表明即便表决通过也不意味着批准，自治法规正式生效，必须经上级人大"表决批准"。同时，从《宪法》第一百条的规定来看，一般地方制定的地方性法规，只需要本级地方人大或常委会表决通过后即可生效，事先不需征求国务院职能部门意见，事后只报上级备案，而且很多情况都是"备而不查"。而享有更多立法自治权的民族自治地方却不能自主完成立法，除需本级人大表决通过，还需事前征询国务院职能部门意见并获同意，事后报上级人大常委会批准后才能生效。

因此有学者认为，自治立法权是一种"半立法权"和"草案起草权"，立法的质量和积极性由于报批机制的存在受到了束缚[1]。有学者则直接提出自治条例和单行条例必须报经批准才能生效的规定是不合理的，应当将其废止[2]。

在当下报批机制存在的前提下，基于立法成本的考量，民族自治地方在立法层面"可能"就会倾向于选择制定不能包含变通内容的地方性法规，而非自治条例或单行条例了——从某种程度上说，不需要复杂报批程序的地方性法规已经完成了自治条例的任务。

---

①　敖俊德.民族区域自治制度立法现状和趋势［N］.中国民族报，2001-09-25（3）.

②　王允武，田钒平.关于完善我国民族区域自治地方立法体制的思考［J］.中南民族大学学报（人文社会科学版），2004（5）：9-13.

（三）执法检查有待深入

执法检查，是指有监督权的国家机关对承担有立法职责的国家机关是否严格按照法律要求制定规范性文件的活动进行的监督①。着眼于中华民族共同体法治监督体系建设的维度，前文提到的全国人大于2006年和2015年先后组织的两次大规模的民族区域自治法执法检查就是执法检查的重要体现。当然，在这期间，国务院各部委、各地区也开展了关于民族立法尤其是《民族区域自治法》配套立法的相关检查工作，有力地促进了民族立法的执法检查。然而，这与新时代民族工作的要求仍有很大差距，执法检查工作也有待进一步深入。例如，从2015年的《民族区域自治法》实施情况的检查报告来看，其开篇就指出"这是31年来常委会第二次就民族区域自治法的实施开展执法检查"②，由此可见，截至2015年，国家层面对于《民族区域自治法》的执法检查总共进行了两次。进一步而言，在2006年第一次执法检查前后，各地方政府制定或修订了一系列贯彻《民族区域自治法》的若干规定，而从2015年的报告来看，仍然指出"各地普遍反映，民族区域自治法部分规定落实不到位……配套法规不健全是民族区域自治法贯彻执行难的一个最主要的原因，也影响了民族工作的法治化、规范化进程"③，这就需要引起高度重视，即《民族区域自治法》已经实施30余年，相关配套法规为何仍不健全，其中固然有前文所述的立法质量、立法权限和立法机制的问题，而从监督这个维度讲，是否有必要加强对配套法规建设的监督也是一个必须认真面对的问题。一言以蔽之，对于《民族区域自治法》全国层面的执法检查30多年来仅开展了两次，这体现的究竟是《民族区域自治法》的实施效果尚可，还是实施情况尤其是执法检查本身力度就有待进一步加强？

从此次执法检查组的报告来看，其检查方式是通过国务院各部委"书面汇报"和内蒙古、新疆、广西等10省（区）实际检查辅之以座谈会的形式，可见，其对象和范围更侧重于"少数民族"和"民族地区"，其中就有两个可能存在的问题。第一，这种侧重于"视察"或"巡查"的检查方式，是否会存在"派员听政"的过场形式，是否能真正反映民族地区干部群众的诉求；第二，从

---

① 吴宗金. 中国民族区域自治法学 [M]. 北京：法律出版社，2016：138.
② 全国人民代表大会常务委员会执法检查组关于检查《中华人民共和国民族区域自治法》实施情况的报告 [EB/OL]. 中国人大网，2015-12-22.
③ 全国人民代表大会常务委员会执法检查组关于检查《中华人民共和国民族区域自治法》实施情况的报告 [EB/OL]. 中国人大网，2015-12-22.

检查对象和内容上看，是否紧跟新时代民族工作的要求，如在各民族交往交流交融不断加深的现实背景下，对于城市民族工作的开展情况的调研，尤其是对实施意见却引发热议的《城市民族工作条例》的修订有无推进，对于铸牢中华民族共同体意识的开展情况效果如何等，此类检查都应当进一步推进。

二、实施监督需要加强

从法理上讲，民族法治的实施监督，是指对有关法律关系主体为践行民族法治的相关要求而实施的具体行为，以及除民族法律规范体系之外的抽象行为的合法性的监督。长期以来，理论界和实务界对于民族法治工作的监督更侧重于立法维度，如对民族法律规范体系本身的合宪性、合法性的研究，对自治法规的数量及质量的探讨等。《中共中央关于全面推进依法治国若干重大问题的决定》指出："法律的生命力在于实施，法律的权威也在于实施"，从这个意义上讲，对于民族法治的实施监督，和立法监督同样重要。

（一）必要性认知不足

民族法律法规的质量与民族法律规范体系本身的建设直接相关，而要将日趋完备的民族法律规范予以实施，则离不开法治规范体系的不断健全，更离不开严密地实施监督机制。从这个意义上讲，应当重视民族法律法规的实施监督。在实践之中，对于民族法律法规的监督往往是"重立法轻实施"，有学者形象地称之为"立法不少，执法不好""立法如林，执法无人"①。事实上，前文所述在实践中出现的种种不利于中华民族共同体建设的制约因素，实施层面的监督缺位就是其重要根源。

例如，在针对"少数民族高层次骨干人才计划"的践行中，具有"民族身份"成为其重要的政策受惠标准，在这个层面中固然存在公民维度对于其权利义务认知不充分的因素，导致其将该政策视为实现个人受惠的"砝码"，然而，从该计划的公布的实施来看，政策制定部门和执行部门是否对该计划的实施对象做过进一步的周密调研，还是仅仅根据"民族身份"进行区分，是一个值得认真思考的问题。同时，在这些政策措施实施的过程中，有关部门是否对政策的受用者后续可能存在的违约情况进行了监督，以及对违约的标准进行了详细诠释等均有待进一步厘清。换言之，相关帮助措施的立法目的是否得到真正贯

① 王允武．试论我国民族法实施监督机制的现状、问题及对策［J］．西南民族学院学报（哲学社会科学版），1998（1）：39-45．

彻，必须通过具体的实施才能体现，而对于实施的监督，则是督促立法目的得以实现的关键环节。正如有学者所言，如何通过实施民族法律法规达到立法预期目的，普遍没有受到重视，更没有把民族法实施列入民族立法同等重要的位置和法治建设的关键环节①。这背后的根源在于民族法治监督的主体和客体对于实施层面监督必要性认知均有待进一步提高。

（二）责任设定不全

责任原则，是指行政主体必须对自己的行政行为承担责任，只有实施责任原则，才能真正规范和约束行政权力，确保权力与责任相统一，做到有权必有责②。从这个意义上讲，民族法治的实施，必须依据相应的权责标准进行监督。长期以来，关于"民族法"是否属于"部门法"引起了广泛的争论，其中一个很重要的因素就是民族法的权责分配有待进一步厘清，即"违反民族法的责任如何追究与惩处"。事实上，前文所述的关于"少骨计划"与少数民族就业优惠政策的施行之所以存在的"享受优惠政策，少见违约义务"的制约因素，固然与政策制定本身的立法空白与法律解释不足有关，往上则应追溯到整个民族法治体系的责任设定问题，即从公民个体到国家机关在法治实施中违背了民族法治的规定应当如何对待的问题。进一步而言，《民族区域自治法》之所以被部分学者称为"软法"，其除了相关术语概念法律解释不明外，很大的一个原因在于其在实施过程中并未对民族自治地方和上级国家机关的"责任"进行规定，虽然在《民族区域自治法》第六章"上级国家机关的职责"中，从政治、经济、文化、教育和卫生等维度规定了上级国家机关的具体职责，然而却未提及"违法责任"与"制度制裁"。当然，《国务院实施〈中华人民共和国民族区域自治法〉若干规定》（2005）中对此有了很大补充，如第二条规定："禁止破坏民族团结和制造民族分裂的行为。"针对"民族分裂"的行为，《中华人民共和国公务员法》第五十九条、《中华人民共和国公职人员政务处分法》第二十八条、《中华人民共和国集会游行示威法》第十二条等都有了明确规定和具体的惩治措施，然而，针对庞大的民族法群，这是远远不够的。

例如，从宏观上讲，自治权是宪法关于民族法治基本原则"民族区域自治"的直接体现，也是民族自治地方的自治机关区别于一般地方的具体体现，民族自治地方的人大和政府更是自治权的载体与核心，从《宪法》和《民族区域自

---

① 吴大华 . 民族法学［M］. 北京：法律出版社，2013：373.
② 付子堂 . 法理学初阶［M］. 北京：法律出版社，2021：273-274.

《治法》的规定来看，自治权需要靠自治机关"积极主动"去行使，那么倘若自治机关对于自治权认知不足、行使不充分或行使不当，是否也应负有相关责任呢？

从中观层面讲，民族自治地方制定了大量自治条例和单行条例，立法成效显著，而在实施层面则未能得到相应重视，这既与人们的重视程度有关，又与此类法规基于法律位阶的"刚性"有关，有学者就通过翔实的调研指出："制定出来的地方性法规得不到有效实施，既使民族法规保障民族自治地方经济社会发展成为空谈，又严重地挫伤了民族自治地方制定民族法规的积极性。"①

从微观层面看，种种有违民族法治精神与具体规定的行为，在实施中亦未得到全面监督，例如前文所提的对于"少骨计划"和就业优惠政策受用者的审核与后续跟进、大量自治条例和单行条例出现的违背宪法民族法治精神的现象，在实施中谁来监督、依据何种标准监督以及追责机制等均有待健全。

第四节　法治保障体系需要完善

铸牢中华民族共同体意识归根到底是"人"的问题，其研究基点必须着眼于每一个现实存在的"中国人"。在党对民族法治工作的有力领导下，民族法治人才队伍建设取得了巨大的成效，保障体系不断健全，然而也存在族际交往准则不清、自治立法水平不高等一系列问题。从法治保障的维度探析这些制约因素生成的根源，离不开对"人"这个研究基点的深入分析。进一步而言，族际交往准则能否清晰而统一，其背后折射的是作为个体的公民对于"规则之治"的遵循和认同，这种认同并非"与生俱来"，而是需要通过教育这种重要途径予以不断塑造；自治立法的水平，既与法律规范体系的价值导向有关，也与法治实施体系的程序规范有关，然而更为关键的是从事立法工作的人员应具备专业水平和必要能力："人"才是法治保障体系得以不断健全的关键。从宏观上讲，这就涉及民族法治专业人才和干部队伍建设的问题。

一、基础理论的研究需要深化

在新时代中国民族法学话语体系中，民族工作法治化、民族事务治理的法

---

① 宋才发. 中国民族自治地方政府自治权研究［M］. 北京：人民出版社，2008：333.

治化、民族关系的法治化、民族地区法治建设等构成了民族法治的重要内容①。在这个过程中，"法治"是核心要义，而将法治这一动态工作贯穿中华民族共同体建设的全过程中，其基础载体和最终践行主体必须是客观存在的"人"，立法目的的解读、立法水平的高低、法治实施的成效等均离不开"人"这个法治的主体。从这个意义上讲，如何通过学习、教育、交流等多种方式提升个体的法治水平，在基础理论层面提升其对铸牢中华民族共同体意识法治保障的认知能力与实践成效，就是破解一系列制约因素的重要根源。当前，在基础理论的研究层面的不足，具体体现在两个方面。

（一）实务研究有待夯实

在落实宪法关于民族法治的基本原则之一"民族区域自治"的进程中，对这一基本政策、法律、制度的内涵解读存在偏差，从而在立法理念和立法水平上生成了不利于铸牢中华民族共同体意识的制约因素。当然，其中与民族法律规范体系不够完备以及法治实施体系有待改进有重要关联，然而，着眼于"人"这个研究基点，就有必要进一步分析，究竟是哪个维度的主体对于法律规范体系的解读和法治实施体系的运转存在衔接不足，进而导致制约因素的生成。换言之，民族法律规范体系是通过其基础理论研究升华之后，将民族法治的基本原则在法律法规中的具体化和实践化。而从民族立法的基本原则上来讲，其必须遵循合宪性、法治性、科学性和民主性等原则，前文所述的民族法治原则在实施中之所以没有很好地贯彻到位，从法治保障体系的建设而言，就要回溯到法律规范体系的制定者"人"这个角度，具体而言，又可以从两个维度进行论述。

首先是立法能力欠缺。无论是立法理念的转变，还是立法水平的提升，其决定因素都应当是法律制定者的现实载体——人，而从中华民族共同体法治建设的维度来讲，立法工作者的能力则是决定其立法质量的关键。在落实宪法关于"民族区域自治"的民族法治原则维度，民族自治地方的自治立法的践行是民族法治建设的直接体现，在此以自治条例为例进行分析。从制约自治条例立法的进程和水平来看，立法工作者的价值取向、法律素养、功能定位是重要影响因素。进一步而言，"立法工作者是否具有较高的法律专业素养，是影响自治

---

① 王允武，王杰，廖燕萍. 中国民族法学研究概览（2008—2018）［M］. 北京：法律出版社，2020：5.

条例立法质量高低的关键因素"①。例如，有的自治条例在基于该自治地方人大常委会的组成人员中规定"本民族成员可以超过半数，其他民族也应有适当名额"以及"人大常委会主任由本民族公民担任"的"变通"，这不仅仅是依靠法律解释就可以解决的问题，其根源还在于立法工作者没有准确把握民族区域自治的根本目的，侧重于对该制度实施就是民族自治地方的"主体民族自主管理本民族内部事务"的解读，忽视了民族自治地方的民族构成也是"多元一体"的客观实际，从而导致在自治条例的制定与变通中出现了不利于铸牢中华民族共同体意识的立法实践；再如，前文所述有的自治条例"超越法定权限为上级国家机关设定职责义务"，与《立法法》第八十五条相悖的问题，其根源在于没有正确认知自治立法的规范主体与调整对象。换言之，从规范主体上讲，自治机关是自治条例规范的主体，而主体行为则是指自治机关行使自治权与如何行使的行为，一是自治机关本身能否有效作为，二是能否严格践行民族法治②；从调整对象而言，《宪法》第一百一十六条、《民族区域自治法》第十九条均明确指出是针对"当地民族"的政治、经济和文化特点。由此可见，自治地方内部的社会关系是自治条例的调整对象③。正是由于对这两者认知不充分，导致诸多自治条例或简单"复制粘贴"上位法的大量内容，或超越自身权限为上级国家机关"设定义务"。要而言之，大量自治条例存在的"共性"问题，其背后折射的是立法工作者的立法能力有待提升。

其次是理论支撑不足。在公民身份的维度上，存在对教育优惠政策与就业帮扶措施认知不当的制约因素，而从实际践行中来看，这种认知不足不仅局限于受惠者的公民个体层面，也存在于措施执行部门和政策制定部门的各个环节，这背后的根源则在于事务部门的基础理论研究有必要进一步澄清。例如，在实践中，将维护民族平等而制定的差别支持措施直接等同或间接解读为保障少数民族个体权利的优惠对待措施，其根源就在于对民族区域自治的"实质内涵"与"根本目的"的理论研究存在不足，且没有达成共识，这就导致在实践中从政策执行者到最终受惠者的认知出现了偏差。进一步而言，基于"国家帮助"的宪法原则，事实上历经了一个不断变化的过程：《民族区域自治法》修改时，将"上级国家机关的领导与帮助"修改为"上级国家机关的职责"，并在随后

---

① 田钒平．加强自治条例修改工作的必要性与对策研究［J］．民族学刊，2015（3）：8-17，89-92．

② 张文山．中国自治区自治条例研究［M］．北京：法律出版社，2018：39．

③ 田钒平．加强自治条例修改工作的必要性与对策研究［J］．民族学刊，2015（3）：8-17，89-92．

的条文中对"职责"进行了详细诠释，这就表明"国家帮助"从一种主观意愿变成了一种客观义务。在此指引下，原文化部、教育部、原卫生部、财政部、原国土资源部、住房和城乡建设部、原农业部、商务部等国务院及有关部委加大了对民族地区经济社会的全方位扶持①。在这样的背景下，倘若还是将实施民族区域自治的根本目的停留在"保障各少数民族行使在本民族的地方性事务上当家作主的权利"②这个层面，或者将民族区域自治的内涵解读为"在民族自治地方内，实行自治的少数民族享有自治权，其他民族或没有法定自治权的民族在该区域内不能享有自治权"，对于从厘清民族区域自治的价值取向和功能定位是有悖于铸牢中华民族共同体意识的时代潮流的。当然，基于"少数人权利保护"的认知，从制度建设上来讲阐明了这一制度对于少数民族平等权利保障和帮助的功能与作用，然而，在民族法治的新时代，更应当从基础理论建设上厘清民族区域自治的历史价值与实践意义：其是促进民族地区发展的制度环境和制度基础，形成各个民族不断共同发展、平等团结、和谐共处的社会主义民族关系，凝聚起巨大的制度力量③，致力于中华民族伟大复兴。从这个意义上讲，有必要从更为宏观的整体利益角度来进行民族法治尤其是民族区域自治的基础理论建设，从而在实践中把握新时代民族工作的正确主线。

（二）宣传教育需要深入

"法立于上，教弘于下"，法律要发生作用，全社会要信仰法律，加强法治宣传教育，引导全社会树立法治意识④，这也是维系法治社会、构筑法治政府、建设法治国家的重要保障。从这个意义上讲，新时代中华民族共同体的法治建设，不能忽视法治宣传教育的保障作用。前文所述的公民身份认知不足、族际交往准则不清的制约因素，既与客观上的法律规范体系不够完备有关，也与法治保障体系需要完善有关。进一步而言，个体对于其公民身份的正确认知，不同群体在交往中对于具有"共同性"社会交往准则的遵循，既源自法律规范本身的严谨性，又来源于后期对这种"认同"的塑造。从这个意义上讲，法治宣

---

① 王允武. 民族区域自治制度运行：实效、困境与创新［J］. 中央民族大学学报（哲学社会科学版），2014（3）：5-14.
② 乌兰夫. 民族区域自治的光辉历程［N］. 人民日报，1981-07-14.
③ 中国政法大学制度学研究院. 中国制度［M］. 北京：中央党校出版集团，大有书局，2020：21.
④ 习近平法治思想概论编写组. 习近平法治思想概论［M］. 北京：高等教育出版社，2021：205-206.

传教育在法治保障体系中的作用就应当引起重视，其应当传递一种符合新时代民族法治工作原则的文化精神："文化具有鲜明的民族性，特别表现在运用民族语言教学、传授本民族的文化知识等方面"①，这也是贯彻"文化认同是最深层次认同"的客观要求。当前，民族法治宣传教育的不足，又可以从两个方面进行总结。

一是"中华民族观"理念传递不够。长期以来，在民族文化传递方面，我国保障各少数民族权益的力度强大，但也存在片面重视各群体文化特色的凸显而淡化了中华民族整体利益维护的隐患。"多元同体""共建共享"等理念在整体层面上还没有充分传递到受众群体的认知之中，这就导致前文所述的一些公民在基于"中华民族是一个"这个整体认知层面还不能充分认识到"本民族"这个群体与"中华民族"这个整体之间多元一体又密不可分的重要联系，从而造成"在官方话语体系中认可中华民族"，而在社会交往活动中尤其是能够运用"本民族身份"获取从个体到群体的各种资源利益时则突出"本民族"的文化属性。在实践之中，中华文化的整体性建设相较于各民族文化尤其是少数民族文化有所不足，例如，在网络舆论和社会话语中，一些不利于铸牢中华民族共同体意识，甚至是非理性民族主义的话语和妄议诋毁我国正确民族政策的言语时有发生，却较少受到国家法治的制约和社会层面的压力。同时，长期以来民族法治的"静态演绎"，也为非理性民族意识中"逆向歧视"的滋生提供了温床，这主要体现为在有关民族自治地方的国家扶持措施中"只谈权利，不讲义务""只讲优惠，不讲互惠""等、靠、要"等错误思想还在一定范围内存在。

二是"全面普及"的教育方式不足。加强法治宣传和教育，提升公民法治素养，是建设法治社会的必然要求。我国关于民族法治的宣传教育工作，形式上更多的是自上而下的"一体式"推广，在配套政策和相关制度保障的衔接下取得了良好的实际效果，但是在"重政策诠释、偏口号宣讲"的教育宣传方式之中也存在形式单一、较为乏味，受众层面"感官不明显"的问题。从宏观上讲，全国开展了形式多样的法治宣传教育，但从实践上看，公民法治素养仍然有待提升，且地区发展不均衡，法治意识虽然已经有了明显的提升，但随之而来的是"法治偏执化理解"的出现，即在法治方式和行政手段干预对比后，往往采取行政手段，而非法律的方式解决问题②，这在涉及民族因素的案事件中更

---

① 伍德勤，杨国龙．新编教育学［M］．上海：华东师范大学出版社，2009：4．
② 徐显明．当代世界法治与中国法治发展［M］．北京：中共中央党校出版社，2020：250．

为明显。这就有必要反思民族法治工作的宣传教育方式。事实上，从民族法治工作的宣传教育上来看，本着"谁执法谁普法"的普法责任制，2016年12月24日公布并执行的《国务院关于印发"十三五"促进民族地区和人口较少民族发展规划的通知》中，针对"加强民族法治宣传教育"的要求中就明确提出"大力加强宪法和民族区域自治法宣传教育。加强对少数民族流动人口等群体的普法教育，强化各级各类学校法治教育，引导各族群众自觉尊法学法守法用法"，并明确了责任部门为国家民委、中央宣传部、司法部、公安部、教育部；2016年10月20日国家民委公布并执行的《关于组织实施法治宣传教育第七个五年规划的通知》，也对民族法治宣传教育工作的指导思想、主要目标、工作原则以及对象要求、工作措施和保障等做了更为详尽的诠释。然而在实践之中，这些要求如何细化落实、各部门间联动协作机制如何建立、民族法治宣传教育效果如何有待进一步考量。

不同个体对中华民族共同体的不同认知必然使其产生不同的主观情感体验，而不同的主观情感体验又必然产生不同的外显行为①，从这个意义上讲，"自上而下"的民族法治宣传教育的针对性和有效性就需要提升。民族法治既是新时代民族工作的基本原则，又是在宪法法律框架内，以铸牢中华民族共同体意识为主线的民族工作中调适各民族群体具体利益的动态过程，那么针对不同的受众对象，其宣传教育的方式就应当体现出针对性，倘若以"少数民族流动人口"囊括所有的受众对象则过于宽泛。同时，民族法治宣传教育的受众对象和践行地区也不能仅仅局限于"少数民族"和"民族地区"，从国务院和国家民委的两个通知来看，其体现的应当是"各族干部群众""各级各类学校"等，从这个意义上讲，民族法治的宣传教育，就应当在更为具体的方面对不同受众群体展开，紧跟民族事务体系法治化和现代化的时代潮流。

二、人才队伍的建设需要强化

人们是否具有法律意识、法治观念是决定他们能否具有积极、正确地守法、执法和司法的愿望，能否积极、主动地用法、护法的关键因素②。党的十八届四中全会《关于全面推进依法治国若干重大问题的决定》指出："全面推进依法治国，必须大力提高法治工作队伍思想政治素质、业务工作能力、职业道德水准，

---

① 姜永志，候友，白红梅. 中华民族共同体意识培育困境及心理学研究进路［J］. 广西民族研究，2019（3）：105-111.
② 吴宗金. 中国民族区域自治法学［M］. 北京：法律出版社，2016：117.

着力建设一支忠于党、忠于国家、忠于人民、忠于法律的社会主义法治工作队伍。"① 从这个意义上讲，能否建立一支适应新时代民族工作要求的民族法治队伍，是中华民族共同体法治保障体系建设的关键，前文所述的民族法治基础理论研究有待加强，与此议题亦息息相关：一方面，实务部门对于民族法治基础理论的研究，取决于其民族法治人才队伍的能力水平；另一方面，随着民族法治工作队伍的健全与完善，可以有力促进基础理论的实践与革新，真正落实习近平总书记在 2021 年中央民族工作会议上所提出的"要加强基层民族工作机构建设和民族工作力量，确保基层民族工作有效运转"。当前，从铸牢中华民族共同体意识的制约因素来看，其相当一部分根源在于民族法治工作队伍的建设不足，具体体现在两个方面。

（一）学科建设亟须加强

高校是法治人才培养的第一阵地，高校法学教育在法治人才培养中发挥着基础性、先导性的作用②。2021 年 1 月 10 日公布并施行的《法治中国建设规划（2020—2025 年）》着眼于法治队伍和人才保障，明确提出"加强边疆地区、民族地区和基层法治专门队伍建设"，同时指出"深化高等法学教育改革，优化法学课程体系，强化法学实践教学，培养信念坚定、德法兼修、明法笃行的高素质法治人才"。从这个意义上讲，高等院校作为我国法治人才的"摇篮"，在中华民族共同体法治保障体系不断完善的过程中发挥着基础性的作用。从新时代民族法治的体系构建而言，通过高等院校的教育与培训，打造出一支具备民族法治思维践行民族工作的队伍，是依法治理民族事务，将民族工作纳入法治轨道，维护社会主义新型民族关系，从而不断铸牢中华民族共同体意识的必经之路。这就有必要把目光聚焦于高等院校培养民族法治工作人才的学科建设方面，来反思前文所述的种种制约因素的根源。

从基础课程的建设上来看，对于民族理论相关课程重视不够。"民族法治"作为"依法治理民族事务""族际关系法治化""将民族工作纳入法治轨道"等的宏观总结，是一门技术性和综合性都很强的工程。从理论研究上来看，其发展和完善必须有完备而扎实的学科建设作为支撑。从高等院校的课程设置来看，

---

① 徐显明．当代世界法治与中国法治发展［M］．北京：中共中央党校出版社，2020：262.

② 习近平法治思想概论编写组．习近平法治思想概论［M］．北京：高等教育出版社，2021：233.

"民族法治"相关的课程极为稀缺："在学校教育中，将民族理论课程作为大学阶段必修课的只有少数民族院校，绝大多数学校并没有将其作为教学的主要内容。"① 在为数不多开设该课程②的高校中，对于这类课程的定位集中于大一学年，且是以"公共课"的形式进行考核，在整个"思政类"课程中占比也不高，加上与"民族法治"相关的本科专业本就属于"冷门"专业，无论是就业前景还是社会需求相较于"热门"专业都有很大劣势，这就导致除极少数与此研究领域相关的专业学生对于"民族法治"有一定程度的了解，绝大部分完成本科学业的学生对于"民族问题""民族理论与民族政策"缺乏必要的了解。事实上，不仅是学生群体，部分高校教师对于铸牢中华民族共同体意识这一重要的历史命题与实践议题的认识理解不够深入，对涉及相关的理论与政策存在少讲、绕着讲甚至不讲等倾向③。当然，随着以铸牢中华民族共同体意识为主线的民族工作不断得以重视，各高校尤其是民族高校纷纷成立了"中华民族共同体研究院"，这应当被视为新时代民族法治工作保障体系健全的重要举措，然而，在专门机构成立之后，民族理论相关课程有何变化，教材体系是否革新，授课理念有无转变，与传统的民族理论政策教育课程又有何不同等均有待进一步研究④。

从高阶领域的研究来看，培养体系有待进一步完善。如果说本科阶段对于民族法治理论的学习更多属于"打基础"的范畴，更高阶段的硕士研究生学习则属于更深层次的理论研讨与提炼过程：该阶段更注重培养学生的提出问题和分析问题的能力，也是该领域科研研究的基石。从培养体系来看，与"民族法

---

① 田钒平.塑造民族间相互认同的文化根基的法律对策［J］.理论与改革，2016（6）：136-140.

② 由于各高校教学实际情况差异较大，有的高校将此课程设为"民族理论与民族政策"，亦有部分高校设置了"中华民族共同体意识教育"这门课程。

③ 焦敏.高校铸牢中华民族共同体意识的价值意蕴与路径选择［J］.学校党建与思想教育，2021（23）：91-92.

④ 笔者通过对比各民族院校设立的"中华民族共同体研究院"，发现绝大部分民族高校采取了两种模式，一是"新的机构，原班人马"模式，即机构是新设立的，然后根据校内师资力量进行兼职整合；二是"挂靠大院"的模式，即将新的机构挂靠在"马克思主义学院""民族学与社会学院"等院系下。需要指出的是，目前只有极少数院校就此机构的设置制定了专门章程、人才招聘（引进）计划、培养方案设置、部门职责等工作，该机构更多地体现出一种"兼职"型部门角色。

治"这一议题结合最为紧密，也是与本选题直接相关的学科当属"民族法学"①
这一专业。在此，以民族法学学术型硕士研究生的培养体系为切入点进行分析。
从人才培养的目标来看，具有民法法学硕士专业的高校根据其办学能力与水平，
制定了不同的目标，如有的是"为民族地区培养法治人才"，有的是"培养愿意
为国家经济建设和社会发展服务，并积极投身于中国特色社会主义法治建设的
高层次专门人才"②。应当指出的是，这与该专业的目标定位是相符的，也符合
新时代民族工作法治化亟须大量专门人才的现实。然而，在具体的培养环节中，
则存在诸多有待完善之处。从招生环节来看，培养模式与学生需求存在脱节情
况，如某民族高校的民族法学专业研究生，从录取情况来看，本科属于"非法
学"或者"非民族学"生源占比一半以上，基础理论知识欠缺；从课程设置来
看，大多数民族院校的理论课程偏多，实践环节则严重不足，也缺乏专门的教
学实践平台。更为关键的是，诸多高校虽然对于民族法学专业的硕士研究生毕
业去向定位于"服务民族地区社会经济发展""毕业后前往高等院校、民族工作
相关部门就业"等，但由于受报考专业所限，此类专业的公务员、企事业单位
报考存在较大约束，极大地限制了该专业人才的招生与就业。

与新时代民族工作法治化亟须大量专门人才形成鲜明对比的是，该领域的
教材体系亟须更新。仅从著作上看，2012 年至 2018 年我国民族法学领域的著作
就有 30 余册③。然而，其中真正能够适用于研究生阶段作为民族法学专业教材

---

① 一般而言，"民族法学"（0304Z2）作为"民族学"（030401）下列的二级学科，为学术
型硕士研究生，参见湖北民族大学 2022 年硕士研究生招生专业目录［EB/OL］.
（2021-09-14）.湖北民族大学研究生处；也有的院校将与"民族法治"相关的硕士专
业设立在了其他学科之下，如"宪法学与行政法学"（030103）下设"民族区域自治制
度"，"行政管理"（120401）下设"民族地区基层治理"，参见中南民族大学 2022 年硕
士研究生招生简章［EB/OL］.（2021-09-16）.中南民族大学研究生院；还有的院校
将"民族法学"专业直接设为"法学理论"（030101）的二级学科，参见西南民族大学
2022 年硕士研究生招生专业目录［EB/OL］.（2021-09-17）.西南民族大学研究生
院.
② 笔者曾参与国内某民族高校的民族法学专业培养方案的起草工作，前期参考借鉴了大量
其他高校该专业或相近专业的培养方案，应提供者要求，在此不便透露具体信息.
③ 王允武，王杰，廖燕萍.中国民族法学研究概览〔2008—2018〕［M］.北京：法律出
版社，2020：180-195.

使用的不超过 10 册①。在为数不多的教材中，虽然对民族法学的基础理论做了详尽的阐释，对于"中华民族共同体""铸牢中华民族共同体意识"以及贯彻落实新时代中央民族工作会议的精神等研究仍有很大的提升空间②。

要而言之，以高等院校和科研院所的研究人员为主体的学者群，既承担着理论生产的职责，又承担着理论传播的职责③。更重要的是，其具有通过教育和文化传递为新时代中华民族共同体的法治建设工作培养"生力军"的重要使命，倘若高校层面对于民族法治的学科基础建设发展不力，就会制约民族工作法治化的后续发展，从而在实践中生成诸多不利于中华民族共同体意识铸牢的因素。

（二）民族法治人才培养不足

如果说民族法治学科建设不足，针对的是基础理论研究和人才的培养环节，那么民族法治人才匮乏针对的就是当前民族工作还不能很好地践行"依法治理民族事务"的实践环节。铸牢中华民族共同体意识的法治保障研究，其研究基点和最终载体必须是每一个现实存在的"人"，从这个意义上讲，在民族法治的具体实践中，无论是对法律规范体系的解读，还是对新时代依法治理民族事务的认知，其最终落脚点都在"人"这个维度。具体而言，民族法治的人才和队伍建设不足，是在主体性角度制约中华民族共同体意识铸牢的重要根源。

首先，对民族法治人才的认知不足。长期以来，在对于民族法治人才和队伍建设的维度，理论界和实务界倾向于以"民族身份"来对其主体进行定位，以至于直接将其归属于"少数民族干部"的组成部分。有学者就基于少数民族人才培养的角度，认为少数民族"上层人士"的培养和选拔、少数民族干部、科技专业人才队伍的培养教育和选拔使用、自治机关"干部民族化"等均属于

---

① 在此对于"民族法学"教材的定义是，依据民族法学课程标准编制的、系统反映民族法学学科内容的教学用书，因此，期刊论文集、研究报告、文献汇编、少数民族法制史等专项研究等不在所选之列，具有代表性的可作为"民族法学"专业研究生教材的有：吴宗金. 中国民族区域自治法学 [M]. 北京：法律出版社，2016；熊文钊. 民族法学 [M]. 北京：北京大学出版社，2016；吴大华. 民族法学 [M]. 北京：法律出版社，2013；吴宗金，张晓辉. 中国民族法学 [M]. 北京：法律出版社，2004. 这 4 本专著也均被列为"21 世纪法学系列教材"。

② 以这 4 本民族法学界公认较为权威的教材为例，截至 2022 年 2 月 7 日，尚未编入 2019 年全国民族团结进步表彰大会及 2021 年中央民族工作会议的重要精神，"以铸牢中华民族共同体意识为当前民族工作的主线"的重要理念也未进行教材修订，据笔者了解，有的教材已经开启了编纂工作，但尚未正式修订完毕并出版。

③ 田钒平. 民族自治地方族际公民关系法治化研究 [J]. 学术界，2018（11）：57-67.

少数民族人事法律制度的基本内容①。应当指出的是，倘若按照"民族特性"的逻辑来对民族法治人才进行定位，对于其队伍建设和后续培养是不利的，也不符合以铸牢中华民族共同体意识为主线的新时代民族工作要求。一方面，关于"上层人士"的称谓，从理论界到实务界均已不再使用；另一方面，自治机关"干部民族化"的观念事实上只是对国家大力培养少数民族人才的一种抽象性表达，并非"机械"地以民族身份强调干部所必须具备的身份特征。有学者就敏锐地提出，推行干部民族化的前提是必须遵循党的领导、人民主权、基本人权等原则，否则在实践中就会直接或间接导致干部队伍结构不合理、人为推进"本民族优越感"并滋生干部队伍应当"少数民族化"与"自治民族化"两种错误认识②。从这个意义上讲，对于民族法治人才的主体定位是否清晰，关乎其后续培养选拔的重要前提。事实上，从中共中央印发的《法治中国建设规划（2020—2025 年）》来看，着眼于法治人才的培养，其规范的表述是"加强边疆地区、民族地区和基层法治专门队伍建设"，而教育部、中央政法委下发的《关于坚持德法兼修实施卓越法治人才教育培养计划 2.0 的意见》则指出"鼓励跨学院、跨院校培养能够熟练运用至少一门少数民族语言文字从事法治实务工作的双语法治人才"。因此，对于民族法治人才内涵的认知，仅仅从"民族身份"来理解显然过于狭隘，至少应当从其工作内容、工作地区、服务对象等方面加以全面深入诠释。

其次，人才队伍建设乏力。既有研究关于民族法治人才的建设困境进行了深入研究，并展开了翔实的论证。从培养模式上来看，存在培养目标、方式、内容同质化明显的问题，体现为专业技能实践性不足、课程结构不适应、人才输送不通畅、创新能力不强等③；从队伍建设来看，人员编制、队伍扩充、资金保障等因素成为"老大难"。同时，2011 年最高人民法院印发的《关于新形势下进一步加强人民法院基层基础建设的若干意见》针对民族地区"双语法官"的培养，从培养力度和基地建设两个方面做了明确要求。而从实践效果来看，仍然存在双语法官人数稀缺难以符合实际需要、培训对象与层次单一提升不够、

---

① 吴大华. 民族法学［M］. 北京：法律出版社，2013：258.
② 刘建辉. 论民族自治地方干部民族化的宪法原则［J］. 江汉大学学报（社会科学版），2018（4）：23-30.
③ 卢桂. "四重定位"视域下民族法治人才培养的路径研究［J］. 民族教育研究，2020（5）：154-159.

配套制度缺位翻译质量有待提高等现实问题①。在此立足于由教育部和中央政法委员会联合下发的《关于实施卓越法律人才教育培养计划的若干意见》（2011）以及《关于坚持德法兼修实施卓越法治人才教育培养计划2.0的意见》（2018），着眼于民族法治人才建设，具体论述建设现状。

一是应用型法律人才不强。《意见》指出"把培养西部基层法律人才作为培养应用型、复合型法律职业人才的着力点"，这就点明了应用型法律人才的发力点所在。事实上，西部地区亦是我国多民族聚居、杂居与散居的地区，在针对基层处理的纠纷中，法官如何协调代表正式制度的国家制定法与非正式制度具体体现的"习惯法"二者之间的关系，就是其将法律规范知识运用到工作实践中的直接体现，前文所述的在针对"民族习惯"时认定标准不一致的制约因素，事实上就来源于该地区法治人才的法律应用水平。应当看到，在当前的民族法治人才队伍建设中，应用型法律人才的能力水平还不能很好地满足新时代民族法治工作的高质量要求。

二是复合型双语人才不够。"双语法官"的工程建设，既是前文所述的对于各民族尤其是少数民族语言文字风俗习惯"多元化保护"的具体体现，又是有力推进民族法治工作的必然要求。从实践来看，"双语法官"在基层法院尤其是民族地区的基层法院发挥着重要作用，也是用法律保障民族团结的生动写照。进一步而言，在民族法治人才队伍建设中，不仅仅是"双语法官"，一切从事民族法治工作的双语法律人才均扮演着重要角色。然而，无论是在数量上还是质量上，其与新时代民族工作法治化的要求均有不小差距。从数量上来看，体现为人数稀缺，难以维系实际需求。有学者通过对某少数民族自治州A州的调研发现，其下属各县的双语员额法官占员额法官总数的比例极低，同时具备"听、说、读、写"的人才更少，很多涉及"双语"工作的开展更多的是通过法官助理、书记员等其他司法人员进行，有时由于人手不足，甚至需要聘请当地高校教师或者大学生②，此种现象在民族地区尤其是边疆民族地区不在少数。从质量上来看，存在翻译质量不高、培训内容单一等问题。正是受制于数量不够，导致在人手不足时聘请了一些虽然具备翻译能力但是缺乏法律专业背景的"外行"人士进行翻译，其翻译准确度难以保证。同时，一般认为"双语"就是通用语

---

① 陈迎新，何炫宇．民族地区双语法律人才队伍建设研究：基于S省A民族自治州基层法院调研［J］．西南交通大学学报（社会科学版），2020（4）：112-120.

② 陈迎新，何炫宇．民族地区双语法律人才队伍建设研究：基于S省A民族自治州基层法院调研［J］．西南交通大学学报（社会科学版），2020（4）：112-120.

言和某一少数民族语言，而我国很多民族地区实际上还有数不胜数的"方言"，即便在同一民族内部也是"十里不同音，百里不同俗"，这就对"双语"培训工作的开展提出了更高的要求。

三是创新型能动人才不多。从 2021 年 3 月 8 日公布的《最高人民法院工作报告》来看，在针对人民法院的工作问题中，就提出了"队伍建设还有短板，一些领域专业化审判人才短缺，尚未形成科学完备的司法人才培养体系"与"基层基础工作存在薄弱环节，一些地方人民法庭建设存在差距"的现实状况。事实上，民族法治工作者有相当一部分处于民族地区的基层人民法院，同时也是用法律保障民族团结、用法治维护民族关系的直接践行者，当属"专业化人才"的重要组成部分。从创新这个维度而言，当下的民族法治人才既是法治统一的促进者，也是铸牢中华民族共同体意识的保障者，那么在立法、执法、司法的过程中，如何将国家制定法与"地方性知识"有机结合，创新法治改革和多元纠纷调解的模式，就是其必备要求，换言之，当前具备"能动司法意识""创新司法理念"的民族法治人才还有待进一步塑造。

四是定向型服务人才不足。民族法治人才从主体和服务范围上来看，大部分属于"对口"民族地区法治建设的定向型人才，那么除了具备必要的职业水平，也需要具有服务民族地区经济社会发展的"地方情怀"，更要有致力于铸牢中华民族共同体意识法治建设的"民族胸怀"。从许多民族地区的基层法院来看，"来不了、留不住"都成了其民族法治人才队伍建设的瓶颈。早在 2012 年 3月最高人民法院发布的《人民法院工作年度报告（2011 年）》就提出要"扩大少数民族地区法院'双语生'的招生规模，重点解决西部及少数民族地区法官短缺问题"，在十年后的《最高人民法院工作报告（2020 年）》中再次提出"一些法院招人难、留人难问题尚未得到很好解决"，这在民族法治人才队伍建设中体现得尤为明显，从这个意义上，如何扩大民族法治定向型服务人才队伍，科学的招录机制、切实的待遇保障、合理的上升途径都是必须认真面对的问题。

本章小结

铸牢中华民族共同体意识的法治保障，既面临着新时代民族工作法治化不断推进的历史机遇，也必须正视其客观存在的制约因素。前文已经指出，基于宪法民族法治基本原则分析，在公民身份的认知、帮助机制的实施、自治权限的定位以及族际交往准则的遵循层面存在铸牢中华民族共同体意识法治保障的制约因素，究其根源，需要追溯到中华民族共同体法治体系建设的完善空间。例如，公民身份的认知能否明确，既取决于政策制定者和执行者对于措施施行的目的和理念是否准确，又在于民族法律法规是否传递了一种基于"中华民族共同体"的权利义务观；"国家帮助"的实施能否更加具有针对性和有效性，则需要回归到相关政策在法治实施中是否具备清晰的法律解释和科学的决策机制；一些民族法律法规存在违背民族法治精神和相关规定的现象，而有效的民族法律法规又难以全面贯彻实施，其背后折射的是民族法治监督体系有待深入推进；"共同性"作为族际关系法治化的重要基础能否达成有效共识，与民族法治的"中华文化观"宣传教育能否有力贯彻具有密切关系；自治权限的定位是否符合新时代铸牢中华民族共同体意识的精神，基础理论研究则有必要继续推进。当然，这一切，均离不开民族法治保障体系的不断健全与完善，更离不开每一个从事民族法治工作的"人"。

从这个意义上讲，为将铸牢中华民族共同体意识的法治保障落到实处，必须以每一个客观存在的"人"为研究基点，结合民族法治的视域，提出切实可行的对策建构。

第八章

铸牢中华民族共同体意识法治保障的对策建构

在中国共产党的领导下，中华民族共同体的法治建设走过了光辉的历史进程，通过把握正确的价值取向和准确的功能定位，中华民族共同体的法治建设又取得了伟大的当代成效。当然，由于法律规范体系、法治实施体系、法治监督体系和法治保障体系存在不足，中华民族共同体在法治建设层面亦存在一系列制约因素，对中华民族共同体意识的铸牢产生了消极的影响。基于此，本章立足于宪法关于民族法治的基本原则，结合"个体—群体—整体"的分析框架，在民族法治的视域下提出铸牢中华民族共同体意识法治保障的对策建构。

第一节　塑造个体的公民身份

在 2021 年召开的中央民族工作会议上，习近平总书记指出："增进共同性、尊重和包容差异性是民族工作的重要原则"，这就为新时代民族工作的开展释放了一个明确的信号，即应当如何"增进共同性"。前文已经指出，在公民身份的认知维度上，存在种种不利于铸牢中华民族共同体意识的认知和行为，而从现行民族法律规范体系来看，"少数人权利保护"仍是重要价值取向，当然，这依然是"尊重和包容差异性"的重要体现，也应当继续坚持。为将"增进共同性"这一重要理念融入新时代的民族法治工作中，在个体层面应当塑造其"公民"这一具有"共同性"的身份。

一、培育公民意识

《宪法》第三十三条明确规定了公民权利义务"对等"的总原则，并在整个第二章"公民的基本权利和义务"中做了权利享有与义务履行的详尽诠释，由此确立了"法律面前人人平等"的重要原则。在 2014 年的中央民族工作会议和 2019 年的全国民族团结进步表彰大会上，习近平总书记着眼于民族法治的维度，分别做出了"树立对法律的信仰"与"确保各族公民在法律面前人人平等"的重要指示，在 2021 年召开的中央民族工作会议上，习近平总书记再次要求"做到法律面前人人平等"。从这个意义上讲，公民对法律的认同、对法律的遵循，是中华民族共同体法治建设的起点。因此，从个体角度而言，应当培育其公民意识。

（一）参与意识

各民族成员无论属于哪一个"民族"，其首要身份当属中华人民共和国的公民，平等地享有权利，平等地履行义务。为使其对自身权利义务观有进一步认知，应当明确自身主人翁的地位，在参与国家事务治理中不断提升公民意识，"在参与中，公民才能切身体会自己的权利和义务，从而逐渐形成理性的参与意识"①。前文所述的在民族法治实施层面的协商民主功能有待发挥、民族法治监督体系存在的立法监督有待加强的问题根源，首先就需要立足于培育公民的参与意识。一方面，党的十八大明确提出了"健全社会主义协商民主制度"的改革任务，将协商民主作为新时代发展民主的重要内容，而公民有序的政治参与，则是协商民主的基本价值理念与重要践行方式。在民族法治的进程中，各族公民参与协商民主，是民族事务治理体系法治化和现代化的必然要求，在这个过程中，公民深刻体会到自己作为"中华民族"的一员，不断参与到铸牢中华民族共同体意识的进程中，从而通过参与这种方式来融入地区事务的治理中，逐渐从"本民族内部事务"的框架内扩展到"本地区各民族事务"的实践中。另一方面，《立法法》第六条明确规定："立法应当体现人民的意志，发扬社会主义民主，坚持立法公开，保障人民通过多种途径参与立法活动"，从这个意义上讲，前文所述的民族法治在立法监督存在的问题根源与地方性法规存在的诸多问题，在立法起草与监督阶段就应当更加重视公民有序参与的这个环节，例如，在备案审查的机制设定中，更加凸显公民和社会层面的意见反馈；在民族立法程序机制的设定中，在坚持民族法治的基本原则下更加重视各族公民的立法建议。

（二）监督意识

"监督"是促进新时代民族工作法治化的必要手段，也是提升民族法治成效的重要环节。《宪法》第三条规定："全国人民代表大会和地方各级人民代表大

---

① 胡弘弘. 论公民意识的内涵［J］. 江汉大学学报（人文科学版），2005（1）：70-74.

会都由民主选举产生，对人民负责，受人民监督"；第七条的规定则明确要求国家机关和工作人员"必须"接受人民的监督，这就为公民行使监督的权利提供了最高法理依据。从铸牢中华民族共同体法治保障的角度而言，公民应当积极行使自身的监督权利，在民族法治的原则下，监督破坏国家统一和民族团结等不利于铸牢中华民族共同体意识的行为。事实上，对于公民身份认知维度出现的制约因素中，除了政策制定的法律空白和实施层面的监督不足外，公民也需要自觉加强自身的监督意识，积极行使监督权利，这既是维护自身切实利益的需要，也是不断推动各民族"实质平等"的必然要求。从立法监督而言，公民不仅应当领悟"用法律保障民族团结"的重要精神，也应当意识到民族法律法规的有效践行对于本地区经济社会发展的必要价值，对于自身能力权利实现的重要保障，从而在个体维度积极参与到对民族立法和实施的监督中，通过每一位公民监督意识的不断提升，汇聚成一股群体监督的庞大正能量，从而推动民族工作法治化的不断完善。

（三）责任意识

长期以来，上级国家机关着眼于"各民族一律平等"的宪法民族法治原则，对少数民族和民族地区倾斜了大量的资金、政策、人力扶持，旨在通过种种帮助措施，带动少数民族和民族地区进入全面建成小康社会，不断迈向共同富裕的康庄大道，进而带领各民族一起实现中华民族伟大复兴。在这个过程中，无论是公民个体，还是自治机关和民族自治地方都应当有一种"责任"意识。从公民个体而言，应当认真审视自身在享受了上级国家机关的帮助措施，如"高考加分政策""少数民族骨干计划""就业优惠政策"之后，是否按照协议和规定履行了自身的责任。例如，根据《2021年国家统一法律职业资格考试公告》，对于民族地区以及国家乡村振兴重点帮扶县的合格分数线再次进行了"放宽"①，那么对于放宽政策的受用考生，就有必要清晰地认识到之所以分数线得以"放宽"，并非仅仅因为自身的民族身份有别就受到了"照顾"，而是因为放宽地区法治建设相对薄弱，更需要通过自身的法治工作来促进该地区的民族法

———————————

① 全国统一合格分数线为108分。放宽地方合格分数线分为三档，其中，西藏自治区放宽合格分数线为85分；青海、四川、云南、甘肃四省涉藏州县，四川凉山州、云南怒江州、甘肃临夏州以及国家乡村振兴重点帮扶县放宽合格分数线为90分；其他放宽地方合格分数线为95分。使用少数民族语言文字试卷参加考试的，单独确定合格分数标准。中华人民共和国司法部公告（第2号）[EB/OL]．中华人民共和国司法部政府信息公开，2022-01-11．

治建设的责任。从自治机关和民族自治地方而言，也需要有明确的责任意识，需要深刻意识到，上级国家机关基于宪法民族法治原则的种种帮助措施，不是"理所当然"和"永久性照顾"，更不是"等、靠、要"的必然结果，其体现的应当是一种"造血"功能，即在加大力度促进民族自治地方经济社会建设之后，通过自治权的有效行使，带动民族自治地方自力更生从而不断向高水平建设的目标迈进。

（四）规则意识

从民族法治的角度而言，规则意识表现为对法律认可和认同的意识。"法制是一切现代生活的基础"①，一国范围内，不同民族之间的公民个体交往，必须遵循共同性和统一性的交往标准，"规则"就是这一标准的具体体现。前文所述的关于代表非正式制度的"习惯法"在理论认知和司法实践中存在被"越界"夸大的制约因素，事实上体现的就是从公民个体到有关部门规则意识的缺乏，换言之，任何公民在与其他公民、社会团体与国家机关发生往来的过程中，都应当一视同仁地遵循法律规则，这些"规则"是具有共同性交往标准的总和，也是国家制定法要求的社会体现。在公民身份的塑造中，应当特别强调"法治是规则之治"这一精神要义，深刻体现习近平总书记在 2021 年中央民族工作会议上强调的"依法妥善处理涉民族因素的案事件，依法打击各类违法犯罪行为，做到法律面前人人平等"，这里所言的"法"就是无论哪个民族的公民都应当遵循的规范。因此，在社会生活的实践中，所有公民都应当不断提升自身的规则意识，着眼于民族事务法治化的维度，首先应当对民族工作的重要性有充分的认知，在个体层面的认知中将民族工作纳入法治轨道；其次在遇到涉及民族因素的纠纷或矛盾时，时刻铭记法治为第一精神要义，坚决按照法治精神进行纠纷处理，从而在个体维度树立对规则之治的信仰，逐渐杜绝权力寻租、潜规则以及"人情关系面子"等不利于法治社会塑造的制约因素。另外，规则意识是社会和谐的重要保障，也是民族团结的法治遵循。因此，上级国家机关在践行帮助措施时，一方面需要将这种帮助措施通过合理的决策机制落到实处；另一方面也要在宣传教育维度不断提升帮助地区各族公民的法治素养，树立其规则意识，使其明白通过遵循具有共同性的法治规则，才是能够融入市场法治经济的关键，也是全面建成小康社会、迈向共同富裕之路的必要遵循。

---

① ［英］约翰·密尔. 代议制政府［M］. 汪瑄，译. 北京：商务印书馆，1984：32.

二、改善优惠措施

"公民意识"的培育属于主观认知的范畴，而要将这种主观认知通过客观存在的政策措施加以体现，则需要对现行民族法治中有关差异化支持政策予以不断改善。

一方面，"少数民族高考加分政策"之所以长期广引社会热议，其中一个重要原因就在于政策受惠者仅仅因为少数民族的"身份"而在个体层面获得了高考这种"整体性"选拔考试中的优势。诸如此类的优惠措施在实践中，无疑会对公民个体的"民族身份"起到强化效果。因此，从公民个体享有"高等教育照顾"的角度而言，政策制定和决策部门应适当将"民族身份"向"区域差异"调整。从民族事务治理体系法治化和现代化的角度而言，作为民族成员个体的权利不断得以实现固然重要，而对于民族地区经济社会的全方位发展，不断弥补与发达地区的差距，进而进入全面而高质量的小康社会则更加重要。从国务院 2014 年 9 月印发的《关于深化考试招生制度改革的实施意见》第二条相关内容来看，其体现和针对的都是"农村学生"这个群体与"边疆民族特困地区"这个区域，而并非具有"民族身份"的个体。因此，在各省级层面制定具体加分措施之时，就有必要认真思考适用于高考加分的对象。具体而言，在制定有关针对民族地区的少数民族考生高考加分项目时，可针对该地区教育整体水平和条件进行评估，仔细甄别该地区的少数民族考生"是否需要加分"，在此基础上，对于适龄少数民族考生进行精准分类。如在同一个民族群体之中，若有"贫困建档立卡户"家庭的子女，则应当是优先考虑的对象，诸如此类的针对性措施更加有利于公民身份的塑造。

另一方面，从少数民族就业优惠的法治保障而言，应当采取必要措施促进法律的有效实施。以《民族区域自治法》有关规定为核心构成的少数民族就业优惠法律制度被诠释为保障少数民族个体就业权的主张违背了"各民族一律平等"宪法原则的基本理念，也严重制约了该制度的实施绩效。笔者认为，造成此问题的关键原因在于法律规定的对于少数民族就业的优惠制度着眼于"权利保护"而淡化了"义务监督"。从法理上讲，离开了法律的有效实施，就有可能背离立法理念的初衷。因此，在实践过程中，政策制定和执行部门应当对法律规定进行修改和完善，明确享受少数民族就业优惠的少数民族人员应当承担的公共责任，在此基础上，加大培养和教育的力度，使这些人员真正具备承担公共责任的素质和能力，更好地履行其应承担的公共责任①。例如，在针对"少数民族骨干计划"的践行中，教育部门和民族地区的企事业单位应当认真考核其计划受用者在硕士研究生或博士研究生阶段是否真正按照协议规定回到了生源地工作（民族自治地方），倘若违背协议，究竟应当承担何种责任；再如，《民族区域自治法》《中华人民共和国劳动法》《中华人民共和国就业促进法》《中华人民共和国公务员法》等均规定了民族自治地方的自治机关、企事业等用人单位在招收员工时对具有民族身份的少数民族成员进行"优惠"或"倾斜"，那么这种"优惠"或者"倾斜"的标准或界限就应当明确。同时，对于其因为个人原因离开民族自治地方的工作单位也应当制定相关政策，这才应当是立足于权利义务平等的公民身份塑造的角度正确理解"各民族一律平等"的宪法原则。正如有学者指出："（在自治机关、企事业单位的员工招用中）合理确定少数民族和汉族的干部及人才队伍结构与比例，是保证少数民族就业优惠制度的合理性，维护民族平等和团结，必须解决的一个重要问题。"②

第二节 维系各民族的法律认同

从群体这个维度而言，中华民族共同体意识的铸牢，是各个民族在遵循共同准则和统一法治的前提下，通过平等友好和谐相处最终凝聚为"中华民族是一个"的过程。而无论是共性准则的生成还是统一法治的践行，必须以强有力的制度保障作为前提条件，通过发挥制度的功能，为各民族在社会交往层面树立统一的规范，而以制度规范的功能为纽带，则需要厘清在特定时空作用于特定对象的"民族习惯""风俗习惯"的非正式制度与以国家层面法律为主要表现形式的正式制度之间的关系，从而按增进"共同性"的方向规范各民族群体成员在社会交往中应当遵循的准则，进而持续巩固各民族间的法律认同。

一、合理辨析正式制度与非正式制度

着眼于依法治理民族事务的视域，习近平总书记在 2019 年召开的全国民族

---

① 田钒平.少数民族就业优惠法律制度的立法目的探讨［J］.学术界，2020，（8）：67-81.
② 田钒平.少数民族就业优惠法律制度的立法目的探讨［J］.学术界，2020，（8）：67-81.

团结进步大会和 2021 年召开的中央民族工作会议上分别做出了"确保各族公民在法律面前人人平等"和"推进民族事务治理体系和治理能力现代化"的重要指示。从这个意义上讲，"依法"是民族事务治理的根本前提，"法治"则是具体手段。从法理上讲，法律是正式制度的重要表现，而将民族事务纳入法治轨道，最关键的就是将法律制度确立为各民族交往交流交融应当遵循的制度规范。

（一）确立正式制度的主体地位

在各民族交往交流交融不断加深的现实背景下，维系各民族群体对社会认同并非带有"本民族"特性（如习惯法）的非正式制度，而是各民族成员在交往交流交融中形成的"共性"因素。规范的法律文本、统一的法律实施、共同的法治规则就是这一共性生成的制度保障。在新时代，充分发挥制度规范的功能，全面贯彻《民法典》以促进族际关系治理法治化，就是明确各族公民社会交往准则的具体形式。具体而言，各民族之间交往交流交融的不断加深，归根到底是其群体成员的社会交往，在这个过程中，各公民成员之间交往最为频繁和普遍的行为，则是民事行为。从这个意义上讲，全面贯彻《民法典》，有利于在各族公民交往中促进"共性"制度的生成，进而树立统一的民事法律行为准则，在维系各民族社会认同的基础上为中华民族共同体意识的铸牢提供制度保障。笔者认为，《民法典》对于"民族"相关的直接规定虽然只有一条①，但这是因为其是在《中华人民共和国婚姻法》《中华人民共和国继承法》《中华人民共和国收养法》《中华人民共和国担保法》《中华人民共和国合同法》《中华人民共和国物权法》等基础上，对"中国各民族"的共性进行了总结提炼，从而才诞生出的"社会生活百科全书"。要而言之，《民法典》是中国各民族共同适用的法律，也是符合各民族经济社会发展所必须遵循的市场经济规则的基本法律，在铸牢中华民族共同体意识的视域下，各民族间的交往、族际关系的治理均应以《民法典》为基本遵循。

同时，针对前文提到"民族习惯"等在司法适用中不当应用可能存在制约中华民族共同体意识铸牢的因素，自治地方的人民代表大会虽然没有被《民法典》直接赋予制定变通规定或补充规定的权力，但是从各民族群体保持或改革自身风俗习惯自由的角度而言，尤其是在民事行为的调整和纠纷的解决上，根

---

① 在《民法典》全文中，以"民族"作为关键字搜索，只有第一千零一十五条对"少数民族自然人的姓氏可以遵从本民族的文化传统和风俗习惯"进行了阐释。

据既有规定已经可以得到有效保障①。这也充分体现了通过制度规范保障各民族群体社会认同实现的重要功能。在现实生活中，就应当从公民、社会、政府三个维度来加强《民法典》的学习，执法部门和司法部门在进行涉及民族因素的民事事件裁判中也应当在充分领会《民法典》精神的前提下，根据实际情况再考量"民族性"等特殊因素，从而为不同民族间的社会交往树立明确而清晰的法治标杆。

在此基础上，需要通过法治宣传教育推动各民族树立法治意识，让法律的权威成为各民族内心的拥护和真诚的信仰，在全面推进依法治国的整体要求下不断弘扬社会主义法治精神，建设社会主义法治文化，按照"增进共同性"的民族法治要求，使各民族都成为新时代中国特色社会主义法治的崇尚者、遵守者、捍卫者②。

（二）发挥非正式制度的时代价值

如果说各民族在交往交流交融的进程中形成的"共性"规范是全社会层面共同遵循的代表正式制度的国家法律，那么代表本民族的"特性"制度规则就是各民族群体在历史发展和现实生活中逐渐形成的"风俗习惯""民族习惯法"。在铸牢中华民族共同体意识的背景下，为有利于在群体的社会交往层面遵循统一的制度准则，作为非正式制度的重要表现形式的"民族习惯""风俗习惯"等与正式制度应当是何种关系，是一个值得认真思考的问题。事实上，在市场经济和法治经济相结合的新时代，一些民族群体和民族地区的"风俗习惯""民族习惯"固然是统一多民族国家"多元"的体现，也确实在特定的时空范围内协调了特定人群的经济社会关系，然而无论是群体之间的社会交往还是民族地区经济社会的发展，遵循统一的市场机制和法治准则才是能够"走出去"的关键。

要而言之，非正式制度在具体实践中必须经过正式制度的检验：无论是哪个民族的"习惯"和"习惯法"，均需要以遵循中华民族国家法律为准绳，更不得违背现代社会法治的精神和原则。"民族习惯"以至于"习惯法"作为一种特定时空的非正式制度，与正式制度并非是一种"平级或并列"的关系，就

---

① 田钒平.民法典视野下铸牢中华民族共同体意识的法理探讨［J］.西南民族大学学报（人文社会科学版），2021，（2）：1-9.
② 徐显明.当代世界法治与中国法治发展［M］.北京：中共中央党校出版社，2020：241.

地位而言，必须置于中国法治的正式制度之下。当然，我国的民族理论和政策允许并保护多元文化如民族习惯法的存在与发展，但是应当指出，这里的多元，应当遵循"共同"原则，同时也应当看到其功能作用仅限于"本民族"。在新时代铸牢中华民族共同体意识的背景下，民族事务法治化工作的一个重点就是如何以作为正式制度代表的国家法律法规去引导非正式制度的变迁，从而为不同民族间的社会交往树立统一的法治遵循。

具体而言，应当在客观辨析某些民族习惯和习惯法可能会对各民族群体社会认同产生制约作用的基础上，检验其是否符合"公序良俗"，并充分挖掘其时代价值。如在民族地区乡村振兴的进程中，认可该地区民族习惯或习惯法中的优秀成分，重视其内生引领的作用，以优良的民族习惯作为纽带，构建"自治、法治、德治"的治理体系；在带领中华民族迈向共同富裕的道路中，要让各族人民明白"良法善治"的重要作用，真正构建起各民族群体对于当代中国社会的认同：认可社会交往的统一准则，遵守社会公德，在真正平等的理念下尊重其他民族群体。当然，不同民族群体的"民族习惯""习惯法"也不能涵盖所有非正式规则。从制度规范的功能上来讲，真正能够维系各民族群体对于现代社会认同的应当是社会主义核心价值观，这也是适用于各民族群体社会交往的行为准则，无论是公民个体、社会机构还是政府部门，都应当自觉加强对社会主义核心价值观的学习与适用，并最终使之践行于社会交往的点点滴滴，不断将社会主义核心价值观转化为各民族群体的行为习惯和情感认同。

二、加强通用语言文字的学习与使用

族际关系法治化的有力推进，必须以族际交往遵循统一的法治准则为重要基础。在这个过程中，以何种方式进行交往，从而形成有效的沟通，进而实现体现共同性的交融就成为必须认真解决的问题。从这个意义上讲，加强通用语言与文字的学习，就成为促进各民族交往交流交融、不断增加共同性的具体方式。

（一）加强通用语言文字学习与使用的必要性

《国家通用语言文字法》（2001年1月1日施行）第八条规定："少数民族语言文字的使用依据宪法、民族区域自治法及其他法律的有关规定。"《中华人民共和国教育法》（2021年修正）第十二条指出："国家通用语言文字为学校及其他教育机构的基本教育教学语言文字，学校及其他教育机构应当使用国家通用语言文字进行教育教学。"除此之外，《国务院关于印发中国妇女发展纲要和中国儿童发展纲要的通知（2021—2030 年）》（2021 年 9 月 8 日起施行）、《国务院关于落实〈政府工作报告〉重点工作分工的意见》（2021 年 3 月 19 日起施行）、《国务院办公厅关于全面加强乡村小规模学校和乡镇寄宿制学校建设的指导意见》（2018 年 4 月 25 日起施行）等行政法规针对国家通用语言文字的方针均是"加大推广力度"。

需要指出的是，"各民族都有使用和发展自己的语言文字的自由"是"多元化保护"原则的重要体现。然而，在市场经济和法治经济高速发展的今天，具有"共性"的交流方式即国家通用语言文字的推广，无论是对于各民族群体间的交往还是民族地区整体经济社会的发展都具有更加重要的意义：对公民个体而言，学习使用好国家通用语言文字，是个人成长进步的客观需要；从区域发展上来讲，学习使用好国家通用语言文字，是民族地区繁荣发展的重要推动力；从民族工作的践行来说，是实现中华民族大团结、走向中华民族伟大复兴的迫切需求①。倘若语言文字不通，则难以进行有效交流，这对于中华民族共同体意识的铸牢显然是不利的。《国家通用语言文字普及攻坚工程实施方案》（教语用〔2017〕2 号）与《教育部办公厅关于做好民族地区、贫困地区教师国家通用语言文字应用能力培训工作的通知》（教语用厅函〔2020〕2 号）都对加强通用语言和文字的推广做出了更为详尽的规定。从法治立场来看，《国家通用语言文字法》本身就是提升语言文字法治化水平的重要立法体现；从人权立场来看，其亦是维护以学习和使用国家通用语言文字权的基本要素；从文化立场来看，其更是坚持统一性和多样性结合的具体表现。要而言之，推广普及国家通用语言文字是铸牢中华民族共同体意识的重要内容、有力保障与价值实现条件②。

从这个意义上讲，针对"语言文字"这个角度，为切实做到按增进共同性的方向改进当前民族工作，在各民族间树立高效统一的社会交往规范，进而在民族法治的进程中不断促进各民族群体间的交往交流交融，在民族工作法治化的进程中不断加强对国家通用语言文字的学习与使用就尤为重要。

（二）加强通用语言文字学习与使用的路径

通用语言文字的学习与使用是中华民族共同体不断凝聚的一大特征，通用

---

① 本报评论员. 学习使用好国家通用语言文字［N］. 中国民族报，2020-09-15（1）.

② 邹阳阳.《国家通用语言文字法》与铸牢中华民族共同体意识研究［J］. 西北民族大学学报（哲学社会科学版），2021（6）：45-53.

语言文字本身亦是中华民族共同体建构的基本组成要素①。从这个意义上讲，加强通用语言文字的学习与使用，既是塑造各民族间统一交往规范的具体方式，也是铸牢中华民族共同体意识的有力保证。

从观念的认知上讲，要厘清一些观念。我国各民族由于历史、经济、文化等多维原因，导致在发展的进程中，有的民族群体和民族地区学习和掌握国家通用语言文字的能力水平较强，有的则相对欠佳，尤其是具有本民族语言文字的群体以及边疆民族地区。从这个意义上讲，有必要澄清一个观点，即加强通用语言文字的学习和使用，是否会不利于"本民族"语言文字的发展和继承，甚至产生"替代"作用？基于此，德国人阿德里安·曾兹（郑国恩）在一系列扭曲事实的伪学术"研究报告"中称"新疆推行国家通用语言文字是消灭少数民族语言文字，是对少数民族群众洗脑""迫使少数民族群众改变传统文化观念就是文化灭绝"②，对于这种颠倒是非的观点，新疆维吾尔自治区人民政府新闻办公室在2021年3月18日外交部举行的第五场涉疆问题新闻发布会上专门邀请当地世居的少数民族，以事实对此予以强力回击。有学者更是经过翔实的调研，用真实的数据和客观的结果诠释了整个自治区各少数民族本民族语言传承和使用情况良好，"本民族语言"仍是家庭和社区主要语言的客观事实，也通过诸多案例分析得出国家通用语言文字没有削弱少数民族语言传承的科学结论③。要而言之，学习和使用通用语言文字与各民族尤其是少数民族的语言文字并不存在所谓的"替代"关系。

此外，国家通用语言文字的学习和使用，其针对对象和区域也不仅仅应当局限于"少数民族"和"民族地区"。事实上，从我国幅员辽阔、社会文化多元的实际来看，很多地区的"方言"本身也差异巨大，甚至同一民族内部也存在方言不同的客观情况，从这个意义上讲，国家通用语言文字作为促进各民族交往交流交融的重要工具，是所有中华儿女都应当重视学习和使用的。从推广方式讲，国家通用语言文字的学习和使用，应当做到如下几点。第一，公民层面应当深刻认识到学习和使用通用语言文字，是提升其自身能力从而更好地融入现代社会和市场经济的有力工具，各民族群体应当明白通用语言文字是在族

---

① 周庆生. 论中国通用语言文字共同体［J］. 云南师范大学学报（哲学社会科学版），2021（5）：33-49.

② 新疆专题发布会：不揭露郑国恩不足以平民愤［EB/OL］.（2021-03-18）. 环球网.

③ 李志忠，任晔. 大力推广国家通用语言文字背景下新疆少数民族母语良性传承：用事实回应郑国恩的伪学术［J］. 新疆师范大学学报（哲学社会科学版），2021（6）：87-92.

际交往过程中有效沟通并达成共识的桥梁。第二，应当充分落实 2021 年制定并施行的《国务院办公厅关于全面加强新时代语言文字工作的意见》，尤其是要按照"聚焦重点、全面普及、巩固提高"的方针做好新时代的普通话推广工作。第三，要提升社会语言规范意识，各层级职能部门应当通过形式多样的宣传教育活动，向全社会广泛宣传"讲普通话、写规范字"的重要性和必要性，同时不断加强少数民族汉语水平考试（MHK）的机制建设。第四，充分发挥学校层面的培训功能，如"民族地区双语教师培训""国培计划——少数民族双语教师普通话培训班"等专项培训应当继续坚持并完善。第五，更加体现教育推广的针对性，尤其是少数民族边远地区、农村地区，同时要特别聚焦未进入"数字社会"交流的群体，让少数民族和民族地区有更多机会融入国家主流文化之中①。

第三节　巩固中华民族的宪制基础

在全面推进依法治国的背景下，充分发挥法治的功能和作用，不断促进各民族交往交流交融，妥善处理作为家庭成员而存在的各民族间的关系，是指引各族人民铸牢中华民族共同体意识的关键所在。2014 年 10 月，中国共产党第十八届中央委员会第四次全体会议通过的《中共中央关于全面推进依法治国若干重大问题的决定》强调："坚持依法治国首先要坚持依宪治国，坚持依法执政首先坚持依宪执政。"从这个意义上讲，铸牢中华民族共同体意识的法治保障，其关键就在于将宪法基于民族法治的基本原则落实到位。前文所述的一系列不利于铸牢中华民族共同体意识的因素，其根源在于现阶段我国民族法治体系存在的种种不足，基于此，应当以"各民族一律平等""国家帮助""民族区域自治""多元化保护"宪法关于民族法治的基本原则为切入点，结合新时代民族法治体系的完善，不断巩固中华民族的宪制基础。

一、凸显民族平等的实质性

"民族平等"是宪法关于民族法治最为重要的原则，也是社会主义民族关系中最基本的内容，它构成了中华民族共同体法治建设的基石，后续的"国家帮

---

① 陈丽湘 . 论新时代民族地区国家通用语言文字的推广普及［J］. 陕西师范大学学报（哲学社会科学版），2021（6）：164-174.

助""区域自治""多元化保护"都是围绕着"各民族一律平等"展开,其目的也在于践行"实质平等"。中华民族共同体法治体系的建设,也正是以法治的方式践行各民族一律平等的具体体现,从这个意义上讲,夯实中华民族的宪制基础,应当凸显民族平等的实质性。

(一) 推进基础理论的研究

将本基于少数民族群体和针对民族地区的"优惠政策"解读为"个体照顾"的认知,违背了政策制定者和措施执行者的本意,从而不利于中华民族共同体的铸牢。从对策建构来讲,通过公民身份的塑造和政策措施的改进是必要手段,然而更为关键的是,要从根本理论上对"平等"进行清晰的定义,才能使得后续的种种帮助手段和优惠措施把握正确的价值取向、发挥正确的功能,将民族平等这一宪法原则落到实处。当前,"各民族一律平等"的理论研究应当立足于"共同性"和"整体性"的角度深入推进。长期以来,主流学界根据马克思主义民族政策的基本观点,即"通过革命的方式,首先实现各民族在法律地位上的平等,然后在社会主义制度下对各少数民族进行政策帮扶,以促进各民族达到事实上的平等"①,进而从两个维度对"平等"进行解读:各民族在法律地位上的平等指的是"机会平等",而事实上的平等则是"结果平等"即"实质平等",各少数民族由于历史上的客观因素先天发展水平不足,需要国家施行差异性的帮助措施和优惠政策以落实"实质平等"②。事实上,这也构成了后续一系列国家帮助政策和各种针对少数民族与民族地区优惠措施的价值基点,种种政策和措施都成了从"机会平等"走向"实质平等"的应有之物。应当指出的是,这种观点和认知是有待进一步推进的。

有学者指出:"各个民族群体中,由于个人原因的客观存在,都会有穷人和发展不顺利的人,这与所谓的'民族平等'毫不相干。个人之间的平等和民族之间"结构性"的平等是两个不应混淆的问题。"③ 进一步而言,将种种帮助政策和优惠措施,通过弥补各民族在历史客观存在的不平等,从而逐步达到实质平等的努力,直接解读为"结果平等",很大程度上忽略了各民族成员也是由公

① 列宁. 俄共(布)党纲草案(节选)[A]//列宁全集:第29卷[M]. 北京:人民出版社,1985:102-103.
② 李文祥. 我国少数民族农村社区的社会保障统筹研究:以刺尔滨鄂伦春族为例[J]. 社会科学战线,2010(2):199-204.
③ 马戎. 关于民族研究的几个问题[J]. 北京大学学报(哲学社会科学版),2000(4):132-143.

民个体组成，在个人发展维度也需要充分发挥主观能动性的客观事实。习近平总书记在 2021 年的中央民族工作会议上提出："要完善差别化区域支持政策，支持民族地区全面深化改革开放，提升自我发展能力"，其中"完善差别化区域支持政策"就是国家帮助措施的持续坚持，而"提升自我发展能力"就意味着要充分重视"人"这个层面的主观能动性。要而言之，上级国家机关种种帮助举措的根本意义在于为各族公民提供平等发展的条件，创造共同富裕的机会，最终实现实质上的平等。从这个意义上讲，为实现民族平等而实行的民族区域自治以及上级国家机关的各项帮助措施，从制度设计而言并非针对特定个体的"特有"制度，其根本目的除了为群体权利的实现提供保障，"更重要的在于消除特定区域或特定群体的公民权利实现的制约因素，提供一个更加公平的外部环境，从而促进具有不同民族身份的公民真正拥有平等的法律权利"①。

因此，当前对于各民族一律平等的基础理论研究，就应当着眼于"人"这个价值分析的基点，按照增进共同性的方向推动理论研究。例如，"各少数民族聚居的地方实行区域自治，设立自治机关，行使自治权"，既是宪法基于民族法治的基本原则，也是为了更好地践行"民族平等"的具体方式。基于此，在理论实践和制度研究中侧重于"少数人权利保护""有效行使自治权""处理本民族内部事务"等维度，固然有利于少数民族的权益保障，也推动了制度建设的实效。然而，在新时代的民族工作中，对于民族区域自治的内涵解读仅停留在这个层面是远远不够的，应当更加侧重于研究如何通过实行民族区域自治凝聚人心，不断增进共同性，最终助力铸牢中华民族共同体，将对"本民族权益的保障"扩展为"本地区各族人民权益"的保障，诸如此类的研究才能更好地为后续政策的制定和帮助措施的执行树立更为规范的价值取向。

（二）发挥协商民主的实效

在民族法治的实施体系中，有着决策机制亟须健全的制约因素，民族自治地方自治机关的协商民主存在不足就是具体体现。事实上，从践行民族平等的宪法原则而言，不仅是民族自治地方协商民主存在不足，上级国家机关与民族自治地方自治机关之间的协商民主也较为缺失，虽然有学者较早就指出将协商民主引入民族研究直至最终解决民族问题的实践是"顺理成章"的事②，从总

---

① 田钒平. 民族平等的实质内涵与政策限度 [J]. 湖北民族学院学报（哲学社会科学版），2011（5）：88-91.

② 王希恩. 中国特色族际政治与协商民主专题导读 [J]. 民族研究，2010（4）：1.

体来看，有关民族领域的协商民主理论研究还有待进一步深入，一系列基本的概念、理论和研究方法尚处于探讨之中①。需要指出的是，在落实民族平等的宪法原则维度，对于协商民主这一科学有效的政治理念与决策工具，并非必须完全遵循"先有理论，再有实践"的指导方针。事实上，前文所述的党在历史上对各民族群体聚居、杂居、散居的政策实践，就是协商民主的生动体现，《宪法》《民族区域自治法》也为协商民主的开展提供了法理依据，在 2021 年 11 月 16 日公布的《中共中央关于党的百年奋斗重大成就和历史经验的决议》中提出："推进社会主义协商民主广泛多层制度化发展，形成中国特色协商民主体系。"要而言之，在新时代民族工作中，充分发挥协商民主的实效，是在实质上践行"各民族一律平等"的宪法原则，也是不断铸牢中华民族共同体意识的重要举措。

第一，合理确定协商主体。在协商民主的决策过程中，参与主体是各民族群体的代表或工作人员之间的沟通与对话，通过彼此之间真诚的交流与协商，就本地区各民族事务求同存异，共同求解②。从这个意义上讲，发挥协商民主的实效，应当合理确定协商的主体，不断扩大各族公民的有序政治参与。具体而言，为体现真正的"各民族一律平等"，在参与主体的选择上，除了政府层面的专门负责人更多地要承担一种"召集人"和"主持人"的角色外，参与主体还应包括其他民族群体的代表或工作人员，同时，在整个决策过程中，应当围绕"不同民族之间的沟通与协商"而非"政府部门与各民族间的协商"，从而保证决策过程的平等性与真实性③。此外，为使各民族群体的代表能真正代表本民族的诉求和意愿，充分体现民族平等的宪法原则，应当特别重视民间社会自治组织与基层自治组织（如村委会、居委会、工会和行业组织等）的协商民主功能，让协商民主的决策过程听到"一线的声音""基层的声音"，真正实现《全国人大常委会 2021 年度工作要点》中提到的"发挥基层立法联系点在实现全过程民主中的作用"。

第二，优化协商民主程序。倘若自治机关将协商民主的价值与功能仅仅局限于"本民族内部事务"，未免会使其效力大打折扣。事实上，从民族法治的角

① 李岁科. 国内学术界关于民族领域的协商民主研究综述 [J]. 山西社会主义学院学报，2017 (4)：31-36.

② 张殿军. 协商民主视野的族际政治与民族区域自治制度的完善和创新 [J]. 贵州民族研究，2012 (6)：8-13.

③ 田钒平. 论民族自治地方自治机关协商民主决策机制的完善 [J]. 民族研究，2010 (4)：12-21.

度而言，协商民主体现的是在"全过程民主"进程中通过协商各方的有效沟通达成共识，真实体现各方利益诉求，从而在实质上推动民族平等中画好"同心圆"，从这个意义上讲，协商民主的程序就需要不断优化。首先，优化上级国家机关与自治机关的协商程序，一方面，上级国家机关应当重视并保障自治机关自治权的有效行使，尤其在涉及国家帮助的措施具体落实时，应当充分听取民族自治地方的意见，以确保帮助措施的针对性与有效性；另一方面，应当加强协商民主的法治建设，"保证参与协商的各主体具有平等至少大致平等的法律地位是协商民主实现的前提"①，从这个意义上讲，通过法治建设赋予民族自治地方与上级国家机关在协商对话中平等的地位，是其主动反映诉求而非被动汇报工作的重要保障。其次，优化民族自治地方协商民主的程序设计，为使本地区各民族事务的解决方案达成最大共识，在实质上践行"各民族一律平等"，除了政府部门正确定位，各族公民广泛参与外，从程序设计上也应当将前文所述的"垂直型"决策变革为"协商民主决策机制"，即在决策过程中主要是不同民族群体的代表之间充分真诚的协商对话。

第三，强化责任落实。强化协商民主机制的责任落实，既是提升其实效的必要条件，又是完善新时代民族法治保障体系的现实需要。前文所述的一些帮助措施在实际践行的过程中逐渐背离了立法者原意，一些自治条例的价值取向出现了偏差，很大程度上就是在责任落实层面没有有效贯彻。换言之，"谁来协商"是基础，"为何协商"是关键，而"必须协商"则是保障，从这个意义上讲，重大公共决策听证、自治立法听证等制度的落实，就是全过程协商民主的重要组成部分，也是真正践行民族平等的必然要求。具体而言，各级党委、政府、人大、政协都要加强对协商民主工作的领导，将其重要性上升到促进民族平等的民族法治工作维度，对于落实协商民主规章制度不力，应该协商的不愿协商、形式主义过场协商、协商之后原地不动、协商成果督办不力的要依法启动问责机制②。

二、促进国家帮助的有效性

帮助主体不明确、落实载体亟须健全是帮助机制实施不细的具体体现，而

---

① 谭万霞. 论协商民主与民族区域自治制度的完善［J］. 广西民族研究，2013（3）：29-34.

② 张绍能，刘亚玲，王冬妮. 协商民主在民族自治地方实践中存在的主要问题分析［J］. 云南行政学院学报，2019（3）：67-72.

这背后的根源则在于民族法治实施体系和监督体系中存在的种种不足。基于此，应当以践行"国家帮助"的主体——上级国家机关为研究主体，聚焦于"权责分配"的视域，在民族法治体系的不断完善中促进"国家帮助"的有效性。

（一）明确上级国家机关的法定职责与监督反馈

第一，厘清践行"国家帮助"的上级国家机关所指为何。在民族区域自治配套立法这个层面，所谓的"上级国家机关"指的应当是针对"民族自治地方"的上级部门机构，如国务院、国家民委、教育部等，而非其自身所管辖的部门。但是，在具体的国家帮助实践之中，由于我国的民族自治地方既有和省"行政地位相同"（一级行政区）的自治区，也有行政区划级别与街道、镇、乡、县辖区等相同的民族乡，从这个意义上讲，不同层级的民族自治地方，其"上级机关"显然不同，因此，为更加全面而有效地执行"国家帮助"的原则，在此应本着全面而具体的原则定义上级国家机关，即"自治区的上级机关为全国人大及其常委会和国务院；自治州的上级国家机关除前两者外，还包括省级人大及其常委会和人民政府，以此类推，自治县的上级国家机关则还包括设区的市及自治州的人大及其常委会的人民政府"①。

第二，在明确了"国家帮助"的责任主体之后，就有必要厘清其基于何种依据对民族地区进行"帮助"以及"帮助"的前提与标准为何。前文已经分析，《宪法》和《民族区域自治法》为"国家帮助"的宪法原则奠定了法理依据和上级国家机关职责的基本法律依据，除了民族自治地方经济社会发展相对于全国而言不平衡不充分的客观依据外，还必须从理论上明确"国家帮助"的依据，即通过"国家帮助"来推动民族地区经济社会的全方位发展，不仅仅体现的是法律形式上的平等，更重要的是政治经济社会等各领域的"实质平等"，这也是铸牢中华民族共同体意识的重要前提和物质保证。因此，这就明确回应了关于践行"国家帮助"主体的上级国家机关其法定职责是"必须如此"而非"可以如此"。在此基础上，就有必要厘清基于"国家帮助"原则的上级国家机关职责的限度。《民族区域自治法》第六章"上级国家机关的职责"中规定了"国家"及"上级国家机关"应当帮助的对象、内容与方式，然而也存在着没有明确界定帮助职责的合理限度以及没有明确的区分不同层级的"上级国家机关"应分别承担的具体职责的界限的问题。因此，一方面需要通过全国人大及其常委会行使规则修改权或解释权，修改和完善相关的法律规则，解决好具体

① 吴宗金.中国民族区域自治法学［M］.北京：法律出版社，2016：233.

帮助职责的限度问题；另一方面，对不同层级的上级国家机关应承担的具体职责，必须通过修改和完善《民族区域自治法》的相关条款或由全国人大常委会通过立法解释予以明确①。

第三，应当完善上级国家机关践行"国家帮助"法定职责的监督反馈机制。"一个国家如果没有严格、有力的法律监督，也就没有真正的法治"②，从这个意义上讲，通过法律监督的方式来督促上级国家机关履行法定职责，具有重要意义，也是检验"国家帮助"成效的必要手段。事实上，在《国务院实施〈中华人民共和国民族区域自治法〉若干规定》中，第二条和第三条已经分别从"各级人民政府"和"民族自治地方人民政府"两个维度明确了《民族区域自治法》的责任落实主体。除此之外，还有必要从监督方式、监督体系和评估部门三个维度来不断完善专门机关监督机制，各级人大及其常委会的监督也应与各级人民政府民族工作部门的监督有效结合起来，如各级人民政府在每年一次的人大会议上，向人大和人大代表报告民族工作情况，以便于各级人大对其履行民族法职责情况进行监督③。

（二）科学划分自治机关内部的法定职责

同属自治机关的民族自治地方人大和人民政府之间职责划分不明确，影响了自治机关权力行使的针对性与有效性，在实践之中则体现为有的自治地方人大不适当地扩大自治立法权的权限，引致自治法规产生了合法性危机④。进一步而言，无论是《宪法》还是《民族区域自治法》，抑或一系列行政法规和部门规章，均大量引用"自治机关"进行宏观论述，而没有对如何区分自治地方人大和人民政府的职责做出明确规定，这就需要从自治机关构成要素、自治权的合理分配以及族际关系法治化职责的承担三个方面予以补充完善。

第一，从自治机关构成要素来看，众所周知，民族自治地方的人大是其自治条例和单行条例的制定部门，而《民族区域自治法》第十五条又提出"民族自治地方的自治机关的组织和工作，根据宪法和法律，由民族自治地方的自治条例或者单行条例规定"。据此，为明确规定保障自治机关及其工作部门人员构

---

① 吴宗金. 中国民族区域自治法学［M］. 北京：法律出版社，2016：260.
② 付子堂. 法理学初阶［M］. 北京：法律出版社 2021：303.
③ 潘红祥，曾冰洁. 上级国家机关履行民族法职责的问题分析与对策研究［J］. 湖北民族学院学报，2015（2）：62-68.
④ 竹怀军. 论刑法在民族自治地方变通或者补充的几个问题［J］. 甘肃社会科学，2004（5）：151-153.

成的合理配置，其责任主体就应当是民族自治地方的人民代表大会。

第二，从自治权的合理分配来看，《民族区域自治法》针对有关自治权的规定，更多的是"上级国家机关"或"国家"与民族自治地方自治权之间纵向职权的划分，而民族自治地方行使自治权在民族自治地方人大和人民政府之间应当如何划分，体现的则应当是"横向"的民族自治地方"本地区内部"事项，在自治权的行使范畴，《宪法》第一百一十五条和《民族区域自治法》第四条第一款对自治机关的自治权进行了一般规定，《宪法》第一百一十六条与《民族区域自治法》第十六条则对自治立法权进行了特别规定，而《宪法》与《民族区域自治法》并没有对这两类的规定的联系与差异做出具体诠释，从而导致理论界和立法实务界对民族自治地方人大的自治立法权的边界认知产生影响，造成在实践中的种种问题。因此，应当进一步明确民族自治地方人大的自治立法权限，如在前述法律条文表述的关于自治条例和单行条例的立法前提中加入"民族自治地方人民代表大会根据宪法和本法以及其他法律规定的自治权限"作为立法前提。

第三，从族际关系法治化职责的承担来看，应当明确界定自治地方人大和人民政府在协调自治地方内部民族关系时应承担的职责。从当下立法的现状来看，很多民族自治地方的自治条例在有关族际关系治理的内容上，均是对《民族区域自治法》原则规定的"重申"，应当指出，这种对上位法相关规定的"复述"制约了民族自治地方的人大通过自治立法发挥其自治权的功能，基于此，应当在《民族区域自治法》第五章"民族自治地方内的民族关系"中进一步诠释"民族自治地方的人民代表大会应该根据本法的原则要求，制定保障民族平等权利，巩固和发展平等、团结、互助、和谐的社会主义民族关系的具体措施和方法"，不断促进各民族交往交流交融①。

（三）建立科学的帮助措施决策机制

在践行"国家帮助"的过程中，"各少数民族的特点和需要"是前提，"帮助各少数民族地区加速经济和文化的发展"是方针。因此，如何真实反映各少数民族的诉求，合理满足民族地区的需要就是一个重要环节，前述的一些帮助措施之所以存在"一刀切""大水漫灌"的误区，其实质则在于对"国家帮助"的边界没有一个清晰的认知，也没有真正了解到少数民族和民族地区的特点和

---

① 田钒平．民族自治地方自治机关法定职责划分问题研究［J］．贵州省党校学报，2019（5）：83-91．

需求，因此，建立一个科学的决策机制就尤为重要。然而，这只是为"国家帮助"决策阶段提供了一个理论支撑，要将这种可能性转化为在实践中的决策针对性则有必要进行更进一步的研究。事实上，在我国幅员辽阔、各地区经济社会发展不平衡不充分的背景下，不仅各民族地区之间差异较大，各民族地区、各少数民族内部发展也呈多元状态。同时，从客观实践的角度而言，相较于政策制定的"上级部门"，各民族自治地方的自治机关显然对本地区经济社会发展的特点和需求有一个更为全面而客观的了解。因此，有必要建立一个科学而具有针对性的决策机制，从而有效提升"国家帮助"的种种措施对于民族自治地方发展特点和实际需求的针对性。

具体而言，应当明确"国家帮助"措施确定权、决定权、执行权的责任主体。由于民族自治地方的自治机关相较于上级国家机关更为了解本地区的发展特点和实际需求，应将"民族自治地方的发展特点与实际需要"的确定权交由民族自治地方的人民政府来行使①。在此基础上，上级国家机关根据自治地方人民政府提出的帮助理由及需求的合理性与正当性进行实质性审查，以检验其是否符合民族法治体系的原则规定，进而决定是否能施行差别化的支持措施；在帮助措施由自治机关确立，上级国家机关审核决定的前提下，为保证差别化扶持措施在民族自治地方有针对性地发挥实效，应当由自治机关对这些差别化政策和措施进行再执行②。

三、体现区域自治的时代性

宪法有关民族区域自治的规定是我国民族区域自治法律法规体系的基石。着眼于民族区域自治这个维度，内涵的解读存在偏差、功能的发挥亟须革新是其自治权限定位不准的具体体现，而这背后的根源则在于民族法律规范体系和民族法治实施体系的种种不足。为从根本上解决这一问题，当前亟须系统解决民族法律规定的明确性、统一性和完备性缺乏等问题，以提高宪法原则在民族关系治理领域权威性的同时保障民族区域自治的有效实施，这主要体现在三个方面。

---

① 田钒平.上级国家机关履行法定职责的决策程序探讨［J］.中南民族大学学报（人文社会科学版），2016（2）：79-83.
② 田钒平.上级国家机关履行法定职责的决策程序探讨［J］.中南民族大学学报（人文社会科学版），2016（2）：79-83.

（一）加强对法律有关规定的解释

法律解释是要确定立法者真正地调整意志和调整目的，"由于法律的接受对象不计其数，如果根据受益方认识水平的不同而做出不同规定，那将不会带来立法期望的统一的、普遍有效的秩序，而只会导致法律混乱"①。因此，正确领会"民族区域自治"的内涵，从宪法原则的认知而言，加强法律有关规定的解释就尤为重要。

例如，在实践中，有的观点之所以将"保障少数民族管理本民族内部事务"直接归位于实施民族区域自治的目的，既与宪法及宪法相关法没有明确规定实施这一制度的目的和任务有关，也与在历史上 1954 年制定《宪法》时，在将《中国人民政治协商会议共同纲领》规定的"民族区域自治"改为"区域自治"时，没有同时对"实行区域自治的民族"概念进行明确解释有关。因此，在实践中，有必要对"民族""民族区域自治""少数民族聚居的地方""本民族内部事务"等关键概念和术语在立法上做出明确界定与解释②。以《湖南省实施〈中华人民共和国民族区域自治法〉若干规定》为例，第七条"适当降低配套资金的比例"③，第三十二条"确保一定录取比例"④ 等均需做出进一步界定与解释。再如，《中华人民共和国民法典》已于 2021 年 1 月 1 日起正式施行，《中华人民共和国婚姻法》《中华人民共和国继承法》《中华人民共和国民法通则》等同时废止，而从族际关系法治化的角度而言，为充分践行"民族区域自治"这一原则，《中华人民共和国民法通则》《中华人民共和国婚姻法》《中华人民共和国收养法》曾赋予了民族自治地方人大对民事法律规定进行变通的权利，但是，《民法典》并没有对此项权力进行明确规定，那么，为清晰而科学地贯彻"民族区域自治"这一宪法原则，作为上级国家机关的全国人大常委会就有必要

---

① ［德］伯恩·魏德士. 法理学［M］. 丁晓春，吴越，译. 北京：法律出版社，2005：309.

② 田钒平. 通过科学立法促进民族交往交流交融的法理探讨［J］. 民族学刊，2020（4）：13-26，120-121.

③ 第七条规定："国家安排的基础设施建设项目，需要民族自治地方承担配套资金的，适当降低配套资金的比例。民族自治地方的财政困难县确实无力负担的，免除配套资金。其中，基础设施建设项目属于地方事务的，由国家和省人民政府确定建设资金负担比例后，按比例全额安排。"

④ 第三十二条规定："各级国家机关应当加强对少数民族干部的培养和使用；民族自治地方录用、聘用国家工作人员时，对实行区域自治的民族和其他少数民族适当放宽报考条件和录取标准，确保一定录取比例。具体办法由录用、聘用主管部门规定。"

做出具体的法律解释或科学裁决，以明晰在《民法典》时代，民族自治地方人大能否对《民法典》的相关规定进行变通或补充①。

进一步而言，需要以《民族区域自治法》为研究范例，重点对其中抽象的概念、如何适用法律规则进行解释，同时对"少数民族骨干计划""少数民族就业优惠政策"等上级国家机关的优惠帮助措施进行立法目的解释，进一步强调权利义务对等性。当然，从法律解释的维度来讲，《民族区域自治法》的"宏观方针"与"可操作性"不强，成为学界常年关注的重点问题，因此，民族区域自治法配套立法的研究和实践具有重要意义。从这个意义上讲，现阶段民族区域自治的配套立法重点应该聚焦如下几类问题：一是较为宏观和抽象相关术语的解释与实施问题；二是规范性文件实施问题；三是重点领域的专门立法问题；四是已制定实施的配套法规和政策措施的运行问题②；五是一系列民族法律法规的价值取向与功能定位问题。

（二）完善民族法律规范体系

立法者要严格遵循民族关系治理的宪制要求，正确领会"民族区域自治"的宪法原则，开展相关立法工作，致力于提升民族法律规范体系的内在道德③。基于此，加强对民族法律规范体系的清理以及对不合时宜的民族法律法规的修订，就是在铸牢中华民族共同体意识背景下，践行族际关系法治化的理念、正确贯彻民族区域自治原则的重要途径。

从宏观上讲，应当让"铸牢中华民族共同体意识"与"中华民族"在《宪法》和《民族区域自治法》的法律文本中有所体现。《宪法》与《民族区域自治法》的原则和精神是整个民族法律法规体系所遵循的价值取向，也是诸多下位法在维护民族关系时必须正确把握的功能定位。因此，在现行《宪法》中赋予"中华民族共同体""铸牢中华民族共同体意识"以明确规范的法律解释，与中华民族共同体建设的法治保障逻辑要求高度契合，更有利于新时代民族工作法治化和现代化的推进。同时，在《民族区域自治法》中，"中华民族""铸牢中华民族共同体意识"等重要术语应当考虑纳入，进而充分体现"按增进共

---

① 田钒平.民法变通规定制定权的法源冲突及解决路径：以《民法典》相关规定阙如为切入点［J］.政治与法律，2021（5）：92-104.

② 陆平辉.35年民族区域自治法研究：问题检视与创新绎思［J］.宁夏社会科学，2019（6）：53-65.

③ ［美］朗·富勒.法律的道德性［M］.郑戈，译.北京：商务印书馆，2005：113-123.

同性的方向改进当前民族工作"的重要精神，从而为巩固民族共同体平等的政治地位、铸牢民族共同体意识的政治方向提供基本法治化路径①。

从中观层面而言，民族法律规范体系在树立了正确的价值取向后，立法层面的监督就有待加强，针对前文所述的在立法监督层面存在备案审查、报批机制等不足，就需要负有合宪性审查及批准或备案审查等职责的部门，积极主动地通过批准或备案审查、专项执法检查等途径和方法，对法律、法规或规章等规范性文件中存在的与宪法要求不符或者与宪法规定相抵触的具体规定，进行系统清理和逐项审查。具体而言，在备案审查层面，应当以宪法要求的民族法治原则为标准进行立法监督，如基于"各民族一律平等"的宪法原则是否在立法中得以真实体现、上级国家机关帮助措施是否落实到位并有明确责任主体、公民权利与义务是否对等、差别化支持措施是否体现等。除了对规范性法律文件的审查外，也应当重视广泛存在的"消极违宪"的现象，即"该立法的没有立法，该配套的没有配套，该变通的没有变通"，基于此，在《立法法》《中华人民共和国监督法》等有关法律中，将有关立法主体应当制定而未制定规范性法律文件的行为纳入立法监督的范围②。从"报批机制"的设置来看，应当将报批程序变革为备案程序，从而破除其"半个立法权"的困境，也是促进自治立法权科学行使、民主行使的必然要求。例如，自治州、县的自治条例和单行条例由省、自治区、直辖市的人大常委会报全国人大常委会备案，自治区的自治条例和单行条例则报全国人大常委会备案③。从执法检查的力度来看，则需要加大对《民族区域自治法》实施情况的检查力度，从而发现在民族法治的过程中民族法律规范体系存在的不足，进而通过监督反馈来提升民族立法的质量。

从自治立法的微观实践角度来讲，其立法理念和精神应当在正确贯彻民族区域自治这一原则基础上引导各民族"共性"的生成。换言之，各自治条例和单行条例的立法目的和立法重心应当倾向于"一体"，即立足于各民族团结致力于中华民族共同体构建的角度进行思量。具体而言，不利于中华民族共同体意识的铸牢、不利于共性制度生成的自治条例应当在仔细甄别的基础上予以修正或清理，在此可遵循有学者提出的"四个标准"，即"变通不当、违法细化、规

① 李晓波，李占荣．论民族区域自治制度宪法执行机制之完善［J］．哈尔滨工业大学学报（社会科学版），2018（5）：26-31.

② 田钒平．通过科学立法促进民族交往交流交融的法理探讨［J］．民族学刊，2020（4）：13-26，120-121.

③ 吉雅，敖特根通力嘎．自治条例立法制度的缺失与对策［J］．内蒙古大学学报（人文社会科学版），2007（6）：36-40.

定越权、简单复述"① 等，如侧重于强化"主体民族"的思想，没有正确理解民族平等实质内涵的思想等，有必要得到进一步修正或清理。反之，有利于促进民族团结，深刻体现"民族共性"的民族法规就值得大力弘扬。如近年来诞生了一系列以"民族团结"为主线，有利于铸牢中华民族共同体意识的地方性法规和单行条例②，这一系列民族法规符合新时代铸牢中华民族共同体意识的科学精神和客观要求，也为今后民族立法树立了一个良好的导向。从具体方式上看，则需要职能部门对现阶段存在的民族法律法规进行归纳和分类，在此基础上决定是否对其清理、修订或保留，进而由立法机关开展下一步的工作。

同时，为适应各民族交往交流交融不断加深和新形势下城市民族工作的客观要求，上级国家机关也应当对民族区域自治法、城市民族工作条例③、民族乡行政工作条例④等规范性法律文件进行修改完善，以更好地满足中华民族共同体法治构建的客观要求。

（三）加强民族法治人才队伍建设

在法治实践中，法律规定能否得到精准解读和有效实施，主要取决于相关工作人员能否具备解决复杂、疑难法律问题的知识和能力。在民族法治的具体实践中，存在对民族区域自治内涵实质与目的认知偏差以及对自治条例调整对象与立法目的的片面解释，其根源在于缺乏有效的理论支持，这背后折射出民

---

① 田钒平. 论民族自治地方自治机关协商民主决策机制的完善［J］. 民族研究，2010（4）：12-21.

② 如 2017 年 6 月 2 日起施行的《玉树藏族自治州民族团结进步条例》、2018 年 9 月 14 日起施行的《宁夏回族自治区人民代表大会常务委员会关于促进民族团结进步创建活动的规定》、2019 年 5 月 1 日起施行的《云南省民族团结进步示范区建设条例》、2019 年 5 月 1 日起施行的《青海省促进民族团结进步条例》、2019 年 11 月 29 日起施行的《拉萨市民族团结进步条例》、2020 年 5 月 1 日起施行的《西藏自治区民族团结进步模范区创建条例》等。

③ 在《国务院办公厅关于印发国务院 2013 年立法工作计划的通知》（国办发〔2013〕37号）中，明确提出为保障和改善民生、维护社会公平正义与和谐稳定需要提请全国人大常委会审议的 27 件法律草案和行政法规中，就包含由国家民委起草的城市民族工作条例（修订）。

④ 该条例于 1993 年 9 月 15 日由国家民族事务委员会发布，自发布之日起施行。在《国务院关于印发"十三五"促进民族地区和人口较少民族发展规划的通知》中，第十一章第一节"提升民族工作法治化水平"中明确指出"研究修订《城市民族工作条例》、《民族乡行政工作条例》等有关行政法规，研究制定少数民族文化遗产保护利用、少数民族传统医药保护等方面法规规章，提高依法管理民族事务能力和民族工作法治化水平"。

族地区法治人才队伍建设相对匮乏的事实。从这个意义上讲，加强民族法治人才建设，就是优化自治权行使保障体系的基础要义，也是在民族工作中更好地践行区域自治的必然要求。

首先，加强基础理论的研究。一方面，需要加强对立法理论的研究，全国人大及其常务委员会及国家民委等有关部门应当针对民族立法层面，协同省、自治区、直辖市尤其是享有"双重立法权"的民族自治地方，建立专门为自治地方培训立法工作者的机构和机制，使其在立法理念层面真正领会宪法相关原则精神，以"铸牢中华民族共同体意识"为主线进行民族立法的理论研究，并指导法治实践。另一方面，应当提升理论界与实务界立法协同机制的建设水平。《立法法》第八十条规定："省、自治区、直辖市的人民代表大会及其常务委员会根据本行政区域的具体情况和实际需要，在不同宪法、法律、行政法规相抵触的前提下，可以制定地方性法规"；第八十五条指出："民族自治地方的人民代表大会有权依照当地民族的政治、经济和文化的特点，制定自治条例和单行条例"，这就指出在民族法治的地方实践层面，当地的人大及其常务委员会是立法的直接践行者即实务部门。然而，我国民族法治的理论研究主要来源于高等院校与科研院所等机构，这就要求建立一个高等院校、科研院所与实务部门的合作机制，以提升理论界与实务界立法协同机制的建设水平，进而真正做到"科学的立法理论指导实践，通过实践提升理论水平"。

其次，推动学科建设的发展。高等院校是法治人才培养的摇篮，在中华民族共同体法治建设中发挥着不可替代的作用。从基础课程的设置来看，"民族理论与政策""中华民族共同体意识教育"等民族法治基础课程应当被赋予更高位置，同时期教材体系、授课理念等均应围绕着新时代民族工作的主线革新；从更高阶段的研究生学业来看，"民族法学"作为铸牢中华民族共同体意识的法治保障的理论核心课程，在民族高校以及民族自治地方的高校应当作为重点学科培养①，同时当地的就业部门以及教育部门应当多方联合为这些专业学生的后续就业、继续深造创造条件，确保这些人才能够真正服务于民族地区的经济社会建设，同时相应的"民族法学"类教材应当紧紧围绕习近平总书记在历次有关

① 从 2022 年 2 月公布的第二轮"双一流"建设高校及建设学科名单和给予公开警示的首轮建设学科名单来看，"民族法学"的一级学科"民族学"仅有中央民族大学和云南大学两所高校入围，当然，有的院校与民族法学相关的专业如基层法治、社会治理的专业在其"法学"专业下，但从总体来看，"民族法学"的学科建设仍需大力加强。教育部　财政部　国家发展改革委关于公布第二轮"双一流"建设高校及建设学科名单的通知［EB/OL］．中华人民共和国教育部政府门户网站，2022-02-11.

民族工作的重要讲话精神与新时代民族工作的主线进行修订革新，高校的招生就业部门也应当与当地企事业单位进行深度对接，明确在诸多单位报考事项中，该专业的学生到底归属于哪一个专业①。此外，在以铸牢中华民族共同体意识为主线的新时代民族工作中，从学科建设而言不应再拘泥于"民族法是不是部门法"的争议，而应按照增进共同性的方向，将民族法治相关课程和理论融入马克思主义民族理论与政策学科、大思政课程、法学基础课程等，真正体现"多元一体"铸牢中华民族共同体意识的课程建设。

最后，更加有针对性地加强民族法治人才队伍建设。为更加体现"民族区域自治"的时代性，切实做到按照共同性的方向改进民族工作。民族法治人才队伍的建设既是历久弥新的议题，也是民族复兴的历史命题。从这个意义上讲，新时代民族法治人才队伍的建设：其一，要从认知上革新一些观念，例如，将"民族法治人才"这一定义本身的认知重心由"干部民族化"转变为"工作地区"与"工作内容"的民族化，只要其具备民族法治的理论素养与实践水平，均应当将其纳入中华民族共同体法治建设的"人才智库"，而非简单以"民族身份"来定位，同时，民族法治人才所应对得也不仅仅是所谓的"本民族内部事务"，而应当是涉及民族法治因素的"本地区各族事务"，诸如此类的认知转变才真正有利于"共性"法治文化的生成；其二，要更有针对性地做好民族法治人才队伍建设工作，从应用型法律人才而言，不仅应当重视对"民族法学"相关专业高层次人才的培养，也应当重视在民族地区深耕多年的法律职业者（如法官、检察官、司法工作人员、律师等）的使用。从双语人才而言，除了在高校培养期间开始设法律双语选修课、培养法律双语硕士研究生外，也应当打通高校与社会法律服务之间的联系路径，如可借助民族高校在少数民族语言研究和法学人才储备的优势，逐步建设和完善少数民族语言法务翻译人才库②。从定向型服务人才而言，从法律部门的招录环节应当适当体现"自治"，如针对民族地区基层人民法院的"招人难"问题，在报考条件设置上，具体到报考学历条件、专业限制、基层服务工作要求等可适当放宽；在待遇保障上，除了落实法

---

① 如某民族高校的"民族法学"专业学术型研究生其专业代码为0304Z2，属于"民族学"下的二级学科（自设方向），该专业的研究生毕业后报考公务员、企事业单位，这些单位的报考简章中对于此专业比较模糊，有的单位认为其属于"法学（03）"，即俗称"大法学"，有的单位则要求必须为0301（法学类）才能报考，各单位标准不一，具体解释以该单位人事部门为准，对该专业毕业的学生影响较大。

② 王允武，李剑. 民族法学理论与热点问题研究［M］. 北京：法律出版社，2017：371-372.

定要求的待遇外，也应当切实关注民族法治人才的后续发展问题，如其上升途径、学术深造、子女入学等一系列问题①，从而真正破解"留不住"的难题。

四、维护多元化保护的整体性

针对多元化保护的维度，为促进族际关系法治化，合理辨析正式制度与非正式制度之间的关系，加强国家通用语言文字的学习和使用是不断增进共同性的必然要求，然而，无论是各民族群体的族际交往，还是不同民族身份公民之间的往来行为，其遵循规则既受自下而上的法治约束，又受自上而下的文化认同影响，文化认同也是最深层次的认同，从这个意义上讲，为践行新时代宪法民族法治"多元化保护"的重要原则，就有必要树立一个正确的中华文化观，在此基础上凸显法治宣传教育的针对性与有效性。

（一）树立正确的中华文化观

中华文化与各民族文化之间，不仅是"根与叶"的关系，也是共性与个性的和谐统一，中华文化海纳百川的包容特性，决定了其能够历久弥新、永放光芒。因此，从整体上在各民族间树立正确的中华文化观，是理解多元化保护的重要前提。

从文化传递的主体上看，政府职能部门和上级国家机关解决的是"能不能学"的问题，而要解决"想不想学"的问题，更多的还应当靠公民自身的认知和整体文化环境的酿造，这也是破除"读书无用论"的一个重要因素。因此，新时代在中华文化传递的理念上，除了重视政府职能部门自上而下的"任务式推广"，更应当充分利用社会团体和家庭的引导力量，进而在整体层面影响到每一位公民的认知，使其真正意识到通过接受文化教育能够更好地提升自己，不断增强社会资源的汲取能力。

从文化教育的内容上看，首先，应当加强对整个"中华民族历史"的宣传

---

① 笔者在某少数民族自治州下属各县市的基层人民法院调研，发现其30岁以下的工作人员流失较为严重，而下设的若干乡镇人民法庭则尤为突出。究其原因，待遇保障只是其中一个方面，更为关键的是青年职工普遍存在着"想进城""回州府"的心态，事实上，这也是民族地区许多基层公职人员尤其是青年人才的真实诉求：往往在县一级及以下的区域工作方才几年，就开始准备各种遴选、选调和其他考试，想方设法往"主城区"靠拢，这一方面反映了"主城区"作为城市中心的吸引力，另一方面也折射出基层法治工作者的各种合理的生活诉求还没有得以充分保障。如在调研中，相当大一部分的青年职工都想继续深造，完成硕士研究生阶段的学习，而该州唯一具有法律专硕的高校在州城首府，要完成这种愿望只有先"回城"。

教育，使内容上紧紧围绕"各民族都是中华民族大家庭成员"这一重要主线；其次，在各民族优秀历史人物的述评上，突出致力于民族团结共筑中华民族大家庭的鲜活案例，发挥个体典型的榜样和模范的作用，让各族人民深刻体会到中华文化的历史源远流长，中华文化与各民族优秀文化相辅相成，共同致力于民族伟大复兴的重要联系——正因为有了"一体"的存在，才会有"多元"的灿烂；最后，应当赋予民族工作的教育内容紧密的时代感，以社会主义核心价值观的中国精神塑造各族人民对共性文化的深刻认同，使国学、中国古代文化等中华优秀传统文化焕发时代生机。

从文化教育的方式来看，习近平总书记高度重视互联网对于各族公民中华文化认同的重要作用："让互联网成为构筑中华民族共有精神家园、铸牢中华民族共同体意识的最大增量。"① 从这个意义上讲，有关中华文化宣传教育的载体就应当随着时代的变化和经济的发展不断履新，如通过正能量事实展示和榜样鼓励，运用互联网信息传播无与伦比的速率，铸牢舆论阵地，坚守新闻战线，在海内外的中华文化宣传教育中取得先机。同时，充分挖掘现有的宣传教育载体，在电影、电视剧、新媒体等广大人民群众喜闻乐见的文化平台中贯彻中华民族共享的优秀文化基因，使中华文化不仅能够"引得进来"，还能够"走得出去"，让海内外每一位中华民族成员能够"面对面"对中华文化的生命力和影响力感同身受，在这种有利于中华民族整体性塑造的环境下，中华文化在人类命运共同体的构建中将会展现出自身兼收并蓄的能量，使中华民族能够走向世界，世界也得以全面地认识中国。

（二）提升民族法治宣传教育的有效性与针对性

在法治教育与宣传的维度，存在"形式单一、较为乏味"以及受众层面"感官不明显"的问题，为破解这一困境，不仅需要从整体上加大全面普法的力度，也需要认真反思长期以来大量投入的法治宣传教育工作如何才能更好地具有针对性，从而将普法效果落到实处。

第一，明确宣传教育的对象。长期以来，民族法治宣传教育的对象和区域被认定为"少数民族"与"民族地区"，"法治宣传教育是一场推进民族地区现代化进程的广泛而深刻的社会动员"②，这种观点固然认识到了民族地区普法的

---

① 习近平．在全国民族团结进步表彰大会上的讲话［EB/OL］．人民网，2019-09-28．
② 陈蒙，雷振扬．民族地区普法的价值分析与路径选择［J］．青海省社会科学，2017（5）：135-150．

重大意义，也看到了民族地区在法治建设上存在的短板。然而，需要指出的是，时代的民族法治宣传教育工作，其重点应当是通过宣传教育，使各民族群体深刻认识到"法治是规则之治"，从而共同迈向民族事务法治化之路，从这个意义上讲，民族法治宣传教育的对象和区域应当有所侧重，但是不能限定为"少数民族"和"民族地区"，这也是在各民族人口大流动、族际交往频繁的当代社会民族事务治理现代化的必然要求。

第二，更新宣传教育的理念。长期以来，民族法治的宣传教育在受众客体的认知中都存在"感官不明显"甚至"枯燥乏味"的形象，究其原因，与其宣传教育的理念有很大关系，即宣讲重心往往侧重于"义务与禁令"，向公众传达得更多的是一种"什么不能做""做了会怎样"的工具性倾向明显的理念，"突出维护社会和谐稳定的宣传引导，告诫公众遵纪守法，违法就要受到制裁，而对公民权利的倡导相对较少"①。从这个意义上讲，民族法治的宣传教育，不仅应当强调各族公民都有遵守民族法的义务，也应当体现其在民族法治的规则下，自身应当享有的权利，以及和谐的民族关系对其自身发展和生活实践的益处。进一步而言，在民族法治的有效运转中，各民族相处和谐融洽，边疆民族地区社会治安稳定，文化旅游丰富多彩，各族人民通过旅游的方式均可从中感受到幸福感与满足感；少数民族权益得到有效保障，通过自身努力奋斗和上级国家机关的帮助进入全面建成小康社会等一系列民族法治的成效，也应通过其宣传教育来体现。

第三，丰富宣传教育的方式。为破解民族法治宣传教育"形式单一""较为乏味"的问题，应当不断丰富民族法治宣传教育的形式，例如，着眼于法治宣传的维度，刑法学者罗翔教授通过风趣幽默、通俗易通的法治视频讲座在互联网领域引起了热烈反响，打通了晦涩的专业理论与大众生活实践的隔膜，这对于民族法治的宣传教育就是一个很好的借鉴。在普法教育中，可以充分运用互联网、短视频、影视资料等来丰富民族法治宣传教育的方式，使不同的受众群体"沉浸式"学习法律知识，而非单一的"政策性宣讲"。同时，民族法治的宣传教育也应当针对不同的受众对象不断转化，如针对当代中国大学生群体，就应当在创新思政教育的基础上融入民族法治教育，使其能明白我国民族政策的制度优势"为什么好""好在哪里"；对于城市少数民族流动人口，就应当侧重于诠释市场法治经济的重要性，统一规则和标准的必要性从而使其认识到民

---

① 陈蒙，雷振扬．民族地区普法的价值分析与路径选择［J］．青海省社会科学，2017（5）：135-150.

族法治对其自身能力提升和权利保障的巨大促进作用；对于边疆民族地区的少数民族同胞成员，则要在现行适用"双语教学"的教育方式基础上强调国家通用语言的重要性，要运用鲜活的案例说明在各民族融入市场法治经济的过程中，通用语言文字是真正促进"多元一体"的重要措施，进而在整体层面使不同类型的群体明白民族法治的重要性，将多元化保护的宪法原则落到实处。

本章小结

作为新时代民族工作的根本主线，铸牢中华民族共同体意识既面临着伟大的时代机遇，也面临着客观存在的现实挑战。"法治"作为铸牢中华民族共同体意识最有力的手段，其本身也必须在不断完善之中发挥出"规则之治""文明之治"与"和谐之治"的功能，进而在公民个体身份的塑造、族际交往规则的统一、中华民族宪制基础的不断巩固三个维度致力于中华民族伟大复兴的实现。

为破解前文所述的制约因素，需要厘清这些制约因素生成的根源，在此基础上，以客观存在的"人"为研究基点，立足于公民个体—各个民族—中华民族的分析框架，结合中华民族共同体法治体系的建设现状，从而进行铸牢中华民族共同体意识法治保障的对策建构。首先，不断培育个体层面的公民意识，同时需要改善现有的优惠措施以利于塑造公民个体的身份。其次，需要维系各民族群体共同的法律认同，一方面，需要合理辨析以国家制定法为代表的正式制度与以"习惯法"为代表的非正式制度之间的关系，确立正式制度的主体地位，同时发挥非正式制度的时代价值；另一方面，各民族群体均需要加强对国家通用语言文字的学习和使用，从而不断促进交往交流交融，达成有效共识。最后，应当不断巩固中华民族的宪制基础，凸显民族平等的实质性、促进国家帮助的有效性、弘扬区域自治的时代性、维护多元文化的整体性。

结　论

　　铸牢中华民族共同体意识，是新时代民族工作的根本主线，也是马克思主义民族理论中国化的重要成果。从2014年中央民族工作会议提出"积极培养中华民族共同体意识"以来，理论界和实务界对习近平总书记有关铸牢中华民族共同体意识的重要论述展开了深入研究，并取得了丰硕的成果。在经历了从"什么是中华民族共同体意识"与"为何要铸牢中华民族共同体意识"的研究阶段之后，既有研究逐渐深入探讨"如何铸牢中华民族共同体意识"。然而，中华民族共同体意识应当如何铸牢，既是一个需要进行理论研讨的学术议题，也是一个需要在实践层面不断摸索的时代命题，从这个意义上讲，厘清新时代铸牢中华民族共同体意识在实践层面应当遵循何种原则与理念，采取何种切实可行的方式就十分必要。

　　党的十八大以来，习近平总书记立足于中华民族伟大复兴的战略高度，发出了"建设法治中国"的时代之音，号召全党全国各族人民向着建设法治中国不断前进，为建设法治中国而奋斗①，也再次强调了"法治"是治国理政的基本方式。党的十八届四中全会通过的《中共中央关于全面推进依法治国若干重大问题的决定》，为民族事务治理的法治化指明了方向，在民族工作中运用法治思维，在维护社会主义民族关系中利用法治方式，不断促进各民族的共同繁荣与发展，是贯彻落实党的十八届四中全会精神、推进法治中国建设的必然要求②。在2014年召开的中央民族工作会议暨国务院第六次全国民族团结进步表彰大会上，习近平总书记提出了"用法律来保障民族团结，增强各族群众法律意识"的重要指示；在2019年召开的全国民族团结进步表彰大会和2021年召开的中央民族工作会议上，习近平总书记高度重视民族事务治理法治化，做出

---

① 习近平法治思想概论编写组．习近平法治思想概论［M］．北京：高等教育出版社，2021：176.

② 国家民族事务委员会．中央民族工作会议精神学习辅导读本［M］．北京：民族出版社，2015：124.

了"确保各族公民在法律面前人人平等"和"推进民族事务治理体系和治理能力现代化"的重要论述。

要而言之,"法治"是铸牢中华民族共同体意识的有效的手段,亦是最有力的保障,基于此,本书以"法治保障"为切入点,探析中华民族共同体意识何以铸牢。

需要指出的是,中华民族共同体的法治建设属于"物质"层面的范畴,而中华民族共同体意识,则属于"意识"层面的概念,辩证唯物主义认为,物质决定意识,意识反作用于物质,从这个意义上讲,中华民族共同体法治建设的成效,就决定了中华民族共同体意识铸牢的状况,而中华民族共同体意识的持续铸牢,反之又会不断推动法治共同体的巩固与完善。因此,本书从"必要性"的维度诠释"法治"与"铸牢中华民族共同体意识"之间的关系:法治保障是维护民族团结的根本前提、促进民族认同的具体方式、实现民族复兴的重要保障。然而,无论是"民族团结"还是"民族认同"抑或"民族复兴",毕竟是较为宏观抽象的概念,倘若没有结合能够在实践中直观体现的载体进行分析,则难免做成"政策诠释"的研究。因此,必须以客观存在的现象及对象,即每一个客观存在的"人"作为法治实践的研究基点,将这个研究基点逐渐上移到各个民族,进而耦合于中华民族这个宏观整体,从而深刻体现中华民族共同体法治建设的价值取向:公民个体的权利正义、各个民族的凝聚力、中华民族伟大复兴。当然,这些价值取向的实现,离不开功能的发挥,因此,有必要建立一个基于中华民族共同体法治建设功能的分析框架,从而更好地把握民族工作的时代脉络,以保障民族法治价值取向的有效实现。

然而,基于法治保障对铸牢中华民族共同体意识的重要意义进行的价值与功能分析,更多的是从理论角度构建了一个分析框架,要将这个分析框架融入民族法治的现实进程,则必须依据现行《宪法》第四条确立的民族法治基本原则,以"(公民)个体—(各民族)群体—(中华民族)整体"为实践对象,结合不断健全的民族法治体系进行综合研究。同时,铸牢中华民族共同体的法治保障,既需要具体诠释在中国共产党的领导下,我国民族法治建设取得的巨大成效,也需要充分认识到基于价值取向和功能定位的偏差,从而导致在制度实施中存在的制约因素,并在分析其生成根源的基础上进行切实可行的对策建构,这也奠定了本书的研究思路。

第一,铸牢中华民族共同体意识的法治保障有着光辉的历史演绎。在民族法治的指引下,党和政府通过对公民个体权利与义务的依法确认、各民族群体聚杂散居的法治实践、带领中华民族向着伟大复兴的目标不断前行三个维度有力推动着中华民族共同体的法治建设风雨前行。其中，深刻体现了漫漫历史长河中统一多民族国家执政党对于民族共同体法治建设的价值取向与功能定位：着眼于公民个体权利正义的价值取向，党通过民族法治理论的摸索准确把握公民身份的内涵，并通过具体的帮助措施保障各民族公民的合法权益；聚焦于各民族群体的凝聚力价值，党通过聚居、杂居、散居的法治实践不断维护民族团结，促进各民族共同繁荣；通过科学把握"中华民族意识"与"各民族意识"之间的关系，党在维护国家统一的宪制建设之路上不懈追求中华民族复兴的伟大目标。

第二，民族法治的历史演绎昭示了中华民族共同体法治建设的价值取向和功能定位。通过梳理中国共产党百年民族法治的光辉历史，可以提炼出其个体维度，体现了马克思主义关于人全面发展的价值，奠定了公民爱国主义的重要基础；在群体维度，则是引导各民族交往的重要形式、丰富各民族交流的多元内容、深化各民族交融的良好氛围；在整体维度，明确了新时代民族关系的基本遵循、提升了新时代中华民族理论话语权。对于中华民族共同体法治建设的功能，则通过这一系列正确的价值取向进行了客观定位：一是对公民权利与义务、新时代民族关系、中华民族宪法地位的确认；二是指引各族公民树立民族认同、引导各民族继承和发扬爱国主义传统、评价中华民族整体性建设的价值追求；三是对公民权利、民族团结、国家统一的维护。值得一提的是，新时代的"民族习惯"，也应当按照增进共同性的方向发挥其时代功能，体现出其约束个体行为的和谐之治、引导群体发展的规则之治以及生成整体公序良俗的文明之治。

第三，在明确的价值取向和正确的功能定位基础上，中华民族共同体的法治建设在当代制度实践中取得了卓越的成效：民族法律规范体系日趋完备、民族法治实施体系高效运转、民族法治监督体系更加严密、民族法治保障体系有力推进。在民族法治体系不断健全的进程中，公民个体、各民族群体、中华民族整体的获得感与幸福感不断提升，公民权利得到有效保障、各民族共享发展成果、中华民族的整体性建设不断加强就是民族法治实践成效的生动写照。也正是在高效有力的法治制度实施下，中华民族共同体法治建设的价值取向得以牢牢把握，法治功能得以有效发挥。当然，在中华民族共同体法治建设取得伟大成就的主流中，一些制度建设不足的制约因素也不容忽视。

第四，铸牢中华民族共同体意识的法治保障，必须以现行《宪法》第四条的相关规定为基本原则，这也构成了检验民族法治建设成效的评价体系。从这个意义上讲，公民身份的认知不够明晰、帮助机制的实施不够细致、自治权限的定位不够清晰以及族际交往的规范不够明确分别对应的是宪法关于民族法治的"各民族一律平等""国家帮助""民族区域自治""多元化保护"的民族法治基本原则没有很好地践行到位，而这背后的根源则在于，我国的民族法治体系即中华民族共同体建设的宪制基础有待进一步完善：法律规范体系不够完备、法治实施体系有待改进、法治监督体系亟待健全、法治保障体系需要完善。

第五，通过剖析制约中华民族共同体意识法治保障的根源，针对种种不利于铸牢中华民族共同体意识的法治现象，提出切实可行的破解路径，需要以铸牢中华民族共同体意识的最终载体——客观存在的"人"为研究基点，立足于"个体—群体—整体"的分析框架，结合宪法关于民族法治的原则规定进行深入分析：其一，不断培育个体层面的公民意识，同时改善现有的优惠措施以利于塑造公民个体的身份；其二，维系各民族群体共同的法律认同，一方面确立正式制度的主体地位，同时发挥非正式制度的时代价值，另一方面加强各民族群体对国家通用语言文字的学习和使用以不断促进交往交流交融，达成有效共识；其三，通过凸显民族平等的实质性、促进国家帮助的有效性、体现区域自治的时代性、维护多元化保护的整体性，从而不断巩固中华民族的宪制基础。

习近平总书记指出，中国共产党人的初心和使命，就是为中国人民谋幸福，为中华民族谋复兴①。铸牢中华民族共同体意识，正是中华民族伟大复兴进程中极为重要的一环，而以"法治"的方式铸牢中华民族共同体意识，既是全面依法治国的必然要求，又是新时代民族工作的基础路径。基于此，本书立足于民族法治的视域，以宪法关于民族法治的规定为原则指引，以"个体—群体—整体"为分析框架，以新时代民族法治体系的建设为研究内容，深刻诠释铸牢中华民族法治保障的历史价值与当代实践，以"增进共同性"为指引方向对进一步完善中华民族的法治建设提出对策建构，以期为相关学术研究尽一份绵薄之力。当然，受制于学术能力与知识储备，本书还有诸多不尽如人意之处，也有许多问题有待深入研究，例如，本书以"法治"为研究主线，通过一系列规范分析，虽然阅览了大量法律法规，系统性的实证研究却相对不足，如何将"铸牢中华民族共同体意识"这一宏观的历史命题通过实证的方式体现出来，做到"研究真问题"，避免"纸上谈兵"，正是下一步研究的方向指引。

---

① 中共中央宣传部 . 习近平新时代中国特色社会主义思想三十讲［M］. 北京：学习出版社，2018：32.

参考文献

一、经典著作类

[1] 马克思恩格斯列宁斯大林著作编译局. 马克思恩格斯选集：第 1 卷 [M]. 北京：人民出版社，2013.

[2] 习近平. 在中共十八届四中全会第二次全体会议上的讲话（2014-10-23）[M] //习近平关于全面依法治国论述摘编. 北京：中央文献出版社，2015.

[3] 习近平. 走符合国情的人权发展道路 [M] //习近平谈治国理政：第 3 卷. 北京：外文出版社，2020.

[4] 周恩来. 关于我国民族政策的几个问题 [M] //周恩来选集. 北京：人民出版社，1984.

[5] 李大钊文集：上 [M]. 北京：人民出版社，1984.

[6] 邓小平文选：第一卷 [M]. 北京：人民出版社，1989.

[7] 毛泽东选集：第 2 卷 [M]. 北京：人民出版社，1991.

二、外文译著类

[1] [奥] 凯尔森. 法与国家的一般理论 [M]. 沈宗灵，译. 北京：中国大百科全书出版社，1995.

[2] [德] 伯恩·魏德士. 法理学 [M]. 丁晓春，吴越，译. 北京：法律出版社，2005.

[3] [德] 斐迪南·滕尼斯. 共同体与社会 [M]. 林荣远，译. 北京：北京大学出版社：2010.

[4] [德] 黑格尔. 历史哲学 [M]. 王造时，译. 北京：商务印书馆，1963.

[5] [德] 马克斯·韦伯. 经济与社会：下 [M]. 林荣远，译. 北京：商

务印书馆，1997.

[6]［德］尤尔根·哈贝马斯.包容他者［M］.曹卫东，译.上海：上海人民出版社，2018.

[7]［德］尤尔根·哈贝马斯.后民族结构［M］.曹卫东，译.上海：上海人民出版社，2019.

[8]［法］迪尔凯姆.社会学方法的准则［M］.狄玉明，译.北京：商务印书馆，1995.

[9]　［法］卢梭.社会契约论［M］.何兆武，译.北京：商务印书馆，1980.

[10]［法］孟德斯鸠.论法的精神：上册［M］.张雁深，译.北京：商务印书馆，1982.

[11]［加］威尔·金利卡.少数的权利：民族主义、多元文化主义和公民［M］.邓红风，译.上海：上海译文出版社，2005.

[12]［美］本尼迪克特·安德森.想象的共同体：民族主义的起源与散布［M］.吴叡人，译.上海：上海人民出版社，2005.

[13]［美］查尔斯·蒂利.文化、权力和欧洲国家（公元990—1992年）［M］.魏洪钟，译.上海：上海世纪出版集团，2007.

[14]［美］道格拉斯·C.诺思.从休克到疗法［M］.段宏，等，译.上海：上海远东出版社，2000.

[15]　［美］菲利克斯·格罗斯.公民与国家：民族、部族和族属身份［M］.王建娥，魏强，译.北京：新华出版社，2003.

[16]［美］弗朗西斯·福山.国家建构：21世纪的国家治理与世界秩序［M］.黄胜强，许铭原，译.北京：中国社会科学出版社，2007.

[17]［美］黄宗智.中国的新型正义体系：实践与理论［M］.桂林：广西师范大学出版社，2020.

[18]［美］朗·富勒.法律的道德性［M］.郑戈，译.北京：商务印书馆，2005.

[19]［美］罗斯科·庞德.法的新路径［M］.李立丰，译.北京：北京大学出版社，2016.

[20]［美］罗斯科·庞德.法哲学导论［M］.于柏华，译.北京：商务印书馆，2019.

[21]［美］迈克尔·桑德尔.公正：该如何做是好［M］.朱慧玲，译.

北京：中信出版社，2012.

［22］［美］曼纽尔·卡斯特．认同的力量［M］．曹荣湘，译．北京：社会科学文献出版社，2003.

［23］［美］塞缪尔·亨廷顿．文明的冲突与世界秩序的重建［M］．周琪，译．北京：新华出版社，2010.

［24］［瑞］安德烈亚斯·威默．国家建构：聚合与崩溃［M］．叶江，译．上海：上海人民出版社，2019.

［25］［以］耶尔·塔米尔．自由主义的民族主义［M］．陶东风，译．上海：上海译文出版社，2005.

［26］［意］尼可罗·马基雅维利．君王论［M］．何丛丛，译．北京：西苑出版社，2009.

［27］［英］T. H. 马歇尔，安东尼·吉登斯．公民身份与社会阶级［M］．郭忠华，刘训练，译．南京：江苏人民出版社，2008.

［28］［英］埃里克·霍布斯鲍姆．民族与民族主义［M］．李金梅，译．上海：上海世纪出版集团，2006.

［29］［英］安东尼·D. 史密斯．民族认同［M］．王娟，译．南京：译林出版社，2018.

［30］［英］迈克尔·曼．社会权力的来源：第二卷［M］．陈海宏，等，译．上海：上海人民出版社，2007.

［31］［英］尼尔·麦考密克．法律制度：对法律理论的一种解说［M］．陈锐，王琳，译．北京：法律出版社，2019.

［32］［英］齐格蒙特·鲍曼．共同体［M］．欧阳景根，译．南京：江苏人民出版社，2007.

［33］［英］约翰·密尔．代议制政府［M］．汪瑄，译．北京：商务印书馆，1984.

三、国内著作类

［1］常安．统一多民族国家的宪制变迁［M］．北京：中国民主法制出版社，2015.

［2］常士阁．族际合作治理：多民族发展中国家政治整合研究［M］．天津：天津人民出版社，2018.

［3］费孝通．中华民族多元一体格局［M］．北京：中央民族大学出版

社，2019.

[4] 甘肃省军区党史资料征集办公室. 三军大会师：下册［M］. 兰州：甘肃人民出版社，1987.

[5] 高其才. 中国习惯法论［M］. 北京：社会科学文献出版社，2018.

[6] 高韫芳. 当代中国中央与民族自治地方政府关系研究［M］. 北京：人民出版社，2009.

[7] 关凯. 族群政治［M］. 北京：中央民族大学出版社，2017.

[8] 郭忠华. 公民身份的核心问题［M］. 北京：中央编译出版社，2016.

[9] 国家民委研究室. 改革开放40年民族工作［M］. 兰州：甘肃民族出版社，2020.

[10] 国家民族事务委员会. 铸牢中华民族共同体意识：全国民族团结进步表彰大会精神辅导读本［M］. 北京：民族出版社，2021.

[11] 胡兴东. 时空镜像下的民族法制史［M］. 北京：人民出版社，2018.

[12] 胡兴东. 中国少数民族法律史纲要［M］. 北京：中国社会科学出版社，2015.

[13] 虎有泽，尹伟先. 铸牢中华民族共同体意识研究［M］. 北京：中国社会科学出版社，2019.

[14] 黄进，蒋立山. 中国特色社会主义法治体系研究［M］. 北京：中国政法大学出版社，2017.

[15] 黄兴涛. 重塑中华：近代中国"中华民族"观念研究［M］. 北京：北京师范大学出版社，2017.

[16] 江必新，王红霞. 国家治理现代化与制度构建［M］. 北京：中国法制出版社，2016.

[17] 江必新. 法治国家的制度逻辑与理性构建［M］. 北京：中国法制出版社，2014.

[18] 江必新. 新时代公民法治素养［M］. 北京：人民出版社，2019.

[19] 金炳镐. 中国共产党民族政策发展史［M］. 北京：中央民族大学出版社，2006.

[20] 郎维伟，陈玉屏，等. 民族理论与政策要论［M］. 北京：民族出版社，2017.

[21] 李其瑞，邱昭继，王金霞等. 马克思主义法治理论中国化70年［M］. 北京：中国法制出版社，2019.

［22］李资源．共同发展共同繁荣：新中国成立以来党的民族工作理论与实践研究［M］．南宁：广西人民出版社，2014.

［23］李资源．中国共产党民族法制建设史研究［M］．北京：人民出版社，2009.

［24］林尚立，赵宇峰．中国协商民主的逻辑［M］．上海：上海人民出版社，2016.

［25］刘文会．法律制度的民族性之维及其变革［M］．北京：中国政法大学出版社，2013.

［26］陆平辉．散居少数民族权利保障：理论、制度与对策［M］．北京：法律出版社，2016.

［27］马俊毅．多民族国家民族事务治理现代化［M］．北京：社会科学文献出版社，2017.

［28］马戎．西部开发中的人口流动与族际交往研究［M］．北京：经济科学出版社，2012.

［29］宁夏回族自治区民族事务委员会．民族法律法规政策新编［M］．银川：宁夏人民出版社，2010.

［30］任军锋．地域本位与国族认同［M］．天津：天津人民出版社，2004.

［31］宋才发．中国民族自治地方政府自治权研究［M］．北京：人民出版社，2008.

［32］苏力．大国宪制：历史中国的制度构成［M］．北京：北京大学出版社，2018.

［33］陶钟灵．法史新裁：民族与历史视野中的法律［M］．北京：中国社会科学出版社，2016.

［34］田钒平．民族自治地方经济发展的宪政保障研究［M］．北京：经济科学出版社，2013.

［35］王超品．当代中国民族认同与国家认同整合的制度机制［M］．北京：人民出版社，2020.

［36］王建娥．包容与凝聚：多民族国家和谐稳固的制度机制［M］．北京：中国社会科学出版社，2018.

［37］王利明．迈向法治：从法律体系到法治体系［M］．北京：中国人民大学出版社，2016.

［38］王允武，李剑．民族法学理论与热点问题研究［M］．北京：法律出

版社，2017.

[39] 王允武，王杰，廖燕萍．中国民族法学研究概览（2008—2018）[M]．北京：法律出版社，2020.

[40] 吴大华，王平．中国民族法治发展报告（2011）[M]．北京：中央民族大学出版社，2012.

[41] 吴仕民．中国民族理论新编 [M]．北京：中央民族大学出版社，2016.

[42] 习近平法治思想概论编写组．习近平法治思想概论 [M]．北京：高等教育出版社，2021.

[43] 熊文钊．民族法制体系的建构 [M]．北京：中央民族大学出版社，2012.

[44] 徐宁．马克思共同体思想的哲学研究 [M]．北京：光明日报出版社，2020.

[45] 徐显明．当代世界法治与中国法治发展 [M]．北京：中共中央党校出版社，2020.

[46] 颜晓峰．实现中华民族伟大复兴的理论基础和行动指南 [M]．北京：中国言实出版社，2021.

[47] 叶江．中华民族伟大复兴进程中的"国家民族"建构研究 [M]．上海：格致出版社，上海人民出版社，2020.

[48] 于春洋．现代民族国家建构：理论、历史与现实 [M]．北京：中国社会科学出版社，2016.

[49] 张会龙．当代中国族际政治整合：结构、过程与发展 [M]．北京：北京大学出版社，2013.

[50] 张慧卿．金里卡少数族群权利理论研究 [M]．北京：人民出版社，2016.

[51] 中共中央党史研究室．中共党史教学参考资料 [M]．北京：人民出版社，1979.

[52] 中共中央党史研究室科研管理部，国家民族事务委员会民族问题研究中心．中国共产党民族工作历史经验研究 [M]．北京：中共党史出版社，2009.

[53] 中共中央统战部．民族问题文献汇编 [M]．北京：中共中央党校出版社，2016.

[54] 中共中央文献研究室. 建国以来重要文献选编 [M]. 北京：中央文献出版社，1992.

[55] 中共中央宣传部. 习近平新时代中国特色社会主义思想三十讲 [M]. 北京：学习出版社，2018.

[56] 中共中央宣传部理论局. 中国制度面对面 [M]. 北京：学习出版社，人民出版社，2020.

[57] 中共中央马克思恩格斯列宁斯大林著作编译局. 马克思恩格斯全集：第46卷：下册 [M]. 北京：人民出版社，1980.

[58] 中国政法大学制度学研究院. 中国制度 [M]. 北京：中央党校出版集团，大有书局，2020.

[59] 中华人民共和国国务院新闻办公室. 不断发展进步的中国人权事业：中国人权白皮书汇编（2016—2019）[M]. 北京：五洲传播出版社，2020.

[60] 中央档案馆. 中共中央文件选集：第11册 [M]. 北京：中共中央党校出版社，1991.

[61] 中央民族干部学院. 中国共产党的民族理论与政策 [M]，北京：民族出版社，2013.

[62] 周少青. 权利的价值理念之维：以少数群体保护为例 [M]. 北京：中国社会科学出版社，2016.

[63] 朱玉福. 中国民族区域自治法制化：回顾与前瞻 [M]. 厦门：厦门大学出版社，2010.

四、国内期刊论文

[1] 白文丽. 党的民族区域自治思想形成发展的历史考察 [J]. 内蒙古师范大学学报（哲学社会科学版），2019（2）.

[2] 曹爱军. 中华民族共同体视野中的"各民族交往交流交融"研究 [J]. 广西民族研究，2019（3）.

[3] 曾路. 以中国少数民族文化为视域的文化等质区间研究 [J]. 西南民族大学学报（人文社科版），2018（2）.

[4] 陈辉. 从差异性到共同性：中华民族共同体认同形成的内在逻辑 [J]. 西北民族大学学报，2018（4）.

[5] 陈丽湘. 论新时代民族地区国家通用语言文字的推广普及 [J]. 陕西师范大学学报（哲学社会科学版），2021（6）.

［6］陈路路，安俭．铸牢少数民族流动人口中华民族共同体意识：基于城市少数民族流动人口的视角探析［J］．贵州民族研究，2020（9）．

［7］陈蒙，雷振扬．民族地区普法的价值分析与路径选择［J］．青海省社会科学，2017（5）．

［8］陈蒙，雷振扬．中华民族共同体意识的价值观基础探析［J］．西南民族大学学报（人文社会科学版），2021（2）．

［9］陈蒙．民族区域自治法序言中"少数民族管理本民族内部事务权利"的法理分析［J］．青海社会科学，2019（1）．

［10］陈迎新，何炫宇．民族地区双语法律人才队伍建设研究：基于 S 省 A 民族自治州基层法院调研［J］．西南交通大学学报（社会科学版），2020（4）．

［11］次旦扎西，周国起．论西藏铸牢中华民族共同体意识的重大意义、存在挑战及实践路径［J］．中央民族大学学报（哲学社会科学版），2021（3）．

［12］代洪宝．中华民族共同体意识的内在逻辑与当代价值［J］．江苏大学学报（社会科学版），2019（4）．

［13］戴小明，黄元珊．论上级国家机关的民族法责任［J］．湖北民族学院学报，2010（5）．

［14］邓磊，罗欣．习近平铸牢中华民族共同体意识理路探析［J］．社会主义研究，2018（6）．

［15］王延中．铸牢中华民族共同体意识建设中华民族共同体［J］．民族研究，2018（1）．

［16］翟志勇．中华民族与中国认同：论宪法爱国主义［J］．政法论坛，2010（2）．

［17］封丽霞．制度与能力：备案审查制度的困境与出路［J］．政治与法律，2018（12）．

［18］高成军．中华民族共同体意识的公民身份建构［J］．宁夏社会科学，2018（6）．

［19］高承海．中华民族共同体意识：内涵、意义与铸牢策略［J］．西南民族大学学报（人文社科版），2019（12）．

［20］高其才．论中国少数民族习惯法文化［J］．中国法学，2002（6）．

［21］高勇．解放初期贵州民族民主政权研究［J］．贵州民族研究，2013（6）．

［22］谷苞．论中华民族的共同性［J］．新疆社会科学，1985（3）．

［23］谷苞．三论中华民族的共同性［J］．西北民族研究，2007（1）．

［24］谷苞．再论中华民族的共同性［J］．新疆社会科学，1986（1）．

［25］关凯．铸牢中华民族共同体意识需要知识创新：多学科聚力筑牢中华民族共同体意识研究（笔谈一）［J］．西北民族研究，2020（2）．

［26］郭占锋，李轶星．易地扶贫搬迁政策执行偏差与移民理性选择：基于陕南地区的考察［J］．长白学刊，2020（4）．

［27］郝亚明．论中华民族多元一体格局与中华民族共同体建设［J］．湖北民族学院学报（哲学社会科学版），2019（1）．

［28］郝亚明．西方群际接触理论研究及启示［J］．民族研究，2015（3）．

［29］郝亚明．中华民族共同体意识视角下的民族交往交流交融研究［J］．西南民族大学学报（人文社会科学版），2019（3）．

［30］郝子涵，张宝成．铸牢中华民族共同体意识［J］．黑龙江民族丛刊，2018（6）．

［31］何生海．内蒙古铸牢中华民族共同体意识路径探索：以文化整合为研究视角［J］．内蒙古大学学报（哲学社会科学版），2021（3）．

［32］贺海仁．中华民族共同体的法理解释［J］．甘肃社会科学，2018（3）．

［33］候德泉．角色、结构与功能：民族区域自治的政治体系分析［J］．内蒙古社会科学（汉文版），2008（4）．

［34］胡弘弘．论公民意识的内涵［J］．江汉大学学报（人文科学版），2005（1）．

［35］虎有泽，云中．国家认同视域下中华民族共同体意识［J］．贵州民族研究，2018（11）．

［36］吉雅，教特根通力嘎．自治条例立法制度的缺失与对策［J］．内蒙古大学学报（人文社会科学版），2007（6）．

［37］姜永志，候友，白红梅．中华民族共同体意识培育困境及心理学研究进路［J］．广西民族研究，2019（3）．

［38］郎维伟，陈瑛，张宁．中华民族共同体意识与"五个认同"关系研究［J］．北方民族大学学报（哲学社会科学版），2018（3）．

［39］雷振扬．铸牢中华民族共同体意识研究需拓展的三个维度［J］．中

南民族大学学报（人文社会科学版），2019（6）.

［40］李涵伟，程秋伊.铸牢中华民族共同体意识的法治进路［J］.中南民族大学学报（人文社会科学版），2021（8）.

［41］李昊.少数民族就业纠偏行动：宪法平等原则的实施机制［J］.法学论坛，2015（2）.

［42］李建宗.中华民族的共同性：谷苞先生的民族学思想内核［J］.西北民族研究，2021（1）.

［43］李京桦.中华民族共同体的民族价值探析［J］.云南民族大学学报（哲学社会科学版），2019（5）.

［44］李可.论习惯法的法源地位［J］.山东大学学报，2005（6）.

［45］李乐.高等教育招生的民族政策与少数民族教育平等［J］.广西民族大学学报（哲学社会科学版），2008（1）.

［46］李曼莉，蔡旺.论铸牢中华民族共同体意识的三个基本问题［J］.广西民族研究，2020（3）.

［47］李娜，赵金科.中华民族共同体意识：价值逻辑、现实困境与铸牢路径［J］.广西社会主义学院学报，2019（4）.

［48］李尚旗，郭文亮.中华民族共同体意识培育面临的挑战及路径选择［J］.思想理论教育，2019（1）.

［49］李少霞，魏莉.铸牢中华民族共同体意识的基础与路径研究：以新疆为例［J］.西北民族大学学报（哲学社会科学版），2021（1）.

［50］李岁科.国内学术界关于民族领域的协商民主研究综述［J］.山西社会主义学院学报，2017（4）.

［51］李伟，李资源.社会治理共同体视域下民族互嵌式社区的内在机理与实现路径［J］.西北民族大学学报，2021（1）.

［52］李曦辉.基于铸牢中华民族共同体意识的少数民族经济发展研究［J］.中央民族大学学报（哲学社会科学版），2020（5）.

［53］李小红，吴大华.习近平民族法治重要论述及时代价值探析［J］.贵州民族研究，2019（3）.

［54］李晓波，李占荣.论民族区域自治制度宪法执行机制之完善［J］.哈尔滨工业大学学报（社会科学版），2018（5）.

［55］李秀敏，刘春延.中华民族共同体意识的形成与培育［J］.江苏大学学报（社会科学版），2018（2）.

［56］李占荣，唐勇．论民族问题的法律属性及法治化的必然性［J］．中南民族大学学报（人文社会科学版），2017（6）．

［57］李占荣．宪法的民族观：兼论"中华民族"入宪［J］．浙江大学学报（人文社会科学版），2009（5）．

［58］李占荣．中华民族的法治意义［J］．民族研究，2019（6）．

［59］李志忠，任晔．大力推广国家通用语言文字背景下新疆少数民族母语良性传承：用事实回应郑国恩的伪学术［J］．新疆师范大学学报（哲学社会科学版），2021（6）．

［60］李智环．民族认同与国家认同研究论述［J］．西南科技大学学报（哲学社会科学版），2012（4）．

［61］刘吉昌，金炳镐．构筑各民族共有精神家园　培养中华民族共同体意识［J］．西南民族大学学报（人文社会科学版），2017（11）．

［62］刘建辉．论民族自治地方干部民族化的宪法原则［J］．江汉大学学报（社会科学版），2018（4）．

［63］刘玲．中国民族法制建设70年：历程、成就与展望［J］．贵州民族研究，2019（10）．

［64］刘勇，张娇．新常态下民族工作的组织人才保障：加强民族地区党组织和少数民族干部队伍建设［J］．黑龙江民族丛刊，2016（6）．

［65］龙金菊，高鹏怀．民族心态秩序构建：铸牢中华民族共同体意识的社会心理路径［J］．西南民族大学学报（人文社科版），2019（12）．

［66］卢成观，李文勇．中华民族共同体意识的理论根基、现实价值及路径选择［J］．理论导刊，2020（3）．

［67］卢桂．"四重定位"视域下民族法治人才培养路径研究［J］．民族教育研究，2020（5）．

［68］陆平辉．35年民族区域自治法研究：问题检视与创新绎思［J］．宁夏社会科学，2019（6）．

［69］陆平辉．铸牢中华民族共同体意识的法治建构［J］．中央社会主义学院学报，2021（4）．

［70］麻国庆．民族研究的新时代与铸牢中华民族共同体意识：多学科聚力筑牢中华民族共同体意识研究（笔谈一）［J］．西北民族研究，2020（2）．

［71］马冬梅．铸牢中华民族共同体意识的制度保障研究［J］．西南民族大学学报（人文社会科学版），2020（5）．

[72] 马俊毅. 国家建构与各民族共有精神家园建设: 基于统一多民族国家建构中国话语的理论分析 [J]. 中央民族大学学报 (哲学社会科学版), 2019 (5).

[73] 马溧. 华裔青年中华民族共同体意识的情感传播路径: 互动仪式链理论视角 [J]. 华侨大学学报 (哲学社会科学版), 2021 (2).

[74] 马戎. 关于民族研究的几个问题 [J]. 北京大学学报 (哲学社会科学版), 2000 (4).

[75] 马玉祥, 马志鹏. 科学发展观与民族法治建设关系研究 [J]. 西北民族大学学报 (哲学社会科学版), 2011 (4).

[76] 毛公宁, 董武. 习近平关于民族法治的重要论述及其意义初探 [J]. 广西民族研究, 2019 (1).

[77] 纳日碧力戈. 兼和相配, 包容共生: 论中华民族共同体精神的当代价值 [J]. 西北师大学报 (社会科学版), 2021 (1).

[78] 纳日碧力戈. 双向铸牢中华民族共同体意识 [J]. 中南民族大学学报 (人文社会科学版), 2019 (4).

[79] 倪国良, 张伟军. 中华民族共同体的法治建构: 基础、路径与价值 [J]. 广西民族研究, 2018 (5).

[80] 潘红祥, 曾冰洁. 上级国家机关履行民族法职责的问题分析与对策研究 [J]. 湖北民族学院学报, 2015 (2).

[81] 潘红祥, 张星. 中国民族法治七十年: 成就、经验与展望 [J]. 民族研究, 2019 (3).

[82] 潘红祥. 中国特色社会主义民族区域自治制度自信研究 (笔谈) [J]. 前沿, 2020 (1).

[83] 潘岳. 中华共同体与人类命运共同体 [J]. 中央社会主义学院学报, 2019 (4).

[84] 彭红军. 中华民族共同体建构的法律保障: 以台湾原住民族的法律地位为例 [J]. 重庆社会主义学院学报, 2016 (4).

[85] 强世功. 一国之谜: 中国 VS 帝国: 香江边上的思考之九 [J]. 读书, 2008 (8).

[86] 青觉, 吴鹏. 文化润疆: 新时代新疆地区铸牢中华民族共同体意识的理念、话语与实践逻辑 [J]. 中国边疆史地研究, 2021 (1).

[87] 青觉, 赵超. 中华民族共同体意识的形成机理、功能与嬗变: 一个系

统论的分析框架 [J] . 民族教育研究, 2018 (4) .

[88] 阙成平 . 论自治区自治条例的规范属性 [J] . 广西民族研究, 2017 (6) .

[89] 沈桂萍 . "中华民族" 建构的历史路径和现实任务 [J] . 江苏省社会主义学院学报, 2020 (5) .

[90] 沈桂萍 . 培育中华民族共同体意识构建国家认同的文化纽带 [J] . 西北民族大学学报 (哲学社会科学版), 2015 (3) .

[91] 沈桂萍 . 铸牢中华民族共同体意识面临的突出问题及对策: 以民族理论和政策话语重构为例 [J] . 中央社会主义学院学报, 2021 (1) .

[92] 沈寿文 . "本民族内部事务" 提法之反思 [J] . 思想战线, 2013 (3) .

[93] 沈寿文 . 自治条例规定上级国家机关责任质疑 [J] . 中南民族大学学报 (人文社会科学版), 2013 (5) .

[94] 宋才发 . 制度优势是 "中国之治" 的根本优势 [J] . 广西社会科学, 2020 (2) .

[95] 宋才发 . 铸牢中华民族共同体意识的法治内涵及路径研究 [J] . 广西民族研究, 2021 (4) .

[96] 宋才发 . 铸牢中华民族共同体意识的四维体系构建及路径选择 [J] . 党政研究, 2021 (3) .

[97] 宋健 . 邓小平与西南少数民族地区的政权建立 [J] . 贵州民族研究, 2010 (5) .

[98] 苏永生 . 国家刑事制定法对少数民族刑事习惯法的渗透与整合: 以藏族 "赔命价" 习惯法为视角 [J] . 法学研究, 2007 (6) .

[99] 苏泽宇 . 认同视域下中华民族共同体意识的建构 [J] . 学术研究, 2020 (9) .

[100] 孙琳 . 大学生中华民族共同体意识探究: 内涵要素、建构过程与培育路径 [J] . 思想政治教育研究, 2021 (2) .

[101] 孙淑秋 . 和谐社会的构建与民族关系调控机制的完善 [J] . 满族研究, 2012 (2) .

[102] 孙佑海 . 论构建和完善促进共同富裕的法律体系 [J] . 中州学刊, 2022 (1) .

[103] 谭万霞 . 论协商民主与民族区域自治制度的完善 [J] . 广西民族研

究，2013（3）.

[104] 陶慧. 地方立法统计分析报告：2020 年 10 月至 11 月 [J]. 地方立法研究，2021（1）.

[105] 滕星，马效义. 中国高等教育的少数民族优惠政策与教育平等 [J]. 民族研究，2005（5）.

[106] 滕星、张俊豪. 试论民族学校的民族认同与国家认同 [J]. 中南民族学院学报（哲学社会科学版），1997（10）.

[107] 田成友. 论国家制定法与民族习惯法的互补与对接 [J]. 现代法学，1996（6）.

[108] 田钒平. 《民族区域自治法》配套立法探讨 [J]. 民族研究，2015（2）.

[109] 田钒平. 共识中的差异：中国民族区域自治演进的历史考察 [J]. 贵州民族研究，2014（4）.

[110] 田钒平. 加强自治条例修改工作的必要性与对策研究 [J]. 民族学刊，2015（3）.

[111] 田钒平. 论民族自治地方自治机关协商民主决策机制的完善 [J]. 民族研究，2010（4）.

[112] 田钒平. 民法变通规定制定权的法源冲突及解决路径：以《民法典》相关规定阙如为切入点 [J]. 政治与法律，2021（5）.

[113] 田钒平. 民法典视野下铸牢中华民族共同体意识的法理探讨 [J]. 西南民族大学学报（人文社会科学版），2021（2）.

[114] 田钒平. 民族平等的实质内涵与政策限度 [J]. 湖北民族学院学报（哲学社会科学版），2011（5）.

[115] 田钒平. 民族区域自治的实质内涵辨析 [J]. 贵州社会科学，2014（9）.

[116] 田钒平. 民族自治地方自治机关法定职责划分问题研究 [J]. 贵州省党校学报，2019（5）.

[117] 田钒平. 民族自治地方族际公民关系法治化研究 [J]. 学术界，2018（11）.

[118] 田钒平. 上级国家机关履行法定职责的决策程序探讨 [J]. 中南民族大学学报（人文社会科学版），2016（2）.

[119] 田钒平. 少数民族就业优惠法律制度的立法目的探讨 [J]. 学术

界，2020（8）．

［120］田钒平．塑造民族间相互认同的文化根基的法律对策［J］．理论与改革，2016（6）．

［121］田钒平．通过科学立法促进民族交往交流交融的法理探讨［J］．民族学刊，2020（4）．

［122］田钒平．依法规约：夯实铸牢中华民族共同体意识的法治之基：多学科聚力筑牢中华民族共同体意识研究（笔谈一）［J］．西北民族研究，2020（2）．

［123］汪燕，刘洁．民族习惯司法适用的实证考察：以427件案件为分析对象［J］．广西民族研究，2020（3）．

［124］王杰，王允武．少数民族习惯法司法适用研究［J］．甘肃政法学院学报，2014（1）．

［125］王文光，徐媛媛．中华民族共同体意识形成与发展的历史过程研究论纲［J］．思想战线，2018（2）．

［126］王希恩．中国特色族际政治与协商民主专题导读［J］．民族研究，2010（4）．

［127］王延中．铸牢中华民族共同体意识　建设中华民族共同体［J］．民族研究，2018（1）．

［128］王允武，田钒平．关于完善我国民族区域自治地方立法体制的思考［J］．中南民族大学学报（人文社会科学版），2004（5）．

［129］王允武．民族区域自治制度运行：实效、困境与创新［J］．中央民族大学学报（哲学社会科学版），2014（3）．

［130］王允武．试论我国民族法实施监督机制的现状、问题及对策［J］．西南民族学院学报（哲学社会科学版），1998（1）．

［131］王允武．语言习惯与民族地区双语司法人才队伍建设［J］．原生态民族文化学刊，2016（3）．

［132］王宗礼．国家建构视域下铸牢中华民族共同体意识研究［J］．西北师范大学学报（社会科学版），2020（5）．

［133］魏健馨．从民族认同到国家认同：铸牢中华民族共同体意识的进路［J］．中央社会主义学院学报，2021（1）．

［134］魏健馨．共同体意识的宪法统合［J］．学习与探索，2018（7）．

［135］吴大华．完善中国特色民族法律体系的几点思考［J］．中央民族大

学学报（哲学社会科学版），2014（3）.

［136］吴向东. 论马克思人的全面发展理论［J］. 马克思主义研究，2005（1）.

［137］熊芳亮. 不断夯实铸牢中华民族共同体意识的党内法规制度体系：学习中央党内法规和规范性文件中有关民族工作内容的思考和体会［J］. 今日民族，2019（6）.

［138］熊坤新，胡琦. 中国共产党关于民族团结的理论与实践及启示［J］. 云南民族大学学报（哲学社会科学版），2013（3）.

［139］熊文钊，郑毅. 试析民族区域自治法中的软法规范［J］. 中央民族大学学报，2011（4）.

［140］严庆. 政治认同视角中铸牢中华民族共同体意识的思考［J］. 北方民族大学学报，2020（1）.

［141］杨方泉. 民族习惯法回潮的困境及其出路：以青海藏区"赔命价"为例［J］. 中山大学学报（社会科学版），2004（4）.

［142］杨刚，李若青，余文兵. 中华民族共同体意识的国家建构：一个历史视角［J］. 贵州民族研究，2019（5）.

［143］杨鹍飞. 中华民族共同体认同的理论与实践［J］. 新疆师范大学学报（哲学社会科学版），2016（1）.

［144］杨宇泰，王允武. 铸牢中华民族共同体意识的法治实践路径研究［J］. 西昌学院学报（社会科学版），2021（4）.

［145］姚贱苟，于恩洋. 百年来党的中华民族共同体意识历史逻辑与铸牢路径研究［J］. 民族学刊，2021（2）.

［146］衣家奇. "赔命价"：一种规则的民族表达方式［J］. 甘肃政法学院学报，2006（3）.

［147］雍海宾，宋芳. 民族共治和民族区域自治的法学思考［J］. 西北民族大学学报，2004（6）.

［148］于玉慧，周传斌. "四个共同"：中华民族共同体理论阐释的新向度［J］. 贵州民族研究，2021（6）.

［149］张殿军. 民族法学研究范式转型与民族法立法体制机制探析［J］. 河北法学，2013（5）.

［150］张殿军. 协商民主视野的族际政治与民族区域自治制度的完善和创新［J］. 贵州民族研究，2012（6）.

[151] 张殿军. 新《立法法》实施与建立完备的民族法律法规体系研究 [J]. 广西社会科学, 2016 (2).

[152] 张绍能, 刘亚玲, 王冬妮. 协商民主在民族自治地方实践中存在的主要问题分析 [J]. 云南行政学院学报, 2019 (3).

[153] 张淑娟. 新中国70年中华民族共同体意识培育回顾 [J]. 学术界, 2019 (9).

[154] 张文显. 国家制度建设和国家治理现代化的五个核心命题 [J]. 法制与社会发展, 2020 (1).

[155] 赵本燕. 习近平关于铸牢中华民族共同体意识重要论述的多维阐释 [J]. 西北民族大学学报(哲学社会科学版), 2021 (5).

[156] 赵红伟. 论马克思主义视域下中华民族共同体意识的培养 [J]. 黑龙江民族丛刊, 2018 (1).

[157] 赵新国, 黎岩. 中国共产党民族政策百年演进与经验启示 [J]. 北方民族大学学报(哲学社会科学版), 2021 (3).

[158] 赵英. 新时代青海藏区民族团结进步教育与铸牢中华民族共同体意识刍议 [J]. 民族教育研究, 2018 (4).

[159] 郑毅. 论《中华人民共和国民族区域自治法》中的"上级国家机关" [J]. 思想战线, 2016 (1).

[160] 周俊利. 铸牢民族高校大学生中华民族共同体意识：基于文化纽带视角 [J]. 民族学刊, 2021 (2).

[161] 周平. 国民对现代国家的意义 [J]. 武汉大学学报(哲学社会科学版), 2021 (2).

[162] 周平. 民族国家认同构建的逻辑 [J]. 政治学研究, 2017 (2).

[163] 周平. 再论中华民族建设 [J]. 思想战线, 2016 (1).

[164] 周平. 中国民族构建的二重结构 [J]. 思想战线, 2017 (1).

[165] 周平. 中华民族：中华现代国家的基石 [J]. 政治学研究, 2015 (4).

[166] 周庆生. 论中国通用语言文字共同体 [J]. 云南师范大学学报(哲学社会科学版), 2021 (5).

[167] 周伟. 民族区域自治法解释案例实证问题研究 [J]. 西南民族学院学报, 2002 (7).

[168] 朱碧波. 论中华民族共同体的多维建构 [J]. 青海民族大学学报

（社会科学版），2016（1）.

[169] 朱伦. 民族共治论：对当代多民族国家族际政治事实的认识 [J]. 中国社会科学，2001（4）.

[170] 竹怀军. 论刑法在民族自治地方变通或者补充的几个问题 [J]. 甘肃社会科学，2004（5）.

[171] 邹阳阳. 国家通用语言文字法与铸牢中华民族共同体意识研究 [J]. 西北民族大学学报（哲学社会科学版），2021（6）.

[172] 邹渊. 习惯法与少数民族习惯法 [J]. 贵州民族研究，1997（4）.

五、国内学位论文

[1] 陈瑛. 中华民族共同体意识核心认同研究 [D]. 成都：西南民族大学西南民族研究院，2020.

[2] 顾超. 西北地区中华民族共同体意识培育研究 [D]. 兰州：兰州大学马克思主义学院，2020.

[3] 欧黎明. 当代中国族际关系治理分析 [D]. 昆明：云南大学公共管理学院，2011.

[4] 孙凯民. 中华民族共同体认同建设研究 [D]. 呼和浩特：内蒙古大学马克思主义学院，2017.

六、中文报刊类

[1] 敖俊德. 民族区域自治制度立法现状和趋势 [N]. 中国民族报，2001-09-25（3）.

[2] 本报评论部. 开辟了实现中华民族伟大复兴的正确道路 [N]. 人民日报，2022-01-13（5）.

[3] 本报评论员. 发挥宪法在法治建设中的统领作用 [N]. 法制日报，2018-05-10（1）.

[4] 本报评论员. 强化普法依法治理　切实助力脱贫攻坚 [N]. 法制日报，2019-06-17（1）.

[5] 哈正利. 中华民族共同体意识基本内涵探析 [N]. 中国民族报，2017-02-24（5）.

[6] 哈正利. 铸牢中华民族共同体意识　开创新时代民族工作新局面 [N]. 光明日报，2020-01-20（10）.

［7］郝时远. 牢牢把握新时代党的民族工作之"纲"［N］. 中国民族报，2021-09-28（5）.

［8］李国强. 正确认识中华民族需要大历史观［N］. 中国民族报，2022-01-11（5）.

［9］林珊珊. 法治建设要"形神兼备"［N］. 学习时报，2021-04-19（1）.

［10］牛汝极. 夯实中华民族共同体意识的根基［N］. 中国民族报，2022-02-15（5）.

［11］蒲长春. 新时代党的民族工作的历史方位［N］. 学习时报，2021-09-15（1）.

［12］让践行宪法成为全社会的行动自觉［N］. 法制日报，2018-12-04（1）.

［13］田钒平. 规则结构对自治权行使的制约与完善［N］. 中国民族报，2013-08-02（6）.

［14］田钒平. 规则实施机制对自治权行使的制约与完善路径（下）［N］. 中国民族报，2013-08-16（6）.

［15］推进新时代全面依法治国的重大战略举措［N］. 法制日报，2018-08-25（1）.

［16］王建军. 从百年党史中汲取智慧和力量 不断筑牢党在民族地区的执政根基［N］. 学习时报，2021-06-25（1）.

［17］乌小花. 创新推进创建工作是铸牢中华民族共同体意识的重要载体［N］. 中国民族报，2019-05-24（8）.

［18］严庆. 国家建设视域中的中华民族共同体［N］. 中国民族报，2018-06-08（5）.

［19］张晓松，林晖，朱基钗，等. 贯通中华文脉 照亮复兴之路［N］. 人民日报，2022-01-04（1）.

［20］赵晓辉，林晖，刘开雄，等. "让我们的制度成熟而持久"［N］. 人民日报，2022-02-18（2）.

七、其他类

［1］中国社会科学院语言研究所词典编辑室. 现代汉语词典［Z］. 北京：商务印书馆，2016.

［2］国家民族事务委员会经济发展司，国家统计局国民经济综合统计司．中国民族统计年鉴（2020）［Z］．北京：中国统计出版社，2021．

［3］"法信"数据库［DB/OL］．http：//www. faxin. cn/index. aspx.

［4］光明网［DB/OL］．https：//www. gmw. cn/.

［5］贵州省大数据发展管理局［DB/OL］．https：//dsj. guizhou. gov. cn/.

［6］国家民族事务委员会［DB/OL］．https：//www. neac. gov. cn/.

［7］国家统计局［DB/OL］．http：//www. stats. gov. cn/.

［8］湖北民族大学［DB/OL］．https：//www. hbmzu. edu. cn/.

［9］环球网［DB/OL］．https：//www. huanqiu. com/.

［10］西南民族大学［DB/OL］．https：//www. swun. edu. cn/.

［11］新华网［DB/OL］．http：//www. xinhuanet. com/.

［12］中国人大网［DB/OL］．http：//www. npc. gov. cn/.

［13］中国政府网/中央人民政府门户网站［DB/OL］．http：//www. gov. cn/.

［14］中华人民共和国教育部政府门户网站［DB/OL］．http：//www. moe. gov. cn/.

［15］中华人民共和国司法部［DB/OL］．http：//www. moj. gov. cn/.

［16］中南民族大学［DB/OL］．https：//www. scuec. edu. cn/.

［17］中央民族大学［DB/OL］．https：//www. muc. edu. cn/.

后　记

　　二十年前的一个傍晚，处于叛逆期的我正在州政府对面的民居二楼与游戏发烧友们兴致勃勃地打 PS 游戏实况足球，父亲突然的一通电话喊我立即前往州民族体育馆，我当时心想可能又要因为学习成绩的事挨骂了，于是便心情沮丧地花了两元钱喊了个"摩的"把我送到州民族体育馆。

　　到了之后，我发现我想错了，因为父亲手中拿的不是衣架和火钳，而是羽毛球拍。当时州体育馆正在进行一场羽毛球比赛，围观者不下百人。比赛场中，其中一方个子不高，但是身形矫健，专业班子的气质一览无遗；另外一方，就是父亲，一个平凡普通的基层办事员，羽毛球业余爱好者。后来我才知道，这是全州羽毛球比赛的决赛。

　　父亲是典型的技术流，对手是纯粹的体力流，在绝对的体力面前，父亲多次精彩的扣杀球一次又一次被对方的高远球与"吊矮子"瓦解。父亲忽前忽后，疲于应付，对方弹射起步游刃有余，一个多小时下来，父亲以 0∶2 输给了对方。比号

　　时至今日，我热爱并擅长大部分球类运动，却唯独不会羽毛球，但是我仍然忘不了二十年前那场比赛中山呼海啸的呐喊，更忘了不父亲输掉比赛后径直走向我，并对我说了一句话："我知道我打不赢他，我就是要你看看，我是怎样跟他拼到底的。"

　　事实证明，这是父亲这辈子对我最为成功的一次教育。因为他不仅做到了言传，更做到了身教。

　　2019 年，从幼儿园到硕士，坐完"22 路公交车"的我终于在真正意义上走出了祖国最年轻也是湖北省唯一的自治州——恩施州，"远赴"643 公里开外的天府成都开始自己的博士生涯。博士三年，是我迄今最为"快乐"的三年，说

快，是因为流年似水，一日千里，报到当天满头白发的85后室友秦廷斌操着一口流利的重庆方言来敲寝室门的情景仿如昨日；说乐，是因为自己愚钝如树懒，却遇到了田钒平老师这样的伯乐。我是田老师的第一个博士研究生，作为田老师的"开门弟子"，田老师对我的指导可谓呕心沥血，而作为"学沫"代表的我总是以杯水车薪来报答，实在惭愧。此外，从博士论文的撰写到最终答辩，由衷地感谢王允武教授、周伟教授、来仪教授、郎维伟教授、范召全教授、李克建研究员提出的宝贵意见，让我明白，做学问容不得半点马虎和侥幸。这条路的确很难，但是我相信我会像顽石一样不停地走下去。

感谢我的导师田钒平教授，我天性愚钝，基础薄弱，本硕博更是全部跨学科。但即便如此，在整个博士期间直到毕业一年多的现在，他也没有直接批评过我，更多的是耐心和亲力亲为地指导。如今，我也试图继承这点——任何学生提的任何问题，即便工作再忙甚至时隔数日，我也会逐字逐句地留言回复。是田钒平教授让我明白，教书，更要育人。

感谢同门的师弟师妹，貌似拘谨却内心丰富的张耀、身形魁梧而学富五车的郭雨晨、多才多艺的项子珊、有趣的张娟，虽然我是一个不称职的大师兄，但是你们让"田门"多元一体又丰富多彩；也要感谢毕思能、肖韵、任雨阳，作为同届同专业的同班同学，和你们一起学习的时光，是我在蓉城的珍贵回忆；还要感谢贵州欧文龙宁东、天府石佛李扬扬、心理学者杨川渝，是你们让我在成都的课外生活丰富多彩，希望再过十年，我们依旧能像少年般在球场上飞驰；还要特别感谢龚梦川师姐和恩施老乡屈艺师妹在答辩过程中的各种奔波和操劳。

感谢湖北民族大学法学院的领导和同事，是你们的支持和帮助让我的学业顺利完成，也让此书得以出版。

感谢我的父亲，那一句"跟他拼到底"让我明白，就算天塌下来了，也要硬着头皮顶上去，这会是我一生中最宝贵的信条，我也会将这个信念言传身教给小元宝；感谢我的母亲，虽然已经退休，却承担了这世上最难的工作——照顾孩子，你是一个好奶奶，更是伟大的母亲；感谢小元宝，你的出生让我明白我应该也必须长大，若干年后，当你看到我把你哄睡后再敲出的这些文字，你就会明白，我可能不会成为一个优秀的学者，但是我一定会是一个称职的爸爸；也感谢我自己，很多时候焦躁过、彷徨过、失望过，但是从来没有放弃过，因为我知道，结局好，一切都好。

最后，不得不说，命运很奇妙，就像一面棱镜，往往在人生最为艰难的时候，折射出一束光。我会试图抓住这束光，纵然行影匆匆，期望亦从未破灭，珍惜眼前的人，开启新的"铃芽之旅"。